# Wi

# Windows 7

**Miguel Pardo Niebla**

# GUÍAS PRÁCTICAS

Responsable editorial:
Víctor Manuel Ruiz Calderón
Alicia Cózar Concejil

Realización de cubierta:
Cecilia Poza Melero

primera edición, septiembre 2009
primera reimpresión, octubre 2010

© EDICIONES ANAYA MULTIMEDIA (GRUPO ANAYA, S.A.), 2010
Juan Ignacio Luca de Tena, 15. 28027 Madrid
Depósito legal: M. 43.981-2010
ISBN: 978-84-415-2651-8
Printed in Spain
Impreso en: Closas-Orcoyen, S. L.

*Para Marta.*
*(Que nadie se entere cuánto te quiero.)*

# Índice

Introducción ........................................................................... 13

Cómo usar este libro .............................................................. 17

1. Instalación de Windows 7 ................................................. 21

   1.1. Introducción ................................................................ 21
   1.2. Requisitos ................................................................... 22
   1.3. Transferir archivos y configuraciones
        de otro equipo ........................................................... 23
   1.4. Instalación .................................................................. 28

2. Fundamentos básicos de Windows 7 ............................... 35

   2.1. Introducción ................................................................ 35
   2.2. Elementos de la interfaz ............................................. 35
   2.3. El escritorio ................................................................ 41
        2.3.1. Iconos ................................................................ 44
        2.3.2. Trabajar con iconos .......................................... 45
        2.3.3. Accesos directos ............................................... 46
        2.3.4. Organizar iconos ............................................... 48
   2.4. La barra de tareas ...................................................... 50
        2.4.1. Botones de aplicación ....................................... 51
        2.4.2. Jump List ........................................................... 53
        2.4.3. Cambiar el tamaño predeterminado
            de la barra de tareas ......................................... 55
        2.4.4. Barras de herramientas ..................................... 56
        2.4.5. El área de notificación ....................................... 57
        2.4.6. El menú contextual de la barra de tareas ......... 59
   2.5. El menú Inicio ............................................................. 61

2.5.1. Estructura del menú Inicio .................................. 61
2.5.2. Buscar programas y documentos ..................... 64
2.5.3. Apagar, reiniciar, suspender, etc. ................... 65
2.6. Gadgets ................................................................. 68
2.6.1. La galería de gadgets de escritorio ................ 68
2.6.2. Trabajar con gadgets ....................................... 70
2.6.3. Descargar gadgets en línea .............................. 71

3. Ventanas y cuadros de diálogo ................................ 75

3.1. Introducción ......................................................... 75
3.2. Gestión de ventanas ............................................ 75
3.2.1. Desplazamiento de ventanas .......................... 80
3.2.2. Tamaño .............................................................. 81
3.2.3. Organización de ventanas ............................... 82
3.2.4. Barras de desplazamiento ............................... 84
3.2.5. Cambiar de ventana ......................................... 86
3.3. Cuadros de diálogo .............................................. 89

4. Configuración de Windows 7 ................................... 95

4.1. Introducción ......................................................... 95
4.2. Ayuda y soporte técnico ..................................... 96
4.3. Usuarios ................................................................ 98
4.3.1. Crear una cuenta de usuario ........................... 99
4.3.2. Modificar una cuenta de usuario ................. 100
4.3.3. Contraseñas .................................................... 101
4.4. Escritorio ............................................................ 104
4.4.1. Color y apariencia .......................................... 105
4.4.2. Fondo de escritorio ........................................ 106
4.4.3. Protector de pantalla ...................................... 109
4.4.4. Temas ............................................................... 111
4.4.5. Configuración de pantalla ............................. 114
4.5. La barra de tareas y el menú Inicio .................. 116
4.5.1. Barra de tareas ................................................ 116
4.5.2. Menú Inicio ..................................................... 118
4.5.3. Barras de herramientas .................................. 119
4.5.4. Área de notificación ....................................... 120
4.6. Configuración de gadgets .................................. 121
4.7. Sistema y seguridad ........................................... 122
4.7.1. Windows Update ............................................ 123
4.7.2. Copias de seguridad ....................................... 125

4.7.3. Restaurar el equipo a un punto anterior ........ 129
4.7.4. Liberar espacio en disco .................................. 131
4.7.5. Desfragmentar el disco duro ........................... 132
4.7.6. Administración de discos ................................. 134
4.7.7. Centro de actividades ...................................... 135
4.7.8. Firewall de Windows ........................................ 139
4.7.9. Windows Defender .......................................... 142
4.8.10. Control parental ............................................ 144
4.8. Otras opciones de configuración ............................. 146
4.8.1. Centro de movilidad ........................................ 146
4.8.2. Dispositivos e impresoras ............................... 148
4.8.3. Reproducción automática ............................... 150
4.8.4. Programas y características ............................. 151
4.8.5. Fecha y hora .................................................. 152
4.8.6. Configuración regional y de idioma .............. 154
4.8.7. Centro de accesibilidad .................................. 155
4.8.8. Reconocimiento de voz ................................... 157

5. Exploración y gestión de archivos ................................. 163

5.1. Introducción ............................................................. 163
5.2. Ventanas de navegación ........................................... 163
5.2.1. La ventana Equipo .......................................... 169
5.2.2. Bibliotecas ..................................................... 171
5.2.3. Explorador de juegos ...................................... 174
5.3. Operaciones básicas ................................................ 176
5.3.1. Copiar y mover ............................................... 178
5.3.2. Eliminar ......................................................... 180
5.3.3. Crear carpetas ............................................... 182
5.3.4. Cambiar el nombre de un archivo o carpeta ... 183
5.3.5. Ejecutar programas y abrir carpetas .............. 184
5.4. Funciones avanzadas ............................................... 184
5.4.1. Buscar archivos .............................................. 185
5.4.2. Grabar un CD o DVD ....................................... 187
5.4.3. Herramientas especiales
        de otras ventanas de navegación .................... 189

6. Accesorios de Windows ................................................ 193

6.1. Introducción ............................................................. 193
6.2. Notas rápidas ........................................................... 193
6.3. Contactos ................................................................. 196

6.4. Bloc de notas.................................................................. 204
6.5. Calculadora ................................................................ 207
    6.5.1. Introducción ..................................................... 207
    6.5.2. Tipos de calculadoras...................................... 208
    6.5.3. Otras funciones de la calculadora ................. 213
6.6. Paint.......................................................................... 215
    6.6.1. Introducción ..................................................... 215
    6.6.2. Fundamentos de Paint ..................................... 215
    6.6.3. Creación de un dibujo...................................... 217
    6.6.4. Ampliación ....................................................... 220
    6.6.5. Descripción de las herramientas .................. 220
    6.6.6. Edición gráfica ................................................. 228
    6.6.7. Otras funciones de Paint.................................. 233
6.7. Recortes..................................................................... 235
    6.7.1. Tipos de recortes.............................................. 236
    6.7.2. Guardar, copiar y enviar recortes ................. 237
    6.7.3. Edición de recortes ......................................... 238
6.8. WordPad.................................................................... 239
    6.8.1. Introducción ..................................................... 239
    6.8.2. Descripción de WordPad................................. 240
    6.8.3. Escribir texto.................................................... 241
    6.8.4. Selección........................................................... 241
    6.8.5. Mover bloques de texto ................................... 243
    6.8.6. Copiar y vincular figuras................................. 244
    6.8.7. Buscar texto ...................................................... 247
    6.8.8. Buscar y reemplazar........................................ 249
    6.8.9. Tipos de letra ................................................... 250
    6.8.10. Características especiales del texto ............... 251
    6.8.11. Gestión de archivos ....................................... 253
    6.8.12. Opciones de impresión .................................. 254
6.9. Panel de entrada matemática.................................... 255

7. Herramientas multimedia .................................................. 261

7.1. Introducción .............................................................. 261
7.2. Mezclador de volumen.............................................. 261
7.3. Grabadora de sonidos............................................... 263
7.4. Reproductor de Windows Media............................... 264
    7.4.1. Opciones de presentación ............................... 267
    7.4.2. Biblioteca multimedia ..................................... 269
    7.4.3. Listas de reproducción.................................... 270

7.4.4. Reproducir archivos .............................................. 271
7.4.5. Copiar el contenido de un CD ......................... 273
7.4.6. Grabar un CD de audio .............................. 275
7.4.7. Sincronización ......................................... 276
7.4.8. Buscar contenidos en Internet...................... 276
7.5. Windows Media Center.............................................. 276
7.5.1. Imágenes y vídeos ................................... 279
7.5.2. Música ................................................... 279
7.5.3. Películas ................................................. 281
7.5.4. TV.......................................................... 282
7.5.5. Tareas .................................................... 283
7.5.6. Extras..................................................... 284
7.5.7. Configuración........................................... 284
7.6. Windows DVD Maker .............................................. 285
7.6.1. Elegir imágenes y vídeos......................... 286
7.6.2. Menús.................................................... 287
7.6.3. Vista previa y grabación de un DVD.............. 290

8. Redes .............................................................................. 293

8.1. Introducción .......................................................... 293
8.2. Centro de redes y recursos compartidos.................... 294
8.2.1. Conectarse a una red.............................. 298
8.2.2. Administración de conexiones de red ............ 299
8.2.3. Equipos y dispositivos ............................. 301
8.2.4. Grupo Hogar ........................................ 302
8.3. Internet................................................................. 306
8.3.1. Internet Explorer.................................... 306
8.3.2. Favoritos .............................................. 309
8.3.3. Opciones de Internet ................................ 312
8.3.4. Exploración InPrivate ............................... 313

A. Teclas de método abreviado ........................................... 315

A.1. Teclas de uso general ............................................. 315
A.2. La tecla Windows ................................................... 317
A.3. Teclas para trabajar con cuadros de diálogo ........... 319
A.4. Ventanas de navegación........................................... 320
A.5. Métodos abreviados para gadgets ............................ 321
A.6. Teclas para Internet Explorer................................... 321
A.7. Teclas para el sistema de ayuda ............................... 325
A.8. Teclas para accesibilidad ........................................ 326

B. Reconocimiento de voz............................................. 327

    B.1. Comandos frecuentes .................................... 327

    B.2. Comandos de reconocimiento de voz
        para dictado.................................................. 328

    B.3. Comandos de reconocimiento de voz
        para teclas del teclado................................. 330

    B.4. Comandos de reconocimiento de voz
        para signos de puntuación y caracteres
        especiales ....................................................... 331

    B.5. Comandos de reconocimiento de voz para
        controles......................................................... 333

    B.6. Comandos de reconocimiento de voz para
        el manejo de ventanas................................. 334

    B.7. Comandos de reconocimiento de voz para
        hacer clic en la pantalla.............................. 335

Índice alfabético......................................................... 337

# Introducción

Una vez más, ha nacido una nueva versión del sistema operativo más conocido y difundido de todos los tiempos, Microsoft Windows, cuyo objetivo principal es facilitar a los usuarios el manejo de los ordenadores y sacar el máximo rendimiento de sus equipos gracias a las mejoras tecnológicas que incorpora esta nueva versión del programa.

Windows 7 se caracteriza, entre otros muchos aspectos, por tratarse de un sistema operativo rápido, ligero y de rendimiento optimizado. Después de que la versión anterior, Windows Vista, recibiera algunas críticas por su dificultad de adaptación a equipos antiguos o con capacidades limitadas y por su consumo de los recursos del ordenador, en Microsoft se ha extremado el esfuerzo por hacer de Windows 7 un sistema operativo más accesible incluso para aquellos equipos en los que no se pudo instalar Windows Vista.

Para el ojeador experto, mejoras tales como las novedades en la tecnología *ReadyBoost* para optimizar el rendimiento de un equipo gracias al empleo de una unidad Flash como memoria de almacenamiento intermedio o la suavización del control de acceso de usuario (UAC), que en la versión de Windows 7 resulta menos intrusiva, son méritos suficientes para hacer de este nuevo sistema operativo una pieza obligada en cualquier tipo de ordenador.

Sin embargo, para el usuario medio y como suele ser habitual, los cambios más aparentes que encontrará en el nuevo sistema operativo son los que hacen referencia a su interfaz de usuario y a las herramientas que el programa pone a nuestra disposición para facilitarnos el trabajo diario, como los cambios en la barra de tareas, la utilización de presentaciones como fondos de pantalla o la simplificación de la configuración de redes para compartir recursos con otros ordenadores.

Nada más iniciar una sesión de trabajo en Windows 7, lo primero que observaremos es su nueva barra de tareas, ideada para causar una revolución en el manejo de ventanas. Los iconos de las aplicaciones abiertas en el entorno se colocan como ya lo hicieran anteriormente sobre la barra de tareas pero al situar el puntero del ratón sobre ellos, veremos una representación en miniatura del contenido de las ventanas correspondientes que nos ayudarán a hacernos una mejor idea de qué elemento necesitamos en cada momento. La gestión y distribución de ventanas en el escritorio, también se ha simplificado, ofreciéndonos el programa varias formas de colocar las ventanas en el escritorio, de acceder en cada momento a la ventana que nos interesa prescindiendo del resto (o de acceder fácilmente al escritorio) o de conseguir un rápido acceso a las funciones más importantes de cada aplicación gracias al uso de *jump list*.

En el capítulo de las aplicaciones incluidas en el sistema operativo, es interesante destacar tanto el hecho de la aparición de nuevas aplicaciones como en la adopción en algunas aplicaciones ya tradicionales del sistema operativo de la tecnología de cintas de opciones para acceder a las principales funciones de un programa que se hiciera famosa con la introducción de la suite de Office 2007 en el mercado.

Entre las nuevas herramientas que encontramos en Windows 7, a modo de curiosidad merece mención especial un sencillo programa de anotaciones, Notas rápidas, que se ha echado de menos desde los primeros inicios de Windows en Microsoft. Notas rápidas es una forma sencilla de crear anotaciones sobre el escritorio de nuestro sistema operativo, de una manera análoga a como colocamos notas adhesivas sobre nuestro escritorio físico (los tradicionales *post-it*) a modo de recordatorio.

La tradicional Calculadora, incorpora ahora nuevos formatos a los ya habituales "Estándar" y "Científico", ideados para dar servicio a los usuarios con necesidades en el ámbito del desarrollo de aplicaciones o a la realización de cálculos estadísticos complejos. Además, la nueva Calculadora incluye una serie de funciones para realizar cálculos de uso común tales como conversiones de unidades, cálculos con fechas, cálculos de préstamos e hipotecas, etc. Y junto a esta nueva calculadora, otra nueva herramienta conocida con el nombre de Panel de entrada matemática, está dirigida a los usuarios con un perfil científico. Esta herramienta permite "dibujar" en pantalla complejas expresiones matemáticas que luego se podrán trasladar para utilizar en documentos de otras aplicaciones tales como Microsoft Word.

Finalmente, como también viene siendo habitual en casi todas las versiones, Windows 7 ha incorporado mejoras en la gestión de redes para acercar el funcionamiento de esta tecnología a cualquier usuario independientemente de su nivel de conocimientos. La configuración de redes en Windows 7 es totalmente automática y el usuario no tiene por qué preocuparse por ninguna de sus configuraciones. Además, la incorporación de una nueva tecnología conocida como grupo Hogar, facilita aún más los mecanismos para compartir recursos, documentos y multimedia con otros usuarios de la red.

Así pues, todas estas mejoras y novedades hacen de Windows 7 una herramienta indispensable para cualquier persona que necesite manejar un ordenador, ya sea a un nivel altamente profesional o desde el punto de vista de un usuario doméstico que disponga solamente de los conocimientos mínimos necesarios para utilizar su equipo como un instrumento de ocio.

# Cómo usar este libro

La estructura de este libro está orientada a conseguir dos objetivos principales: introducir al lector en el funcionamiento de Windows 7 y servir como guía de consulta una vez que el usuario se haya familiarizado con el entorno.

El libro se encuentra dividido en 8 capítulos que engloban operaciones con características similares o relacionadas entre sí y dos apéndices con información de referencia de utilidad. Dicha estructura permitirá que el lector pueda tanto realizar un recorrido paso a paso por todas las operaciones básicas de trabajo con el programa, como efectuar una consulta puntual para ampliar sus conocimientos sobre una materia determinada.

En el capítulo 1, "Instalación de Windows 7", se describe en detalle el proceso de instalación del sistema operativo. En este capítulo veremos los requisitos necesarios para instalar Windows 7, conoceremos las distintas versiones existentes del paquete, aprenderemos a transferir archivos y configuraciones desde otro equipo y, finalmente, recorreremos paso a paso el proceso de instalación del programa en nuestro ordenador.

El capítulo 2, "Fundamentos básicos de Windows 7", nos introduce en las funciones básicas de trabajo con el sistema operativo. Aprenderemos a reconocer los diferentes componentes de la interfaz: escritorio, barra de tareas, menú Inicio, etc. y veremos que sobre estos componentes se pueden situar iconos, accesos directos, botones de aplicación, iconos de notificación, etc. Conoceremos también las distintas operaciones de organización y personalización de estos elementos, así como la forma que tenemos de interactuar con ellos a través de *jump list*, menús contextuales y otras funciones. Aprenderemos a crear y mover iconos por el escritorio, a organizarlos de diferentes formas, a trabajar con botones de aplicación, a modificar el tamaño de la barra de tareas, a utilizar barras de herramientas y personalizar el comportamiento del área de notificación, a buscar programas y documentos en el menú Inicio, a apagar, reiniciar, suspender o bloquear el ordenador y, finalmente, aprenderemos todo lo relacionado con la utilización de gadgets.

En el capítulo 3, "Ventanas y cuadros de diálogo", abordaremos lo relacionado con la forma dell sistema operativo de comunicarse con el usuario y de recibir la interacción de éste para llevar a cabo su trabajo: las ventanas y los cuadros de diálogo. Aprenderemos a mover y organizar ventanas en el escritorio de Windows 7, a modificar su tamaño, a utilizar las barras de desplazamiento para acceder a todo el contenido de una ventana y a cambiar de ventana activa para trabajar con varias aplicaciones de forma simultánea en el entorno. También aprenderemos a reconocer los distintos elementos que podremos encontrar en los cuadros de diálogo de cualquier aplicación Windows.

El capítulo 4, "Configuración de Windows 7", trata sobre la personalización de todos los aspectos de Windows 7. En este capítulo aprenderemos a utilizar la función de Ayuda y soporte técnico de Windows 7 para resolver cualquier duda que tengamos sobre el funcionamiento, comportamiento y personalización del sistema operativo, aprenderemos a gestionar cuentas de usuario para poder compartir nuestro equipo con otras personas y veremos qué opciones de configuración tenemos a nuestra disposición para el escritorio (color, apariencia, fondo, protector de pantalla, temas, etc.), la barra de tareas, el menú Inicio y el área de notificación o los gadgets. También conoceremos algunas herramientas relacionadas con el mantenimiento y la seguridad de nuestro equipo, tales como Windows Update, el Desfragmentador de discos, Firewall de Windows o Windows Defender y veremos cómo realizar algunas operaciones habituales tales como la realización de copias de seguridad, la liberación de espacio en discos, el control parental de juegos y aplicaciones, la instalación de impresoras, cambiar la fecha y hora del sistema, cambiar la configuración regional y de idioma, manejar nuestro ordenador mediante reconocimiento de voz, etc.

El capítulo 5, "Exploración y gestión de archivos", es un recorrido por la herramienta que nos permite interactuar con los contenidos de los discos y demás dispositivos de almacenamiento conectados a nuestro ordenador: el Explorador de Windows. El Explorador de Windows nos abre el camino para acceder a nuestro equipo a través de ventanas de navegación, donde vemos la información organizada en forma de carpetas y archivos que representan los documentos o programas que utilizaremos en el sistema. Aprenderemos todos los detalles que necesitaremos para manejarnos con estas ventanas de navegación y a realizar operaciones básicas tales como copiar, mover y eliminar carpetas y archivos, crear carpetas, cambiar de nombre una carpeta o archivo, ejecutar programas, buscar archivos, grabar un CD, etc.

El capítulo 6, "Accesorios de Windows", es un recorrido por algunos de los accesorios más importantes de Windows 7, herramientas que nos ayudarán en nuestro trabajo diario con el ordenador. En este capítulo aprenderemos a crear y editar contactos, a manejar los distintos tipos de calculadoras, a trabajar con Paint para realizar dibujos, a realizar capturas de pantalla con la herramienta Recortes, a escribir documentos con WordPad y a trazar expresiones matemáticas que luego podremos utilizar en otras aplicaciones con la herramienta Panel de entrada matemática.

El capítulo 7, "Herramientas multimedia", continúa con el recorrido por las herramientas más importantes de Windows 7, esta vez, las dedicadas a la gestión y reproducción de archivos multimedia, como archivos de música, vídeos o imágenes. En este capítulo conoceremos el Mezclador de volumen, mediante el cual podremos controlar el volumen de los altavoces de nuestro sistema, aprenderemos a grabar sonidos con la Grabadora de sonidos, a escuchar música y vídeos con el Reproductor de Windows Media, a gestionar todo tipo de elementos multimedia tales como imágenes, música, vídeos, películas o televisión a través de Windows Media Center y a crear nuestros propios DVD de vídeo con la herramienta Windows DVD Maker.

El capítulo 8, "Redes", trata de cómo gestiona Windows 7 la conexión de nuestro equipo a una red de ordenadores. Veremos que el centro neurálgico desde el que se controla un entorno de red en Windows 7 es el Centro de redes y recursos compartidos y aprenderemos a conectarnos a una red, a administrar conexiones, a acceder a los recursos compartidos en otros equipos de la red y veremos cómo compartir nuestra información y nuestros archivos multimedia de una forma cómoda y sencilla gracias al grupo Hogar. También aprenderemos a conectarnos a la red global de Internet gracias a la herramienta Internet Explorer.

El apéndice A, "Teclas de método abreviado", es un resumen de combinaciones de teclas para realizar gran parte de las funciones disponibles en el sistema operativo.

Finalmente, el apéndice B, "Reconocimiento de voz", es un resumen de los comandos de voz para manejar el sistema mediante un micrófono que le resultará de gran utilidad tener a mano en todo momento.

# Instalación de Windows 7

## 1.1. Introducción

El primer paso después de adquirir un nuevo paquete de software, consiste en traspasar a nuestro ordenador los archivos contenidos en los discos del programa. Este proceso suele recibir el nombre de instalación. En este capítulo, describiremos el procedimiento básico para instalar Windows 7 en nuestro ordenador.

El nuevo sistema operativo de Windows se puede encontrar en cuatro presentaciones básicas distintas, con diferentes funciones para ajustarse a cada una de nuestras necesidades de trabajo:

- **Windows 7 Starter Edition.** Facilita el uso de pequeños equipos portátiles al reducir los tiempos de espera y el número de operaciones necesarias para realizar las funciones básicas del sistema operativo. Es una edición pensada para ejecutar hasta un total de 3 aplicaciones de forma simultánea, que nos ofrece además la posibilidad de crear un grupo Hogar.

- **Windows 7 Home Premium Edition.** Es un sistema operativo que facilita la creación de redes domésticas para compartir recursos multimedia: vídeos, imágenes y música. Una versión pensada para obtener una experiencia mejorada en la faceta del entretenimiento doméstico. Dispone de la interfaz Aero Glass, soporte para Windows Media Center y de soporte para la transmisión de multimedia en secuencias, así como tecnología táctil y reconocimiento de rasgos de escritura.

- **Windows 7 Professional Edition.** Esta versión incluye todo lo necesario para el trabajo y el hogar. Permite ejecutar programas de productividad de Windows XP e incluye la encriptación y recuperación de datos con copias de seguridad automáticas. Puede conectarse fácilmente a redes con dominio e incluye todas las características de entretenimiento de Windows Home Premium.
- **Windows 7 Ultimate Edition.** Incluye todas las funciones de las restantes ediciones del sistema operativo. Combina su extraordinaria facilidad de uso con las características de entretenimiento de Home Premium y las funciones para empresas de Windows 7 Professional como por ejemplo, una total compatibilidad con redes Windows Server 2008. Para añadir una mayor flexibilidad al sistema, permite trabajar en cualquiera de los 35 idiomas disponibles para el paquete.

## 1.2. Requisitos

La configuración mínima necesaria para ejecutar Windows 7 en un ordenador es la siguiente:

- Un procesador de 32 bits (x86) o 64 bits (x64) a 1 GHz.
- Una memoria RAM de 1 GB (32 bits) o una memoria RAM de 2 GB (64 bits).
- 16 GB de espacio disponible en el disco duro (para la versión de 32 bits) o 20 GB (para la versión de 64 bits).
- Un dispositivo gráfico DirectX 9 con un controlador WDDM 1.0 o superior.

Además, dependiendo de las funciones que deseemos emplear, pueden ser necesarios ciertos requisitos adicionales, como se indica a continuación:

- El acceso a Internet (además de requerir el hardware apropiado y la contratación de un servicio externo de acceso a la Red), puede representar un costo de recursos adicional en el sistema.
- Para la reproducción de vídeo, según la resolución deseada, puede ser necesario disponer de memoria adicional y de un hardware gráfico avanzado.

- Para la funcionalidad completa de Windows Media Center, podremos necesitar un sintonizador de televisión, así como hardware adicional para la reproducción de multimedia.
- Los equipos táctiles y Tablet PC requieren hardware específico.
- Para el uso de las características que ofrece el grupo Hogar, es necesaria una red y equipos que ejecuten el sistema operativo Windows 7.
- Para la creación de CD y DVD será necesaria una unidad de grabación compatible.
- La tecnología Bitlocker requiere un chip TPM 1.2.
- La tecnología Bitlocker To Go requiere disponer de una unidad flash USB.
- El trabajo con el modo de Windows XP requiere 1 GB adicional de memoria RAM, 15 GB adicionales de espacio disponible en el disco duro y un procesador con capacidades para la virtualización de hardware con Intel VT o AMD-V.
- Para la reproducción de música, será necesario un dispositivo de salida de audio compatible.

Finalmente, recuerde que la funcionalidad y el rendimiento del sistema y del entorno gráfico puede variar en función de la configuración del equipo. Algunas funciones específicas pueden necesitar hardware avanzado o adicional.

# 1.3. Transferir archivos y configuraciones de otro equipo

Si pretendemos actualizar un ordenador a Windows 7 desde un sistema operativo anterior, es muy probable que no deseemos perder todas las configuraciones que ya hemos establecido en nuestro equipo a lo largo de nuestras sesiones de trabajo. Para actualizar un sistema operativo sin perder ninguna de estas configuraciones, las últimas versiones de Windows incorporan una herramienta conocida con el nombre de Windows Easy Transfer.

Para guardar las configuraciones de un ordenador con Windows Vista, desplegaremos el menú Inicio, haremos clic sobre Todos los programas, Accesorios y Herramientas del sistema y finalmente, haremos clic sobre el icono de Windows Easy Transfer.

Una vez iniciado el asistente, el primer cuadro de diálogo es informativo. Haga clic sobre el botón **Siguiente** para
continuar.

La primera decisión que tendrá que tomar en el asistente hace
referencia a si desea iniciar una nueva transferencia de archivos
y configuraciones o si se trata de una continuación de un proceso
de transferencia anterior. Para realizar una nueva transferencia,
haga clic sobre la opción Iniciar una nueva tarnsferencia.

Seguidamente, verá en pantalla el cuadro de diálogo ¿Cuál
es el equipo que está usando en este momento?. Al tratarse
de su ordenador original, que contiene las configuraciones y
archivos que desea transferir a otro equipo, tendrá que elegir
la opción Mi antiguo equipo.

En el siguiente paso, tendrá que seleccionar cuál es el
modo de transferencia que desea para las configuraciones
y archivos. El asistente ofrece tres posibilidades: utilizar un
cable Easy Transfer, hacer la transferencia directamente a
través de una conexión de re o emplear un CD, DVD u otro
medio extraíble tal como una memoria flash USB. Esta última opción suele ser la más generalizada, ya que no todos
los usuarios disponen de un cable Easy Transfer ni de una
red en funcionamiento que le permita llevar a buen puerto
el proceso de transferencia.

Así pues, si elije la opción Usar un CD, DVD u otro medio extraíble como se ilustra en la figura 1.1, verá que el siguiente paso
es elegir el soporte concreto donde desea realizar la transferencia:
CD, DVD, etc. y una vez elegido el soporte, tendrá que elegir
también la unidad donde se encuentra conectado dicho soporte.
En este cuadro de diálogo (véase la figura 1.2), también tendrá
la posibilidad de proteger sus archivos y configuraciones con
una contraseña, para impedir que puedas ser utilizada si ca-
yera en manos inapropiadas. En los cuadros de texto Crear
contraseña y Confirmar contraseña, escriba la contraseña de
protección y haga clic sobre el botón **Siguiente**.

El siguiente paso le ofrecerá la posibilidad de transferir
todas las configuraciones de todas las cuentas de usuario del
equipo, de transferir solamente las configuraciones de la cuenta
actual o de elegir de forma personalizada qué configuraciones
y archivos en concreto se desean transferir. Haga clic sobre

Opciones avanzadas para controlar con detalle el proceso de configuración.

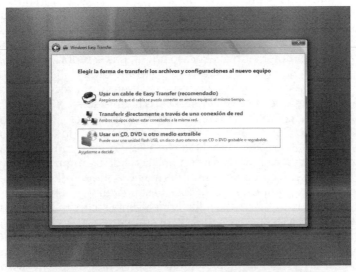

**Figura 1.1.** Seleccione el modo de transferencia para los archivos y configuraciones de su equipo antiguo.

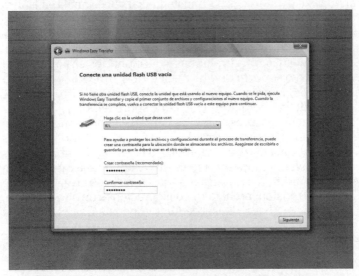

**Figura 1.2.** Seleccione la unidad a la que se encuentra conectado el soporte y escriba una contraseña.

De forma automática, el asistente empezará a localizar el contenido que se puede transferir. De esta manera, conocerá el tamaño del contenido que quiere transferir y, por lo tanto, podrá calcular el número de CD o DVD que necesita tener disponibles. Si eligió almacenar sus archivos y configuraciones en una unidad flash USB, el asistente de transferencia le permitirá ir completando el proceso por etapas si fuera necesario, copiando material hasta la capacidad máxima de la unidad, transfiriéndolo al nuevo equipo y repitiendo el proceso todas las veces que sea necesario hasta su finalización.

Una vez completada la recopilación de información, el cuadro de diálogo Seleccione las cuentas de usuario, los archivos y las configuraciones que desea transferir (figura 1.3) mostrará una lista en forma de árbol con una serie de configuraciones y carpetas de documentos con información que se puede transferir a otros equipos. En esta lista, bastará con que active o desactive las distintas casillas de verificación a su gusto hasta que se adapten a sus necesidades. Para agregar archivos que no se encuentran en la lista actual a la transferencia, haga clic sobre el botón **Agregar archivos**. Para añadir carpetas completas, haga clic sobre **Agregar carpetas**. Para seleccionar una unidad de disco diferente para los contenidos de la transferencia, haga clic sobre el botón **Seleccionar unidades**. Y, finalmente, para eliminar una carpeta excluyéndola de la transferencia, selecciónela en la lista y haga clic sobre el botón **Excluir carpetas**.

Una vez que haya establecido su configuración personalizada para la transferencia, haga clic sobre el botón **Siguiente**. Los archivos y configuraciones seleccionados se copiarán al dispositivo o soporte que haya elegido y, una vez finalizada dicha copia, aparecerá un cuadro de diálogo informándole del éxito de la operación. Haga clic sobre el botón **Cerrar**.

El siguiente paso, es volcar las configuraciones que acaba de recopilar en el nuevo ordenador donde ha instalado Windows 7. Para ello, deberá recurrir también a la herramienta Windows Easy Transfer. Su localización es muy similar a la que tiene en Windows Vista. Abra la ventana Tareas iniciales, haga clic sobre la opción Transferir archivos y configuraciones de otro equipo y, a continuación, haga clic sobre Abrir Windows Easy Transfer.

---

**Nota:** *También puede abrir Windows Easy Transfer a través del menú* Inicio>Todos los programas>Accesorios> Herramientas del sistema *o escribiendo su nombre en el cuadro de búsqueda del menú* Inicio.

**Figura 1.3.** Seleccione las cuentas de usuario,
los archivos y las configuraciones que desea transferir.

Una vez abierta la aplicación, el primer paso es meramente informativo. Haga clic sobre el botón **Siguiente**. A continuación, deberá seleccionar nuevamente el método de transferencia que, al igual que antes, puede ser un cable Easy Transfer, una red o un disco duro, CD, DVD, unidad flash USB, etc. Una vez seleccionado el método de transferencia, llegará al punto que diferencia las dos etapas del proceso. Ya ha recopilado la información de su ordenador anterior, por lo que deberá en este caso elegir la opción El nuevo equipo para transferir dicha información a su nuevo ordenador con Windows 7.

El asistente le preguntará a continuación si ha almacenado su información en un disco duro externo o en una unidad flash USB. Si no es el caso, haga clic sobre la opción No y el asistente le guiará por el proceso, si fuera necesario, de instalar Windows Easy Transfer en un equipo antiguo o de conectar el ordenador con la fuente de datos donde se encuentren almacenadas las configuraciones de su ordenador antiguo. Si dispone de un disco duro externo o unidad USB donde haya almacenado sus configuraciones, haga clic sobre la opción Sí y, a continuación, localice la ubicación de la imagen que contiene los datos almacenados para la transferencia.

Una vez seleccionado el archivo de imagen correspondiente en el cuadro de diálogo Abrir un archivo de Easy Transfer, haga clic sobre el botón **Abrir**. Si es necesario, el asistente le pedirá la contraseña que introdujo anteriormente al crear la copia de archivos y configuraciones de su ordenador original. Escriba la contraseña y haga clic sobre el botón **Siguiente**.

Un último cuadro de diálogo le pedirá que seleccione, de todos los usuarios que haya elegido al realizar la copia de sus configuraciones originales, cuáles desea ahora transferir a su nuevo equipo. Active o desactive las casillas de verificación correspondientes y haga clic sobre el botón **Transferir** para dar comienzo al proceso (véase la figura 1.4).

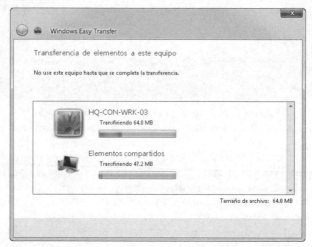

**Figura 1.4.** Transferencia de archivos y configuraciones de una cuenta de Windows Vista a un nuevo equipo con Windows 7.

Cuando la copia se haya completado, en el último cuadro de diálogo del asistente podrá hacer clic sobre la opción Ver qué se transfirió para acceder a un resumen de los materiales transferidos o hacer clic sobre el botón **Cerrar** para dar por finalizado definitivamente el proceso.

# 1.4. Instalación

Si desea realizar una instalación de Windows 7 sobre un ordenador en el que ya existía anteriormente un sistema operativo y una serie de archivos de trabajo, es recomendable, aparte de realizar una transferencia de todos los archivos y configuraciones de gestión del sistema operativo, hacer una copia de seguridad de toda la información importante del ordenador. Si se produce algún error durante el proceso, dicha información podría perderse de forma irreversible.

Asimismo, debería recopilar toda la información posible sobre las características hardware de su equipo, incluyendo todos los controladores proporcionados por los fabricantes de los distintos dispositivos.

> **Nota:** *Si desea instalar Windows 7 en un ordenador sin sistema operativo, deberá tener en cuenta que el equipo debe ser capaz de utilizar una unidad de CD-ROM como dispositivo de arranque del sistema.*

Otro paso necesario antes de iniciar la instalación de todo nuevo sistema operativo, es comprobar que el equipo donde se desea realizar la instalación, dispone de las características suficientes necesarias para el correcto funcionamiento del software. Comprobar la lista de requisitos descrita en la sección 1.2 anteriormente en este capítulo, puede ser la primera aproximación para comprobar la compatibilidad de un equipo con la instalación de Windows 7. Sin embargo, Microsoft ofrece a sus usuarios una herramienta ideada para realizar esta comprobación automáticamente. Cuando inserte el disco de instalación de Windows 7 en la unidad correspondiente de su equipo y, después de otorgar la correspondiente autorización de ejecución si fuera preciso, aparece en la pantalla del ordenador un cuadro de diálogo como el que ilustra la figura 1.5. Haga clic sobre la opción Comprobar la compatibilidad en línea y se abrirá una ventana del navegador desde la que podrá descargar la herramienta de comprobación. Una vez descargado el archivo correspondiente, instálelo en su equipo y ejecútelo para iniciar la comprobación. Al cabo de unos minutos, obtendrá una respuesta positiva o una indicación con los aspectos que debe mejorar en su equipo para poder instalar su nueva versión de Windows 7.

Una vez que haya comprobado que su equipo está preparado para instalar Windows 7, regrese nuevamente al cuadro de diálogo de la figura 1.5 y haga clic sobre la opción Instalar ahora. El proceso de instalación comenzará copiando los archivos temporales necesarios en el disco duro del ordenador. Una vez recopilada toda la información e iniciados todos los procesos del instalador, en el primer cuadro de diálogo que aparecerá en la pantalla del ordenador, el programa le ofrecerá la posibilidad de obtener automáticamente las últimas actualizaciones de Windows 7 a través de Internet. Como norma general, debería esforzarse por mantener su sistema operativo lo más actualizado que pueda en todo momento y, por lo tanto, debería seleccionar la opción Obtener las actualizaciones más recientes en Internet para la instalación. No obstante, dependiendo del tipo de instalación de Windows 7 que esté realizando y de las condiciones iniciales de su equipo es posible que, por ejemplo, no disponga de conectividad a Internet de forma temporal, de forma que tendrá que optar por la opción No obtener las actualizaciones más recientes para la instalación.

**Figura 1.5.** El primer cuadro de diálogo del asistente de instalación.

Después de recopilar las actualizaciones disponibles (o si decide no obtenerlas de momento), aparecerá en pantalla el acuerdo de licencia de Microsoft para la instalación del sistema operativo. Lea con atención el texto, active la casilla de verificación Acepto los términos de licencia y haga clic sobre el botón **Siguiente**.

Seguidamente, el asistente le ofrecerá la posibilidad de elegir el tipo de instalación de Windows 7 que desea realizar. Para llevar a cabo una sencilla actualización de su sistema operativo anterior, elija la opción Actualización. El proceso de instalación se llevará a cabo según las configuraciones predeterminadas del programa y la configuración del sistema operativo actual. No obstante, si desea disponer de un control más exhaustivo sobre el proceso de instalación, haga clic sobre la opción **Personalizada**, a través de la cual le guiaremos en esta sección.

Si dispone de más de una unidad de disco donde pueda realizar la instalación de su sistema operativo, selecciónela a continuación en la lista del cuadro de diálogo ¿Dónde desea instalar Windows? y haga clic sobre el botón **Siguiente**. Si la partición de disco seleccionada contiene una instalación anterior de un sistema operativo Windows, un cuadro de mensaje le informará que dicha instalación se mantendrá en una carpeta renombrada como Windows.old, por si fuera necesario consultar algún tipo de información con posterioridad. Simplemente, haga clic sobre el botón **Aceptar** para continuar.

Una vez hecho esto, comenzará el proceso de instalación del sistema operativo propiamente dicho. El proceso en líneas generales es el que se describe de forma esquemática en el propio asistente:

1. En primer lugar, se copiarán al disco duro del ordenador todos los archivos comprimidos que contienen los programas y documentos que conforman el sistema operativo.
2. Seguidamente, se expandirán o descomprimirán los archivos comprimidos de la instalación, quedando preparados para su uso.
3. Luego, se instalarán las características específicas que desee para su copia de Windows 7, según las características intrínsecas de hardware de su equipo y sus propias preferencias personales.
4. A continuación, se instalarán las actualizaciones del sistema operativo que se descargaron en un paso anterior del proceso de instalación.
5. Finalmente, se realizarán los últimos ajustes del sistema antes de ponerlo en funcionamiento por primera vez.

La duración del proceso de copia y expansión de los archivos del sistema dependerá de las características del equipo donde se esté instalando. A su finalización, comenzará un breve proceso de configuración donde el usuario deberá confirmar o seleccionar distintas opciones que definirán las características del sistema operativo.

La primera de ellas es la elección del idioma con el que se desea trabajar en el sistema operativo. Seleccione la opción Mi idioma es español en la lista del cuadro de diálogo del asistente y haga clic sobre el botón **Siguiente**.

A continuación, deberá especificar las opciones de regionales que gobernarán el comportamiento de distintas herramientas del sistema en cuanto a formatos de fecha y hora, moneda, etc. Las opciones que deberían aparecer por defecto son **País o región**: España, **Hora y moneda**: Español (España, Internacional) y **Distribución del teclado**: Español. Cambie si es necesario alguno de estos valores o acepte los valores por defecto y haga clic sobre el botón **Siguiente**.

En el siguiente cuadro de diálogo, especifique un nombre de usuario y un nombre de ordenador para ser reconocido por los demás equipos del entorno de red y haga clic sobre el botón **Siguiente**.

Para que nadie pueda utilizar su cuenta de usuario sin autorización, seleccione una contraseña para el inicio de sesión. Escriba la contraseña en el cuadro de texto **Escriba una contraseña**, repítala en el cuadro de texto **Vuelva a escribir la contraseña** y, en el cuadro de texto **Escriba un indicio de contraseña**, escriba una frase que le permita recordar la contraseña en caso de que la olvide. Si alguna vez intenta entrar en el sistema escribiendo una contraseña incorrecta, el sistema operativo le mostrará le indicio de contraseña para ayudarle a recordar. Una vez finalizado, haga clic sobre el botón **Siguiente**.

En el siguiente cuadro de diálogo, escriba la clave de su copia de Windows 7 (la que aparece en la etiqueta del paquete con el nombre "Clave de producto"), active la casilla de verificación **Activar Windows automáticamente cuando esté conectado** y haga clic sobre el botón **Siguiente**.

Para mantener Windows 7 al día con todas las actualizaciones de Microsoft disponibles, haga clic en el siguiente cuadro de diálogo sobre la opción **Usar la configuración recomendada**. De esta manera, Windows 7 descargará e instalará automáticamente todas las actualizaciones necesarias en el entorno. Si lo prefiere, también puede optar por instalar solamente las actualizaciones importantes o por demorar la decisión para después de completar la instalación.

A continuación, revise la configuración de fecha y hora del equipo. Si lo desea, active la casilla de verificación **Ajustar el reloj automáticamente al horario de verano** para que la hora del sistema cambie cuando se produzca el cambio de hora oficial y haga clic sobre el botón **Siguiente**.

Seguidamente, elija el tipo de red donde se encuentra ubicado su ordenador. Generalmente, optará por elegir una red de confianza (donde todos los ordenadores que se encuentran a su alrededor son conocidos) eligiendo las opciones **Red do-**

méstica o Red de trabajo, según las circunstancias. Una vez hecho esto, el sistema operativo intentará conectarse a la red de ordenadores y configurarla adecuadamente para su correcto funcionamiento en el equipo.

Este es el último paso en la configuración de las características del sistema operativo. Una vez completado, se iniciará la instalación de las actualizaciones disponibles que se hayan descargado previamente y la etapa de ajustes finales del sistema. Al cabo de unos minutos, la configuración habrá finalizado y podrá ver en la pantalla del ordenador el aspecto inicial del escritorio de Windows 7 (véase la figura 1.6).

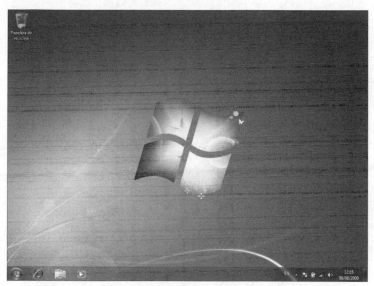

**Figura 1.6.** Aspecto inicial del escritorio de Windows 7.

# 2

# Fundamentos básicos de Windows 7

## 2.1. Introducción

Windows 7 es una herramienta cuyo objetivo principal es acercar el funcionamiento del ordenador personal a cualquier tipo de usuario, independientemente de su nivel de conocimientos o de la clase de trabajo que necesite desarrollar.

La comunicación del usuario con el sistema operativo de Windows se realiza de una forma natural y sencilla, aproximando, en la medida de lo posible, el manejo del ordenador a la forma en que los seres humanos realizamos habitualmente nuestras tareas cotidianas. Así, por ejemplo, en Windows 7, los documentos se organizan en carpetas, de manera similar a como organizamos normalmente nuestros papeles y, si en algún momento necesitamos deshacernos de alguno de estos documentos, simplemente lo tiramos a la papelera.

## 2.2. Elementos de la interfaz

Windows 7 se comunica con el usuario a través de una interfaz gráfica, es decir, una interfaz en la que los distintos elementos vienen representados por imágenes que describen su contenido o utilidad. Así por ejemplo, un programa de tratamiento de textos como WordPad, está representado por el dibujo de una libreta y un programa de dibujo como Paint, por una paleta de dibujo y un pincel.

Por su parte, el usuario se comunica con el ordenador utilizando los elementos que tiene más a mano: el teclado y el ratón. Dichos elementos, también disponen de una representación gráfica en la interfaz de Windows 7. Así por ejemplo, el ratón, está representado en la pantalla por un puntero que se desplaza siguiendo los movimientos que realizamos con el propio ratón, permitiéndonos además ejecutar determinadas acciones cuando colocamos dicho puntero sobre un elemento determinado y hacemos clic con los distintos botones.

Finalmente, Windows 7 permite también intercambiar información con el ordenador utilizando ventanas y cuadros de diálogo. Una ventana es una zona especial que aparece en la pantalla del ordenador y que utilizan los distintos programas y herramientas para mostrarnos su contenido y permitirnos actuar sobre él para realizar nuestro trabajo.

Por otra parte, mediante los cuadros de diálogo, proporcionamos al programa la información adicional que necesita para llevar a cabo las operaciones que deseamos realizar.

Una de las principales ventajas de la utilización de ventanas en un sistema operativo como Windows, es que nos permite mantener en funcionamiento distintos programas a la vez, e intercambiar información entre ellos de una forma cómoda y sencilla.

Cuando ponemos en marcha un ordenador con Windows 7, lo primero que aparece en pantalla (después de una serie de mensajes previos procedentes de las operaciones de inicialización del sistema) es la interfaz gráfica del programa (véase la figura 2.1.)

El elemento básico sobre el que se realiza nuestro trabajo con Windows 7 es el escritorio. El escritorio representa toda la superficie visible de la pantalla del ordenador, que comprende tanto el fondo de escritorio en sí como la barra de tareas. Sobre el fondo de escritorio, colocamos todos nuestros programas y herramientas, al igual que colocamos habitualmente nuestros papeles y útiles de trabajo sobre una mesa de despacho.

Como podemos observar en la figura 2.1, el aspecto inicial del escritorio de Windows 7, nos muestra una idea de claridad y organización en el entorno. En la pantalla del ordenador aparecen solamente unos pocos elementos que nos proporcionan sin embargo una gran capacidad de maniobra:

- Un icono situado en la esquina superior izquierda que representa a la Papelera de reciclaje de nuestro sistema. A este tipo de iconos se les denomina *iconos de acceso directo*.
- Una barra de tareas, desde la que podemos controlar las distintas ventanas abiertas en el programa.

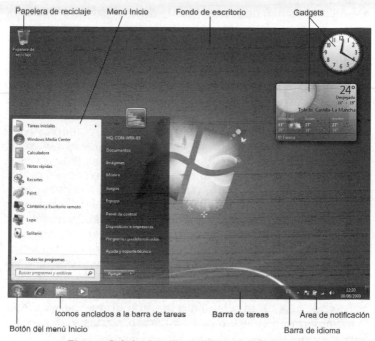

Papelera de reciclaje  Menú Inicio  Fondo de escritorio  Gadgets

Iconos anclados a la barra de tareas      Barra de tareas      Área de notificación

Botón del menú Inicio      Barra de idioma

**Figura 2.1.** La interfaz gráfica de Windows 7.

- Dentro de la barra de tareas, nos encontramos con una serie de iconos anclados (que proporciona un acceso inmediato a las aplicaciones que utilizamos con mayor asiduidad), la barra de herramientas Idioma (con información sobre el lenguaje y el tipo de teclado instalados actualmente en nuestro sistema) y el área de notificación (que nos muestra información de utilidad como la hora del sistema y nos presenta recordatorios sobre los distintos sucesos del entorno). Además, en el extremo izquierdo de esta barra se encuentra el botón del menú Inicio, desde donde accedemos a todas las aplicaciones instaladas en nuestro ordenador.

- En la figura 2.1 vemos también situados sobre el lateral derecho del escritorio varios *gadgets*, herramientas que podemos instalar o quitar del escritorio según nuestras necesidades y que permanecen activas y disponibles en todo momento para facilitar nuestro trabajo.

Cuando abrimos una nueva ventana en Windows 7, la barra de tareas nos muestra un botón que contiene el icono de la aplicación a la que pertenece dicha ventana. Estos botones, no sólo nos permiten conocer en todo momento las ventanas que tenemos abiertas en el entorno, sino que además nos permiten cambiar fácilmente de una ventana a otra (activarla) y realizar ciertas tareas de organización. El aspecto de estos iconos puede ser diferente dependiendo del estado en que se encuentre la aplicación correspondiente. Así por ejemplo, tal como vemos en la figura 2.1, cuando instalamos por primera vez Windows 7, tres iconos aparecen anclados en el lateral izquierdo de la barra de tareas, junto al icono del menú Inicio. Estos iconos no representan aplicaciones abiertas en el entorno, sino accesos directos que nos permiten abrirlas con un solo clic del ratón. Si abrimos una ventana de navegación en el sistema, como por ejemplo la ventana Equipo, el botón central de la barra de tareas se iluminará, indicando que ya no se trata solamente de un acceso directo a una ventana de navegación del entorno, sino de una ventana abierta real. Si seguimos abriendo ventanas de navegación (como por ejemplo las ventanas Documentos, Imágenes o Música), podrá observar un efecto de "iconos iluminados apilados" sobre la barra de tareas. Eso significa, que existe más de un elemento del tipo al que pertenece el icono abierto en el sistema, en este caso, varias ventanas de navegación.

Si probamos a abrir una aplicación nueva, que no se encuentre ya reflejada entre los iconos anclados a la barra de tareas, veremos cómo aparece automáticamente su icono a la derecha de los ya existentes, con el aspecto iluminado que caracteriza a todas las aplicaciones abiertas en el entorno. La figura 2.2 ilustra un ejemplo de este comportamiento.

**Figura 2.2.** Iconos en la barra de tareas.

Estos iconos también sirven para activar las ventanas abiertas en el sistema o, en el caso de los iconos anclados inicialmente en la barra de tareas, para iniciar la aplicación a la que pertenecen. Para este último caso, bastará con que hagamos clic sobre el icono del programa que deseemos abrir: Internet Explorer, una ventana de navegación con las bibliotecas del sistema o el Reproductor de Windows Media.

Si se trata de un icono que corresponde a una ventana ya abierta en el entorno, su funcionamiento puede resultar ligeramente diferente. Si es una ventana única (como en el caso de Paint o WordPad) en la figura 2.2, hacer clic sobre sus iconos se traducirá en activar la ventana correspondiente en pantalla.

Sin embargo, en el caso de que existan varias ventanas abiertas del mismo tipo (como en el caso de las ventanas de navegación de la figura 2.2), al hacer clic sobre el icono, aparecerá en pantalla una representación en miniatura de los elementos correspondientes (véase la figura 2.3). Sitúe el puntero del ratón sobre cualquiera de estas representaciones para verla a tamaño completo sobre el escritorio de Windows o haga clic sobre ella para convertirla en la ventana activa.

**Figura 2.3.** Cuando hay varias ventanas abiertas del mismo tipo, Windows nos muestra una representación en miniatura para poder elegir entre ellas.

Si continuamos recorriendo la barra de tareas de Windows 7, nos encontramos con la barra de herramientas Idioma (generalmente, un solo botón que indica el idioma que se utiliza actualmente en el sistema) y, a continuación el área de notificación (en el lateral derecho de la barra de tareas de Windows). Para acceder a su contenido, simplemente, colocaremos el puntero del ratón sobre el icono deseado y haremos clic con el botón izquierdo. Como veremos más adelante, también es posible utilizar el botón derecho del ratón para acceder a determinadas funcionalidades de estos iconos y botones de la barra de tareas, así como a las de otros elementos del entorno operativo de Windows.

En el extremo izquierdo de la barra de tareas, se encuentra situado el botón del menú Inicio . Mediante este menú podemos acceder a todas las herramientas y aplicaciones disponibles en nuestro ordenador, tanto a las propias aplicaciones que se incluyen en el paquete de Windows 7, como a cualquier otra que instalemos posteriormente en el equipo. Para desplegar el contenido del menú Inicio, haremos clic sobre su botón de la barra de tareas (véase la figura 2.4).

**Figura 2.4.** El menú Inicio.

Las opciones del menú Inicio representan las distintas aplicaciones y herramientas disponibles en Windows 7. Cada una de estas opciones se representa mediante un vínculo de texto (el nombre del programa o herramienta) o una combinación de un icono y un texto que describe su contenido. La sección izquierda del menú Inicio, contiene las aplicaciones que se han utilizado recientemente. Un pequeño icono en forma de triángulo dibujado a la derecha del nombre de estas aplicaciones indica que podemos acceder a una serie de tareas habituales u operaciones recientes que se han llevado a cabo con dicha aplicación. Sitúe el puntero del ratón sobre el nombre de la aplicación o haga clic sobre el icono en forma de triángulo para desplegar su contenido.

Debajo de esta lista de aplicaciones, el vínculo o carpeta Todos los programas ofrece un acceso a la totalidad de programas disponibles en el sistema, en una organización de carpetas y subcarpetas característica del sistema operativo.

Bajo la carpeta Todos los programas, nos encontramos con el cuadro de búsqueda, un cuadro de texto permite localizar rápidamente cualquier aplicación instalada en el sistema simplemente escribiendo su nombre.

En el lateral derecho del menú Inicio, encontramos una serie de vínculos o botones que representan las herramientas de trabajo más importantes del programa (y que podemos personalizar según nuestras necesidades). Para abrir cualquiera de estas herramientas, simplemente haga clic sobre su nombre.

Finalmente, debajo de la lista de vínculos del menú Inicio, disponemos de un par de botones que controlan las operaciones de apagado, reinicio, bloqueo, cambio de usuario y suspensión del sistema, de las que hablaremos más adelante.

Sobre el escritorio de Windows 7, también podemos situar diferentes gadgets, herramientas en miniatura especiales que nos ayudan en nuestro trabajo diario (calculadoras, relojes, calendarios, lectores RSS, etc.). Windows 7, incluye en su instalación varios gadgets de gran interés a los que podemos acceder a través de la ventana Galería de gadgets de escritorio. Además, es posible descargar de Internet otros gadgets de utilidad y, previsiblemente, cada vez será mayor el número de estas herramientas en miniatura que inundarán el mercado.

## 2.3. El escritorlo

Desde el punto de vista de Windows 7, un ordenador o red de ordenadores tiene una estructura organizada por capas. En la capa superior se encuentra el *escritorio*. El escritorio no se corresponde con ningún componente físico del ordenador. Se trata simplemente de un "contenedor" que nos permite mantener agrupados todos los elementos disponibles tales como unidades de disco, archivos o nuestra conexión a una red.

La representación gráfica del escritorio en Windows 7 es la superficie visible de la pantalla del ordenador. Para hacer más agradable nuestro trabajo, los creadores de Windows han previsto la posibilidad de personalizar el aspecto del escritorio, escogiendo diferentes combinaciones de colores o seleccionando cualquier mapa de bits para el fondo (como por ejemplo una fotografía digitalizada).

El escritorio es el entorno donde se desarrolla todo el trabajo con Windows 7. Así pues, debe permitirnos acceder a los distintos elementos que componen nuestro ordenador: unidades de disco, impresoras, aplicaciones, archivos, etc. La figura 2.5 ilustra el aspecto del escritorio de Windows 7 durante una sesión normal de trabajo.

Icono de la Papelera de reciclaje    Ventana de aplicación    Fondo de escritorio    Gadgets

Botón del menú Inicio    Botón de aplicación    Barra de tareas    Área de notificación

Iconos anclados a la barra de tareas    Barra de herramientas Idioma

**Figura 2.5.** El escritorio de Windows 7.

Como se observa en la figura 2.5, dentro del escritorio existe una representación gráfica para los distintos elementos del entorno: iconos, ventanas de aplicación, etc. Además, en el borde inferior de la pantalla, se encuentra la barra de tareas que, a través de sus distintos componentes, nos permite realizar diferentes labores tales como acceder a las aplicaciones instaladas en el entorno, apagar y reiniciar el ordenador o configurar Windows 7. Además, la barra de tareas nos muestra informaciones de utilidad tales como la hora almacenada en el reloj interno de nuestro ordenador o las aplicaciones actualmente abiertas. Aparte del escritorio, los elementos que podemos distinguir en la figura 2.5 son los siguientes:

- **Iconos.** Son objetos gráficos que Windows 7 utiliza para representar elementos tales como ordenadores, unidades de disco, impresoras, aplicaciones, archivos o la Papelera de reciclaje en el ejemplo de la figura 2.5. Dichos iconos nos permiten acceder rápidamente a los recursos que representan, simplemente, haciendo doble clic sobre ellos.

- **Barra de tareas.** Es una barra situada inicialmente en el borde inferior de la pantalla (aunque puede cambiar de posición) que contiene el menú Inicio y distintas barras de herramientas adicionales. La barra de tareas nos muestra información sobre las aplicaciones abiertas en el entorno y sobre otros detalles del sistema tales como la hora actual. En la barra de tareas se pueden también anclar iconos que representan aplicaciones de uso frecuente como Internet Explorer o el Reproductor de Windows Media, para acceder a ellas mediante un solo clic.

- **Botón del menú Inicio.** Es un botón con el logotipo de Windows situado en el extremo izquierdo o superior de la barra de tareas que contiene un menú que nos permite acceder a la totalidad de los recursos disponibles en el ordenador, así como realizar diversas labores de gestión tales como apagar o reiniciar el ordenador, ejecutar programas, obtener ayuda, buscar archivos, etc.

- **Botones de aplicación.** Situados dentro de la barra de tareas, con un aspecto similar a los iconos anclados en su lateral izquierdo, representan las aplicaciones abiertas en el entorno. Se diferencian de estos últimos en que su aspecto es brillante sobre la superficie de la barra de tareas y nos permiten activar rápidamente la ventana que deseemos utilizar en cada momento. Cuando hay varias ventanas abiertas en el sistema del mismo tipo (por ejemplo, varias ventanas del Explorador de Windows o varias ventanas de navegación), todas ellas se engloban bajo un mismo icono, con forma de varios botones apilados. Al hacer clic sobre este tipo de iconos, aparece en pantalla una representación en miniatura de las distintas ventanas que engloban, permitiéndonos acceder a ellas con un solo clic o ver su contenido situando sobre ella el puntero del ratón. Además, los botones de aplicación disponen de una especie de menús llamados *Jump List* que aparecen cuando se hace clic sobre ellos con el botón derecho del ratón y que permiten realizar diversas tareas comunes o de uso frecuente sobre la aplicación.

- **Barra de herramientas Idioma.** Contiene los iconos que nos permiten configurar rápidamente el idioma y el tipo de teclado que utilizamos en nuestro ordenador.

- **Área de notificación.** Nos muestra información de utilidad y nos ofrece un acceso rápido a los sucesos destacables durante nuestro trabajo con Windows 7.

- **Ventanas de aplicación.** Representan el soporte de las utilidades que se ejecutan en el entorno. Dentro de ellas, se produce toda la interacción entre la aplicación y el usuario. Mediante las ventanas de aplicación, se presentan los resultados y se pide la información necesaria.
- **Gadgets.** Aplicaciones especiales en miniatura que podemos situar sobre el escritorio de Windows con funciones que nos ayudan en el trabajo diario con nuestro ordenador (calculadoras, lectores de fuentes RSS, etc.)

Al igual que la mayoría de los componentes de Windows 7, el escritorio permite numerosas posibilidades de personalización. Parra modificar el aspecto y comportamiento del escritorio, utilizaremos la ventana Personalización, a la que podemos acceder haciendo clic con el botón derecho del ratón sobre cualquier punto vacío del escritorio y ejecutando a continuación el comando Personalizar del menú contextual. Estudiaremos con detalle las opciones de personalización del escritorio en el capítulo 4 de esta guía.

## 2.3.1. Iconos

Dentro del escritorio de Windows, podemos colocar todos los iconos que deseemos. Dichos iconos nos permitirán acceder de una forma rápida y sencilla a los recursos, aplicaciones y documentos que utilizamos con mayor frecuencia en nuestro ordenador. Normalmente, estos elementos, se encuentran disponibles también a través de las ventanas de navegación o mediante los comandos del menú Inicio.

Cuando instalamos Windows 7 en nuestro ordenador, el programa se encarga de colocar automáticamente sobre el escritorio un único icono que representa la Papelera de reciclaje. Podemos crear nuevos iconos con los elementos disponibles en el entorno de Windows (Equipo, Documentos, Imágenes, etc.) con cualquier documento o aplicación que hayamos instalado en el sistema o, en general, con cualquier otro elemento del que deseemos obtener un acceso rápido.

En la figura 2.6, podemos observar algunos ejemplos de iconos situados sobre el escritorio de Windows. En dicha figura existen básicamente tres tipos de iconos diferentes. Por una parte, encontramos un icono creado automáticamente al instalar el sistema operativo, la Papelera de reciclaje, y varios iconos de carpetas del sistema: Equipo y Documentos. En la fila inferior, vemos un acceso directo de una aplicación, la Calculadora, y dos accesos directos a archivos o documentos: un documento del Bloc de notas y una imagen. Observe el símbolo situado en la esquina inferior izquierda de algunos de estos iconos [icono]. Este símbolo representa que dicho icono es un acceso directo. Los iconos de acceso directo no son una copia de la aplicación, documento o recurso al que representan, sino un archivo independiente que almacena solamente las propiedades y ubicación de dicho elemento. Así pues, cuando eliminamos un icono de acceso directo no eliminamos el recurso, sino simplemente su representación en el escritorio.

**Figura 2.6.** Iconos.

## 2.3.2. Trabajar con iconos

Para seleccionar cualquiera de los iconos que hayamos situado en el escritorio de Windows 7, basta con hacer clic sobre su superficie. Cuando un icono se encuentra seleccionado su imagen queda enmarcada y presenta un aspecto brillante. También es posible seleccionar varios iconos de forma simultánea. Para hacerlo, haga clic sobre ellos mientras mantiene presionadas las teclas **Control** (para añadir un elemento individual) o **Mayús** (para añadir un grupo de elementos). Si los iconos se encuentran próximos en el escritorio, puede seleccionarlos también creando un marco imaginario a su alrededor. Sitúe el puntero del ratón sobre cualquiera de las esquinas de dicho marco, haga clic con el botón izquierdo y arrástrelo hasta abarcar todos los iconos.

Si desea modificar el título del icono, haga un segundo clic sobre su etiqueta. El texto quedará seleccionado en espera de que introduzcamos su nuevo contenido. Una vez finalizada la edición, pulse la tecla **Intro** o haga clic fuera de los límites del icono.

Para ejecutar cualquiera de los iconos del escritorio, haga doble clic sobre él. El resultado obtenido dependerá de las características del icono. Algunos ejecutan aplicaciones, otros abren simplemente una ventana que contiene nuevos iconos o carpetas o, incluso, podemos disponer de iconos que ejecutan una aplicación cargando automáticamente un documento en ella.

Si desea cambiar de posición un icono, haga clic sobre él y, manteniendo presionado el botón izquierdo, arrástrelo hacia su nueva ubicación. Finalmente, suelte el botón izquierdo del ratón para completar el proceso. Windows 7 ajustará automáticamente el icono a la posición más cercana de un imaginario entramado que mantiene ordenados todos los elementos del escritorio.

Si lo que pretende es crear un acceso directo de cualquier elemento, deberá mantener presionadas simultáneamente las teclas **Control** y **Mayús**. El símbolo [🔗 Crear vínculo en Escritorio] aparecerá asociado al puntero del ratón indicándole que la operación de arrastre mantendrá el icono en su posición original y creará un acceso directo en el punto en el que suelte el ratón. Windows no permite tener dos iconos con el mismo nombre sobre el escritorio. Cuando cree un acceso directo de un icono, el programa le asociará automáticamente el nombre *Nombre* - Acceso directo.

Cuando el icono arrastrado sea ya un acceso directo, pulsar la tecla **Control** le permitirá crear una copia de dicho elemento. De hecho, de forma genérica pulsar la tecla **Control** significa realizar una copia del elemento con el que se esté trabajando. En esta ocasión, el puntero del ratón mostrará un pequeño símbolo más [➕ Copiar a Escritorio], indicándole el nuevo resultado de la operación. El nombre de la copia del icono será el nombre del icono original seguido del texto copia.

Finalmente, si arrastra un icono manteniendo pulsado el botón derecho del ratón, Windows 7 le mostrará un menú contextual que le permitirá seleccionar la operación deseada en cada momento: copiar, mover o crear un acceso directo.

Si en el transcurso de cualquiera de las operaciones anteriores cambia de opinión, puede cancelar el proceso pulsando la tecla **Esc**.

## 2.3.3. Accesos directos

El primer método para crear un icono de acceso directo sobre el escritorio, consiste en utilizar su menú contextual. Para abrir dicho menú, haga clic sobre cualquier punto vacío del escritorio con el botón derecho del ratón. En el menú contextual, sitúe el puntero del ratón sobre el comando **Nuevo** (o pulse la tecla **N**) para abrir el submenú correspondiente (véase la figura 2.7).

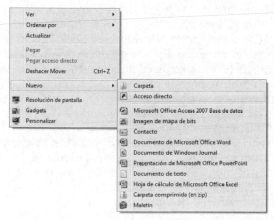

**Figura 2.7.** El submenú Nuevo del menú contextual del escritorio.

Para crear un icono de acceso directo, ejecute el comando **Acceso directo** del submenú Nuevo. Windows 7 abrirá automáticamente el cuadro de diálogo **Crear acceso directo** (véase la figura 2.8).

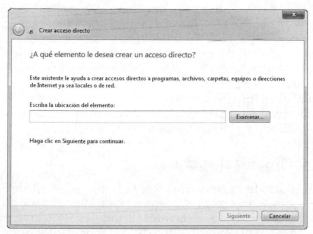

**Figura 2.8.** El cuadro de diálogo Crear acceso directo.

En el cuadro de texto **Escriba la ubicación del elemento**, introduzca la ruta de acceso y el nombre completo de la aplicación, archivo o documento que desea convertir en acceso directo. También es posible crear un acceso directo a una carpeta, escribiendo simplemente su ruta de acceso. Si lo desea, puede utilizar el botón **Examinar**, que le permitirá recorrer el árbol de carpetas y archivos de su sistema en busca del archivo deseado.

A continuación, haga clic sobre el botón **Siguiente** para abrir el siguiente cuadro de diálogo del asistente. En el cuadro de texto de dicho cuadro de diálogo podrá escribir el nombre que desea emplear para la etiqueta del acceso directo. Utilice un nombre que describa claramente el contenido del icono. Un icono de acceso directo pierde su utilidad si resulta difícil recordar qué representa.

Haga clic sobre el botón **Finalizar** para cerrar el asistente y crear el icono de acceso directo sobre el escritorio.

Utilizar el menú contextual del escritorio para crear un icono de acceso directo de un archivo resulta muy sencillo. Sin embargo, Windows 7 nos permite simplificar aún más ésta y otras muchas tareas mediante la técnica de *arrastrar y soltar*. Anteriormente, ya estudiamos algunas de las posibilidades que ofrecía Windows 7 para la creación de accesos directos arrastrando los iconos del escritorio con los botones izquierdo y derecho del ratón. Sin embargo, la tecnología de arrastrar y soltar nos permite también crear accesos directos de otros recursos del sistema, tales como unidades de disco o impresoras.

Para crear un acceso directo de cualquiera de estos recursos, primero deberá localizarlo dentro de su ordenador. A modo de ejemplo, haga clic sobre el vínculo **Equipo** del menú **Inicio** de Windows para abrir la ventana de navegación del equipo. A continuación, arrastre cualquiera de los iconos de la ventana hacia el escritorio. Dado que no es posible realizar una copia de una unidad de disco sobre el escritorio, Windows creará de forma automática un icono de acceso directo (figura 2.9).

Observe el característico icono que indica la creación de un acceso directo y el texto explicativo de la operación.

## 2.3.4. Organizar iconos

Después de crear varios iconos sobre el escritorio, éste puede presentar un aspecto desordenado, dificultando incluso la localización de sus elementos. Windows 7, incluye varios comandos para la organización de iconos dentro del submenú **Ordenar por** del menú contextual del propio escritorio:

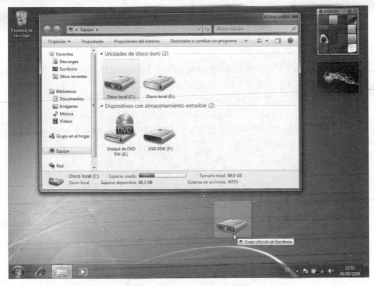

**Figura 2.9.** Creación de un acceso directo
para una unidad de disco duro.

- **Nombre.** Ordena los iconos alfabéticamente según el texto contenido en su etiqueta.
- **Tamaño.** Ordena los iconos según el tamaño (en bytes) de su acceso directo.
- **Tipo de elemento.** Agrupa los iconos por tipos (accesos directos, carpetas, aplicaciones, etc.)
- **Fecha de modificación.** Ordena los iconos de forma ascendente según su fecha de creación.

Dentro del submenú Ver, disponemos también de varios comandos que controlan la presentación y colocación de los iconos en la superficie del escritorio. Las opciones disponibles son:

- **Iconos grandes, Iconos medianos** e **Iconos pequeños.** Establecen tres tamaños diferentes para los iconos del escritorio.
- **Organizar iconos automáticamente.** Permite que el programa se encargue automáticamente de la ordenación de los iconos a medida que son creados sobre el escritorio. Si intenta desplazar un icono mientras esta opción se encuentra activada, Windows lo devolverá inmediatamente a su posición original.

- **Alinear iconos a la cuadrícula.** Distribuye los iconos de forma que coincidan horizontal y verticalmente con los restantes iconos del escritorio, según su posición original en el mismo.
- **Mostrar iconos del escritorio.** Al activar o desactivar este comando podemos mostrar u ocultar los iconos disponibles en la superficie del escritorio de Windows.
- **Mostrar gadgets de escritorio.** Oculta o vuelve a mostrar los gadgets situados por el usuario sobre el escritorio de Windows 7.

## 2.4. La barra de tareas

La barra de tareas es la puerta principal de acceso a todos los recursos disponibles en nuestro ordenador, ya que dentro de ella se encuentra el botón del menú Inicio, mediante el cual podemos acceder a todas las aplicaciones instaladas en el sistema, cambiar la configuración de todos los componentes del ordenador o realizar tareas tales como reiniciar o apagar definitivamente el equipo.

Junto al menú Inicio, se colocan habitualmente una serie de iconos anclados que representan algunas de las aplicaciones de uso más frecuente en el entorno. De forma predeterminada, estos iconos son Internet Explorer, la ventana de navegación de bibliotecas y el Reproductor de Windows Media.

Cuando ejecutamos una aplicación, la barra de tareas muestra un botón con el icono de la misma. Estos iconos nos permiten conocer las aplicaciones que hay ejecutándose en el sistema operativo (gracias al brillo y al aspecto recuadrado que presentan) y distinguir la ventana activa en cada momento por un aspecto aún más brillante que el de los restantes iconos, así como cambiar de aplicación activa con un sencillo clic.

Finalmente, la barra de tareas puede disponer también de otras de barras de herramientas con distintos iconos de acceso rápido a diferentes aplicaciones de Windows, un área de notificación (situada en el extremo derecho) con información de utilidad sobre le hora almacenada en el reloj interno del ordenador y los sucesos destacables del sistema y, en el lateral derecho, un pequeño botón que minimiza automáticamente todas las ventanas y aplicaciones abiertas en el entorno mostrando así el contenido del escritorio. La figura 2.10 muestra el aspecto de la barra de tareas de Windows 7.

**Figura 2.10.** La barra de tareas de Windows 7.

La barra de tareas permite un mejor aprovechamiento del espacio disponible en el escritorio de Windows. Nos ofrece un acceso total a todas las herramientas del sistema ocupando solamente una pequeña franja del escritorio. Además, resulta posible cambiar la posición de la barra de tareas, anclándola sobre cualquiera de los laterales del escritorio. Para hacerlo, simplemente haga clic sobre cualquier punto vacío de la misma y arrástrela hacia el lateral deseado. A medida que desplazamos el cursor del ratón, Windows anclará automáticamente la barra de tareas al lateral más próximo.

> **Nota:** *Antes de desplazar la barra de tareas es posible que necesitemos desbloquearla desactivando la opción* Bloquear la barra de tareas *de su menú contextual.*

También es posible personalizar el aspecto y comportamiento de la barra de tareas. Para acceder a las propiedades de la barra de tareas, haga clic sobre cualquier espacio vacío de la misma con el botón derecho del ratón. En el menú emergente que aparecerá, haga clic sobre el comando Propiedades para abrir el cuadro de diálogo Propiedades de la barra de tareas y del menú Inicio. Estudiaremos en profundidad las opciones de configuración de la barra de tareas que nos ofrece este cuadro de diálogo en el capítulo 4.

## 2.4.1. Botones de aplicación

A través de la barra de tareas de Windows 7, disponemos de un control absoluto sobre las aplicaciones abiertas en el entorno, manteniendo a la vez perfectamente ordenado nuestro escritorio.

Cada aplicación que ejecutamos en Windows 7 se encuentra representada en la barra de tareas mediante un botón que incluye el icono del programa. Cuando hay varias ventanas abiertas de la misma aplicación (bien porque existan varios documentos abiertos en una aplicación o por la utilización de varias instancias del mismo programa), el icono genérico presenta un aspecto que simula varios iconos apilados, lo que nos indica inmediatamente el hecho de que podemos acceder a varias ventanas diferentes a través de él.

Reconocer la aplicación activa en cada momento es bastante sencillo, ya que su botón presenta un aspecto más brillante que los demás. Para cambiar de aplicación activa, simplemente haga clic sobre el botón correspondiente de la barra de tareas. Si dicha aplicación se encuentra minimizada, recuperará además su tamaño original (el que tenía antes de ser minimizada).

Si se trata de grupo de ventanas encerradas en un mismo icono, al hacer clic sobre su superficie (o simplemente al situar encima el puntero del ratón) aparecerá en pantalla una representación en miniatura de dichas ventanas (véase la figura 2.11). Esto nos permitirá seleccionar fácilmente aquella que deseamos activar haciendo clic sobre su imagen. Si tenemos dudas sobre la ventana que deseamos abrir en realidad, bastará con que situemos el puntero del ratón sobre las distintas representaciones (sin llegar a hacer clic) y, la ventana correspondiente aparecerá destacada sobre el escritorio de Windows 7 permitiéndonos observar su contenido. Cuando retiremos el puntero del ratón, la representación de la ventana en el escritorio desaparecerá, recuperando éste su estado inicial.

**Figura 2.11.** Representación en miniatura de las ventanas que componen una agrupación de iconos.

**Nota:** *Observe un icono en forma de aspa* 🗵 *que aparece en la esquina superior derecha de la representación en miniatura de cualquier ventana cuando se sitúa sobre ella el puntero del ratón. Haciendo clic sobre dicho icono, se cerrará automáticamente la ventana correspondiente en el escritorio de Windows.*

## 2.4.2. Jump List

En Windows 7, los botones de aplicación de la barra de tareas tienen también la función de intentar facilitar el funcionamiento del programa por parte del usuario. Uno de los avances más significativos en este sentido de la nueva versión del sistema operativo es la utilización de las llamadas *jump list*, que aparecen cuando se hace clic con el botón derecho del ratón sobre cualquier botón de aplicación (véase a continuación, la figura 2.12).

**Figura 2.12.** Ejemplo de jump list.

Las *jump list* ofrecen un acceso rápido a algunas de las funciones, tareas y usos más recientes de las aplicaciones. Cuando el usuario hace clic con el botón derecho del ratón sobre un botón de la barra de tareas, suelen aparecer los siguientes tipos de funciones:

- En el borde inferior de la *jump list*, los comandos Cerrar ventana o Cerrar todas las ventanas, permiten cerrar automáticamente las ventanas que se encuentran representadas por el icono.
- Un comando Anclar este programa a la barra de tareas, sirve para anclar la aplicación representada por el icono a la barra de tareas. De esta manera, cuando se cierre su ventana, seguirá representándose su icono en la barra de tareas, para ofrecer un acceso rápido a la herramienta. Al ejecutar este comando, se cambia por el comando Desanclar este programa de la barra de tareas.

- A continuación en la *jump list*, aparece el nombre de la aplicación a la que representa el icono. Su función es la de abrir una nueva instancia de dicha aplicación, independientemente del número de ventanas que ya haya abiertas en el entorno.

- Bajo el epígrafe **Tareas**, se recogen una serie de operaciones de uso muy frecuente de la aplicación a la que pertenece el icono. Lógicamente, estas tareas varían enormemente de una aplicación a otra. Por ejemplo, en el caso del navegador Internet Explorer, estas tares son la apertura de una nueva pestaña y el inicio de una sesión de exploración de InPrivate, que es una sesión de trabajo en la que no se almacena ningún tipo de datos sobre la navegación (*cookies*, archivos temporales, historial, etc.) para conseguir mantener la privacidad del usuario. Otras tareas pueden incluir la creación automática de nuevas notas en Notas rápidas, la reproducción de música en el Reproductor de Windows Media, etc.

- Bajo el epígrafe **Frecuente**, solemos encontrar en muchas *jump list*, una lista de los documentos, carpetas, sitios Web, etc. que se han utilizado con mayor frecuencia en la herramienta.

  De esta forma, el usuario podrá recuperar rápidamente una sesión de trabajo que necesite de forma habitual. Por ejemplo, en el caso del icono de Internet Explorer, esta lista **Frecuente** son las direcciones de Internet que el usuario ha visitado con más asiduidad. Una característica de esta lista de elementos frecuentes es que si situamos sobre cualquiera de sus elementos el puntero del ratón observaremos en su lateral derecho un icono con forma de chincheta . Haciendo clic sobre este icono, conseguiremos que la entrada actual quede anclada a la lista de frecuentes, evitando así que sea desplazada en un momento dado por otros elementos (véase la figura 2.13). Hecho esto, aparecerá una nueva sección en la *jump list* etiquetada con el nombre **Anclado** donde, lógicamente, quedarán reflejados todos los elementos que se hayan anclado. El proceso inverso también resulta muy sencillo. Al situar el puntero del ratón sobre cualquiera de los elementos de la lista **Anclados**, el icono que aparece en el lateral derecho , sirve para desanclar el elemento y regresarlo a la lista **Frecuente** habitual.

**Figura 2.13.** Elementos anclados en una jump list.

## 2.4.3. Cambiar el tamaño predeterminado de la barra de tareas

La barra de tareas puede resultar, según los casos, demasiado grande o demasiado pequeña para nuestras necesidades. Así por ejemplo, si deseamos trabajar con una aplicación maximizada a pantalla completa, la barra de tareas representará un estorbo. Por el contrario, si disponemos de numerosas aplicaciones abiertas en el entorno y deseamos que todas ellas estén fácilmente accesibles, nos podemos encontrar con el problema de no disponer de espacio suficiente en la barra de tareas.

Para resolver todos estos problemas, Windows 7 ha previsto la posibilidad de modificar el tamaño predeterminado de la barra de tareas. Para hacerlo, en primer lugar deberá desbloquear la propia barra de tareas desactivando la marca de verificación que se encuentra junto al comando **Bloquear la barra de tareas** de su menú contextual. Hecho esto, observará una serie de barras de puntos en relieve ⫶ situados en distintas posiciones de la barra, signo inequívoco de que se encuentra desbloqueada.

A continuación, sitúe el puntero del ratón sobre el borde superior de la barra de tareas hasta que observe que toma la forma de una flecha de doble punta. Luego, haga clic con el botón izquierdo y arrastre el ratón en la dirección deseada para reducir o aumentar el tamaño. La figura 2.14 en la siguiente página ilustra el aspecto de la barra de tareas una vez ampliada.

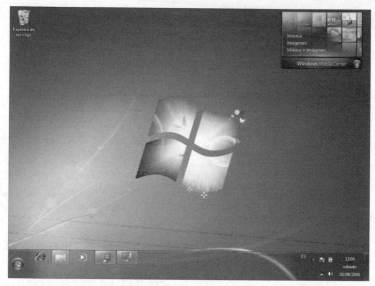

**Figura 2.14.** Ampliación del tamaño de la barra de tareas.

## 2.4.4. Barras de herramientas

Algunas barras de herramientas, como las de los iconos anclados a la barra de tareas y la barra de idiomas, son habituales de cualquier escritorio de Windows 7. Sin embargo, existen algunas barras de herramientas adicionales que se pueden colocar sobre la barra de tareas haciendo clic sobre cualquier espacio vacío de la misma con el botón derecho del ratón y ejecutando los comandos correspondientes del submenú **Barras de herramientas** del menú contextual.

Cuando desbloqueamos la barra de tareas de Windows 7, el sistema operativo también nos ofrece la posibilidad de cambiar el tamaño de las distintas barras de herramientas que se encuentran situadas sobre ella. Como vimos anteriormente, una barra de puntos en bajorrelieve ▌, marca los límites de cada una de estas barras de herramientas.

Para aumentar o disminuir el tamaño de una barra de herramientas, sitúe el puntero del ratón sobre la barra de puntos correspondiente hasta que el cursor tome la forma de una flecha de doble punta. A continuación, haga clic con el botón izquierdo del ratón y, manteniéndolo presionado, arrastre el ratón en la dirección deseada.

Si el espacio disponible en la barra de tareas no permite mostrar todo el contenido de alguna de las barras de herramientas, éstas quedarán representadas solamente por su nombre. Para acceder a su contenido, el programa mostrará un pequeño botón en forma de doble punta de flecha ⁂ junto al nombre de la barra de herramientas que permitirá acceder mediante un menú desplegable a los iconos incluidos en ella.

## 2.4.5. El área de notificación

En el lateral derecho de la barra de tareas, podemos observar una zona de especial interés conocida con el nombre de "área de notificación". En esta zona, encontraremos información de utilidad sobre el funcionamiento de nuestro entorno, amén de otros tipos de informaciones tales como la hora y fecha actuales. Generalmente, para obtener la información situaremos sobre dicho icono el puntero del ratón (véase la figura 2.15).

**Figura 2.15.** Información del área de notificación.

Dependiendo de la utilidad de cada herramienta, los iconos del área de notificación, también responderán de forma especial cuando hagamos clic sobre ellos. Así, por ejemplo, cuando hacemos clic sobre la hora del área de notificación, aparece en pantalla un pequeño calendario donde podremos cambiar la fecha actual o modificar la configuración de fecha y hora de nuestro ordenador (figura 2.16).

Como es habitual, los elementos del área de notificación de la barra de tareas, también disponen de su propio menú contextual, con opciones relacionadas con el tipo de función que desempeñan.

El área de notificación, tiene capacidad para incluir los iconos de las aplicaciones que se estén ejecutando en segundo plano en el sistema operativo y que se encuentren configuradas para mostrar dicha información. Sin embargo, en determinadas circunstancias, algunos de estos iconos pueden llegar a quedar ocultos, para mejorar el espacio disponible en la barra de tareas. Un icono en forma de punta de flecha ▲ situado en el margen izquierdo del área de notificación, nos informa de que existen más iconos disponibles con los que podemos interactuar. Simplemente, haga clic sobre dicho botón para mostrarlos.

**Figura 2.16.** Los elementos del área de notificación reaccionan de forma específica cuando se hace clic sobre ellos.

También podemos ajustar el comportamiento del sistema respecto a la aparición u ocultación de los iconos del área de notificación. Para ello, haga clic con el botón derecho del ratón sobre cualquier espacio vacío del área de notificación y ejecute el comando Personalizar iconos de notificación. Aparecerá en pantalla un cuadro de diálogo similar al que ilustra la figura 2.17, con un listado de los iconos de las herramientas actualmente en funcionamiento en nuestro sistema y un listado de otros iconos que se han utilizado anteriormente en el programa.

A la derecha de los nombres de cada uno de los iconos disponibles, disponemos de una lista desplegable que nos permite elegir entre tres estados posibles:

- Mostrar icono y notificaciones. Muestra el icono en el área de notificaciones, además de abrir un bocadillo con un mensaje para el usuario cuando se produce un evento en el sistema significativo para la herramienta.
- Ocultar icono y notificaciones. No muestra el icono ni los mensajes que generan sus eventos en el área de notificación.
- Mostrar sólo notificaciones. Muestra los mensajes de los eventos de la herramienta, pero oculta el icono en el área de notificaciones.

Cuando haya completado sus cambios de configuración, haga clic sobre el botón **Aceptar** para validar la operación.

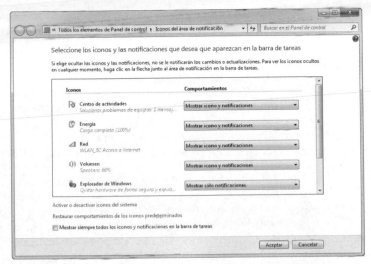

**Figura 2.17.** La ventana Iconos del área de notificación.

> **Nota:** *Haciendo clic sobre la opción* Activar o desactivar iconos del sistema, *se puede configurar la aparición o no en el área de notificación de los iconos habituales del sistema:* Reloj, Volumen, Red, Energía *y* Centro de actividades.

Es interesante destacar que en el lateral derecho del área de notificaciones, Windows 7 ha incorporado un pequeño botón en forma de rectángulo que ofrece al usuario la posibilidad de minimizar todas las ventanas abiertas en el sistema operativo para mostrar el contenido del escritorio haciendo un sencillo clic sobre su superficie. Si hacemos un nuevo clic sobre este botón, se recuperará nuevamente la configuración inicial de ventanas.

Observe también que situando el puntero del ratón sobre este botón, podrá ver el contenido del escritorio con una representación transparente de la posición de todas las ventanas abiertas sobre el mismo.

## 2.4.6. El menú contextual de la barra de tareas

Este menú contextual nos permite controlar tanto la presentación de las ventas de aplicación abiertas en el entorno como las propias opciones de presentación de la barra de tareas. Para abrir el menú contextual, haga clic con el botón derecho del ratón sobre cualquier espacio vacío de la barra de tareas. Los comandos disponibles son los siguientes:

- Barras de herramientas. Permite personalizar el contenido de la barra de tareas de Windows 7. La tabla 2.1 ilustra las barras de herramientas disponibles en el programa.
- Ventanas en cascada. Organiza las ventanas abiertas en cascada, es decir, superpuestas unas sobre otras.
- Mostrar ventanas apiladas. Organiza las ventanas en distribución regular en sentido horizontal, ordenándolas según su secuencia de activación.
- Mostrar ventanas en paralelo. Organiza las ventanas en distribución regular en sentido vertical, ordenándolas según su secuencia de activación.
- Mostrar el escritorio. Minimiza todas las ventanas abiertas reduciéndolas al tamaño de su botón en la barra de tareas y muestra el contenido del escritorio de Windows.
- Iniciar el Administrador de tareas. Abre un cuadro de diálogo que visualiza todos los programas, aplicaciones y tareas en funcionamiento en el entorno de Windows. A través de este cuadro de diálogo podemos dar por finalizada una tarea (por ejemplo, un programa que haya dejado de responder) cambiar de una tarea activa a otra o iniciar una nueva.
- Bloquear la barra de tareas. Activa o desactiva el bloqueo de la barra de tareas. Cuando ésta se encuentra bloqueada, Windows no permitirá su cambio de tamaño o posición. Además, tampoco podremos modificar el tamaño de las barras de herramientas incluidas en la propia barra de tareas.
- Propiedades. Abre el cuadro de diálogo Propiedades de la barra de tareas y del menú Inicio activando la ficha Barra de tareas.

**Tabla 2.1.** Barras de herramientas
de la barra de tareas de Windows 7.

| Barra de herramientas | Descripción |
| --- | --- |
| Dirección | Contiene un cuadro de lista desplegable que ofrece un acceso rápido a páginas Web, archivos y aplicaciones disp0-nibles en el sistema. |
| Vínculos | Muestra una serie de botones que nos permiten acceder rápidamente a distintas páginas Web de interés. |

| Barra de herramientas | Descripción |
| --- | --- |
| Panel de entrada de Tablet PC | Controla la herramienta de entrada de datos Tablet PC, una aplicación para escribir texto mediante un lápiz óptico en lugar de utilizar un teclado estándar. |
| Escritorio | Proporciona un acceso directo a los iconos disponibles en el escritorio dentro de la propia barra de tareas. |
| Barra de idioma | Incluye iconos que nos permiten definir el idioma y tipo de teclado instalados en el entorno. |
| Nueva barra de herramientas | Permite crear nuevas barras de herramientas personalizadas. |

# 2.5. El menú Inicio

En esta sección, iniciaremos un estudio más exhaustivo del contenido y comportamiento del menú Inicio, centro neurálgico de Windows 7, desde donde podemos acceder rápida y cómodamente a todas las aplicaciones y recursos instalados en nuestro sistema.

## 2.5.1. Estructura del menú Inicio

Dentro del menú Inicio de Windows 7, podemos observar dos tipos de elementos diferentes: aplicaciones (representadas bien de la forma tradicional en versiones anteriores del sistema operativo mediante un icono y un nombre o bien mediante un vínculo con un fragmento de texto que identifica la herramienta) y carpetas (que pueden tomar también la representación tradicional de un icono de carpeta acompañado de un nombre o un vínculo o submenús, mediante los cuales podemos acceder a nuevas subcategorías de elementos en el menú Inicio.

Para ejecutar cualquiera de los elementos del menú Inicio o desplegar cualquiera de sus carpetas, simplemente bastará con hacer clic sobre su superficie.

Cuando hacemos clic sobre una carpeta, Windows 7 despliega su contenido en forma de árbol. La figura 2.18 ilustra el aspecto del menú Inicio abierto con varios subniveles de carpetas desplegados.

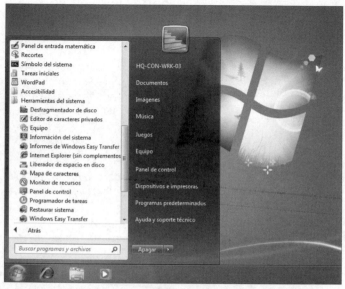

**Figura 2.18.** Menú Inicio con varias carpetas desplegadas.

Si desea utilizar el teclado, podrá desplazarse a través de los distintos elementos del menú Inicio empleando las teclas de dirección (**Flecha arriba, Flecha abajo, Flecha izda.** y **Flecha dcha.**). Observe que el elemento seleccionado en cada momento aparece en pantalla con un efecto en sobrerrelieve acompañado dependiendo del caso de un cambio de tonalidad. Una vez que haya localizado el programa que desea ejecutar o la carpeta del menú Inicio que desea abrir, simplemente pulse la tecla **Intro** para proceder.

Como ya sabe, el menú Inicio se encuentra dividido en dos secciones principales claramente diferenciadas que ofrecen acceso a los diferentes programas del entorno. En la sección izquierda, aparece una lista de programas que irá cambiando constantemente en función de las aplicaciones que utilicemos con mayor frecuencia, en un intento de facilitarnos la labor de aquellos programas con los que trabajamos más a menudo.

Si desea que cualquiera de los programas disponibles en esta lista (o en cualquier subcarpeta del propio menú Inicio) aparezca de forma permanente en el borde superior de la misma, haga clic sobre su nombre con el botón derecho del ratón y, en el menú contextual correspondiente, ejecute el comando Anclar al menú Inicio. Si cambia de opinión en cualquier momento, vuelva a hacer clic con el botón derecho del ratón sobre el nombre del programa y ejecute el comando Desanclar del menú Inicio.

Si desea eliminar de la lista de programas recientes cualquiera de sus componentes, ejecute el comando Quitar de esta lista del menú contextual.

Un botón en forma de punta de flecha situado en el lateral derecho de cualquiera de los elementos de esta lista significa que el elemento correspondiente pone a nuestra disposición una *jump list* con tareas, documentos y funciones frecuentes de dicha aplicación. Para desplegar dicha *jump list*, simplemente mantendremos situado el puntero del ratón unos segundos sobre el nombre de la aplicación. Los elementos correspondientes de la *jump list*, aparecerán en el lateral derecho del menú Inicio sustituyendo a la lista de vínculos habitual. Para retraer esta *jump list* y mostrar nuevamente la lista de vínculos del menú, haga clic sobre el botón en forma de punta de flecha ▪.

Como ya dijimos, a través de este panel, también podremos acceder al resto de las aplicaciones instaladas en nuestro sistema operativo. Si hacemos clic sobre el vínculo o carpeta `Todos los programas`, la lista de programas recientes desaparecerá para mostrar una lista en forma de árbol con todas las aplicaciones contenidas en el entorno. Dentro de esta lista, podrá ver habitualmente tanto iconos de programas como carpetas que contienen a su vez otras subcarpetas y programas. Para regresar en cualquier momento a la lista de programas recientes, haga clic sobre el vínculo Atrás que sustituye al vínculo Todos los programas cuando hacemos clic sobre él.

El panel derecho del menú Inicio, recoge una lista de vínculos con las herramientas y aplicaciones más importantes para la configuración y el trabajo con el sistema operativo de Windows. Esta lista no varía con el uso de los distintos programas como la lista de aplicaciones recientes, aunque su contenido se puede personalizar. Algunos de los vínculos habituales que podemos encontrar en el panel derecho del menú Inicio son los siguientes:

- **Nombre de usuario.** Abre una carpeta que contiene todas las carpetas del sistema del usuario que se encuentra trabajando actualmente en Windows 7.

- **Documentos.** Abre la carpeta donde se almacenan todos los documentos del usuario actual.
- **Imágenes.** Abre la carpeta donde se almacenan todas las imágenes del usuario actual.
- **Música.** Abre la carpeta donde se almacenan todos los archivos de música del usuario actual.
- **Juegos.** Abre una carpeta desde la que podemos acceder a los juegos instalados en el sistema operativo.
- **Equipo.** Abre una ventana de exploración con todos los dispositivos de almacenamiento disponibles en nuestro ordenador: discos duros, discos extraíbles, unidades de CD-ROM y DVD, etc.
- **Panel de control.** Abre la ventana del Panel de control de Windows 7 que nos permite cambiar las configuraciones de nuestro entorno: apariencia, seguridad, redes e Internet, cuentas de usuario, etc.
- **Dispositivos e impresoras.** Un acceso a la configuración de impresoras y otros dispositivos de comunicación como ratones, unidades flash USB, reproductores de música MP3 o MP4, etc.
- **Programas predeterminados.** Abre una ventana donde podremos especificar las aplicaciones que deseamos utilizar de forma predeterminada para diferentes tareas, asociar distintos tipos de archivo a una determinada aplicación, configurar la reproducción automática de discos extraíbles y configurar el acceso a determinados programas predeterminados del sistema.
- **Ayuda y soporte técnico.** Abre el sistema de ayuda de Windows 7.

## 2.5.2. Buscar programas y documentos

Aunque la estructura organizativa del menú Inicio de Windows 7 es lo suficientemente clara como para no presentar ningún problema a la hora de localizar cualquiera de los programas disponibles en el sistema, puede darse la circunstancia de que al ir añadiendo nuestras propias aplicaciones de terceros no tengamos del todo claro en qué lugar de dicho menú se encuentran. Para resolver este problema y para facilitar en general la ejecución de programas en Windows, sus creadores han ideado la utilización de un potentísimo motor de búsqueda que permite localizar fácilmente cualquier aplicación simplemente escribiendo su nombre.

En la esquina inferior izquierda del menú, habrá observado un cuadro de texto con la leyenda "Buscar programas y archivos". Cuando empiece a escribir el nombre del programa que desea localizar, el motor de indización de Windows 7, irá mostrando en el panel izquierdo del menú las aplicaciones cuyo nombre coincide con los criterios especificados (véase la figura 2.19). Una vez localizado el programa deseado, no tendrá más que hacer clic sobre su icono o pulsar la tecla **Intro** para ejecutarlo.

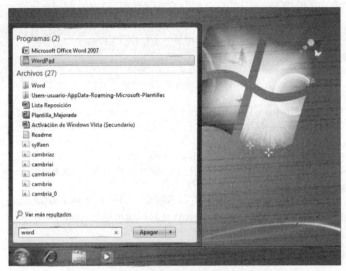

**Figura 2.19.** Búsqueda de programas
en el menú Inicio de Windows 7.

## 2.5.3. Apagar, reiniciar, suspender, etc.

Apagar nuestro ordenador cuando hemos terminado de trabajar con él, reiniciarlo cuando se produce algún problema o cuando lo requiere algún proceso de instalación, cambiar de usuario de trabajo o iniciar un estado de reposo, suspensión o hibernación cuando nos tenemos que ausentar temporalmente, no son tareas que se realicen de forma física (pulsando un botón en la CPU del equipo), sino a través del propio sistema operativo. Esto es debido a que antes de apagar, reiniciar o entrar en un modo de ahorro de energía de nuestro ordenador, por lo general el sistema necesita llevar a cabo diversas operaciones que aseguren su correcto funcionamiento en futuras sesiones de trabajo.

Una de las funciones principales del menú Inicio es la de realizar este tipo de operaciones de forma segura. De ello se encarga el botón situado en la esquina inferior derecha del menú y el menú desplegable del botón contiguo.

Por defecto, el botón que aparece en el menú inicio es **Apagar**, cuyo objetivo es apagar definitivamente el ordenador guardando todas las configuraciones necesarias y avisando al usuario de posibles cambios en aplicaciones o documentos que puedan existir todavía abiertos en el entorno.

> **Nota:** *Antes de apagar o reiniciar el equipo, es aconsejable cerrar todas las aplicaciones abiertas en el entorno.*

Si lo desea, puede cambiar el comportamiento de este botón, haciendo para ello clic con el botón derecho del ratón sobre cualquier espacio vacío del menú Inicio y ejecutando el comando Propiedades del menú contextual que aparece. En la ficha Menú Inicio del cuadro de diálogo Propiedades de la barra de tareas y del menú Inicio, seleccione la acción deseada mediante la lista desplegable Acción del botón de encendido: Apagar, Cambiar de usuario, Cerrar sesión, etc.

Por su parte, el menú desplegable del botón en forma de punta de flecha que aparece junto al botón de encendido ▶, recoge el resto de las operaciones de reinicio, cambio de usuario, cierre de sesión, etc. disponibles en el entorno (véase la figura 2.20). Asumiendo que la acción del botón de encendido es la de apagado del ordenador, tal como vimos anteriormente, las funciones que nos ofrece este menú desplegable son:

- Cambiar de usuario. Permite comenzar a trabajar con otra cuenta de usuario sin perder la configuración de trabajo de la cuenta actual.
- Cerrar sesión. Cierra la sesión de trabajo del usuario actual.
- Bloquear. Bloquea el equipo, es decir, muestra la pantalla de bienvenida, donde tendremos que introducir la contraseña de usuario especificada para seguir trabajando con el ordenador. Esta situación es ideal cuando queremos ausentarnos durante un breve periodo de tiempo y deseamos evitar una posible intrusión en nuestro equipo.
- Reiniciar. Realiza todas las operaciones de apagado del ordenador y vuelve a iniciar Windows 7.

- **Suspender.** Al hacer clic sobre este botón, se guardarán todas las configuraciones de la sesión de trabajo actual (generalmente, programas abiertos y su contenido) y se iniciará un estado de baja energía en el ordenador que podremos recuperar rápidamente pulsando cualquier tecla.
- **Hibernar.** Es similar al estado de suspensión, con la diferencia de que en esta ocasión se guardan en el disco duro las configuraciones y el estado de todas las aplicaciones abiertas en la sesión actual y se procede al apagado físico completo del equipo (en lugar de hacerlo entrar en un estado de baja energía).

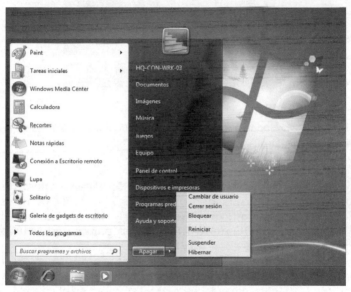

**Figura 2.20.** Opciones de apagado, cambio de usuario, cierre de sesión, etc. de Windows 7.

Normalmente, cuando iniciamos un ordenador con el sistema operativo Windows 7, recuperamos su actividad después de haber iniciado un estado de suspensión, o bien, cuando realizamos un cambio de sesión, el programa nos muestra una pantalla de bienvenida donde podremos seleccionar la cuenta de usuario que deseamos utilizar en cada momento o simplemente donde tendremos que escribir nuestra contraseña de acceso al sistema.

## 2.6. Gadgets

Sobre el escritorio de Windows 7, podemos colocar una serie de aplicaciones en miniatura conocidas con el nombre de *gadgets* que sirven como herramientas de apoyo para el trabajo diario del usuario. La instalación del sistema operativo incluye de forma predeterminada varios de estos gadgets que, además de presentar una indudable utilidad práctica, también sirven como referencia para conocer el funcionamiento de esta nueva característica de Windows 7 (véase la figura 2,21).

**Figura 2.21.** Gadgets situados sobre el escritorio de Windows 7.

### 2.6.1. La galería de gadgets de escritorio

A diferencia de la versión anterior del sistema operativo, los gadgets no se colocan en Windows 7 sobre un panel especial del escritorio (Windows Sidebar), sino que se pueden distribuir libremente desde el principio por cualquier lugar del entorno.

Para mostrar un gadget en el escritorio de Windows 7, tendrá que abrir la ventana Galería de gadgets de escritorio (figura 2.22). Para hacerlo, escriba su nombre en el cuadro de búsqueda del menú Inicio o bien localícela dentro de la carpeta `Todos los programas` de dicho menú.

Como se observa en la figura 2.22, cada gadget viene representado en la ventana por un icono de gran tamaño que representa el aspecto de la aplicación y un nombre. Para instalar un gadget en el escritorio de Windows, simplemente haga doble clic sobre su superficie o bien, haga clic y arrástrelo hacia la posición deseada del escritorio.

Como veremos a continuación, la lista de gadgets de nuestro sistema operativo puede ampliarse descargando de Internet numerosas herramientas de libre disposición orientadas a numerosas categorías de trabajo y productividad en el ordenador. De esta manera, puede llegar un momento en el que resulte complicado localizar un gadget concreto en la ventana de la galería de gadgets de escritorio. Cuando el número de gadgets haya crecido lo suficiente, la barra de navegación de la esquina superior izquierda de la ventana le permitirá recorrer las distintas páginas de gadgets, haciendo clic sobre los botones circulares con una punta de flecha en su interior que apuntan a izquierda y derecha.

**Figura 2.22.** Galería de gadgets de escritorio.

El cuadro de texto situado en la esquina superior derecha de la ventana, sirve para realizar una búsqueda de palabras clave que coincidan con el nombre del gadget que queremos localizar. A medida que vayamos escribiendo texto en dicho cuadro, la lista de iconos de la ventana se irá reduciendo para ajustarse a nuestros criterios de búsqueda (véase a continuación, la figura 2.23).

Si desea obtener información adicional sobre cualquiera de los gadgets de la galería de gadgets de escritorio haga clic sobre su icono y, a continuación, haga clic sobre el botón **Mostrar detalles** en la esquina inferior izquierda de la ventana. Dependiendo del gadget seleccionado, podrá conocer el propietario del copyright de la herramienta, su versión, una breve descripción del programa, etc. Cuando ya no necesite esta información y para economizar el espacio disponible en pantalla, podrá volver a replegar la sección de detalles haciendo clic sobre el botón **Ocultar detalles**.

**Figura 2.23.** Puede realizar una búsqueda de gadgets por nombre en la galería de gadgets de escritorio.

## 2.6.2. Trabajar con gadgets

El comportamiento y modo de trabajo específico de cada gadget difiere enormemente según su funcionalidad y, por supuesto, queda fuera del alcance de este libro describir en detalle todos y cada uno de los gadgets disponibles en el mercado. Sin embargo, todos los gadgets suelen compartir una serie de elementos comunes que permiten realizar determinadas labores de configuración genéricas. Al situar el puntero del ratón sobre la superficie de un gadget en el escritorio de Windows Vista, observará que aparece en su esquina superior derecha una barra de botones (véase la figura 2.24) cuya funcionalidad se describe a continuación:

- Botón **Cerrar** ⊠. Haciendo clic sobre este botón se cierra el gadget, eliminándolo del escritorio de Windows 7.
- Botones **Tamaño más grande** 🔲 y **Tamaño más pequeño** 🔳. Algunos gadgets pueden mostrar distintas interfaces, una de tamaño reducido con la información básica de la herramienta y otra más ampliada. Estos botones, sirven para cambiar entre las dos modalidades disponibles del gadget.
- Botón **Opciones** 🔍. No está disponible en todos los gadgets y su objetivo es configurar el funcionamiento de la aplicación. Por ejemplo, en el gadget Reloj, este botón permite ajustar la hora y el formato del reloj.

- Botón **Arrastrar gadget** . Aunque por lo general resulta posible arrastrar cualquier gadget por el escritorio de Windows 7 haciendo clic sobre su superficie, este botón especial proporciona una forma genérica para llevar a cabo esta tarea. Haga clic con el ratón y, manteniendo presionado el botón izquierdo, arrastre el ratón hasta la posición deseada.

**Figura 2.24.** Controles de un gadget.

El menú contextual de un gadget ofrece, además de las funciones accesibles a través de los botones que acabamos de describir, una serie de funcionalidades adicionales que describimos a continuación:

- Agregar gadgets. Abre la ventana Galería de gadgets de escritorio.
- Mover. Permite mover el gadget por el escritorio de Windows 7.
- Tamaño. Permite seleccionar los dos tamaños disponibles para la interfaz de un gadget.
- Siempre visible. Si esta opción se encuentra activada, el gadget permanecerá siempre visible por encima de cualquier ventana o elemento que haya abierto en el escritorio que ocupe el mismo espacio físico que el gadget.
- Opacidad. En el caso de que el gadget se encuentre siempre visible, este menú desplegable nos permite definir diferentes porcentajes de opacidad para la herramienta. Una opacidad del 100 por ciento, no deja ver nada de lo que hay situado debajo del gadget, mientras que opacidades inferiores dejarán entrever parte de dicho contenido.
- Cerrar gadget. Cierra el gadget.

## 2.6.3. Descargar gadgets en línea

Aparte de los gadgets incluidos en la instalación de Windows 7, actualmente existe en el mercado un buen número de componentes de terceros que podemos agregar a nuestra colección y es de esperar que este número vaya día a día en aumento. Desde la ventana Galería de gadgets de escritorio, podrá añadir nuevos gadget a su sistema, haciendo clic sobre la opción Descargar más gadgets en línea situada en la esquina inferior derecha de la ventana. Al hacerlo, se abrirá una nueva sesión de trabajo de Internet Explorer, cargando en su interior la página de descarga de gadgets de Microsoft (véase la figura 2.25).

**Figura 2.25.** Página de descarga de gadgets de Microsoft.

La ficha de gadgets de escritorio del sitio Web de Microsoft incluye en cada momento un resumen de los gadgets más interesantes o de reciente aparición en el mercado. Para acceder a todos los gadget disponibles, haga clic sobre el vínculo Obtén más gadgets de escritorio.

En la nueva página Web, la barra lateral situada a la izquierda de la página de descarga de gadgets, permite seleccionar cualquiera de las categorías de complementos disponibles simplemente haciendo clic sobre su nombre. Para navegar por las distintas páginas de gadgets disponibles en una categoría determinada, haga clic sobre los iconos **Primera**, **Anterior**, **Siguiente** y **Última** de la esquina superior derecha ⊮ ◀ ▶ ⊯ .

Una vez que haya localizado el gadget que desea añadir a su colección, haga clic sobre su botón **Descargar**. De esta forma, comenzará la instalación del nuevo complemento en su ordenador. Si el gadget que ha elegido no ha sido desarrollado por

Microsoft, un primer mensaje de advertencia le informará de las posibles consecuencias de la instalación. Si tiene confianza en el proveedor del complemento, haga clic sobre el botón **Instalar** para continuar el proceso.

Un nuevo cuadro de diálogo le preguntará si desea ejecutar el programa de instalación del complemento o simplemente almacenarlo en su sistema para su uso posterior. Haga clic sobre el botón **Abrir** para iniciar la descarga e instalación del archivo correspondiente. A continuación, el sistema volverá a mostrarnos una nueva advertencia, ya que se está intentando abrir un archivo desde un sitio Web que pudiera resultar potencialmente peligroso. Una vez más, si la operación que está realizando le ofrece suficientes garantías, haga clic sobre el botón **Instalar** para permitir la ejecución del archivo en su sistema. El nuevo gadget aparecerá automáticamente sobre el escritorio de Windows 7, quedando también reflejado en la ventana de la galería de gadgets de escritorio.

Si en algún momento decide que ya no necesita cualquiera de los gadgets que ha instalado de Internet, haga clic con el botón derecho del ratón sobre su icono en la ventana Galería de gadgets de escritorio y ejecute el comando Desinstalar.

# 3

# Ventanas y cuadros de diálogo

## 3.1. Introducción

La interfaz de comunicación básica del ordenador con el usuario la conforman las ventanas, mientras que una de las principales formas que tiene el usuario de proporcionar información al equipo son los cuadros de diálogo. Tanto en el caso de aplicaciones como Word, Paint o la Calculadora o ventanas de navegación puramente dichas tales como Equipo, Documentos o Imágenes o las distintas herramientas que componen el Panel de control de Windows, las ventanas están presentes en prácticamente cualquier función que se realiza dentro del sistema operativo de Windows 7.

Así pues, las ventanas son las herramientas fundamentales en las que se basa la comunicación entre máquina y ser humano y, aunque distintas aplicaciones y programas difieren enormemente entre sí en los tipos y contenidos de las ventanas y cuadros de diálogo que presentan al usuario, todas ellas muestran por lo general de una serie de características y comportamientos comunes que definen la forma de trabajar con la interfaz del sistema operativo y que estudiaremos a lo largo de este capítulo.

## 3.2. Gestión de ventanas

Las ventanas son los elementos básicos con los que se trabaja en el entorno Windows. Las ventanas proporcionan al usuario una interfaz que le permite ejecutar al mismo tiempo varias aplicaciones (cada una en su ventana) e intercambiar los datos que en ellas se generan.

De esta forma, se consigue aumentar la eficiencia al máximo, ya que se evita la necesidad de salir de una aplicación para entrar en otra y viceversa si se precisa trabajar dos herramientas en paralelo. Si se piensa, por ejemplo, en alguien que se encuentre redactando un documento en el que deban incluirse ciertos cálculos, para este usuario resultará de inestimable ayuda poder tener acceso simultáneo en la pantalla de su ordenador a un procesador de textos y una calculadora (véase la figura 3.1).

**Figura 3.1.** Windows 7 con dos aplicaciones funcionando en paralelo.

Como acabamos de ver, la ventana es la base de toda actividad en este entorno, por lo tanto, resulta fundamental comprender perfectamente cómo se trabaja con estos elementos antes de pasar a ocuparnos de otros detalles.

Dentro del entorno Windows podemos distinguir en líneas generales entre tres tipos diferentes de ventanas: las de aplicación, las de documento y las de navegación que muestran el contenido de una carpeta o unidad de disco, como por ejemplo, la ventana Equipo.

Las ventanas de aplicación representan el soporte de las utilidades que se ejecutan en el entorno. Dentro de ellas se produce toda la interacción entre la aplicación y el usuario. Mediante la ventana se presentan los resultados y se pide la información necesaria.

Algunas aplicaciones pueden trabajar con varios documentos al mismo tiempo dentro del mismo espacio de trabajo. Siguiendo la misma filosofía que nos permite tener en nuestro entorno varias aplicaciones corriendo sobre varias ventanas en paralelo, podemos tener en la propia ventana de la aplicación los distintos documentos con los que nos puede interesar trabajar en un determinado momento.

Desde el punto de vista de su aspecto existen pocas diferencias entre las ventanas de aplicación y las de documento (la ventana de documento no dispone de las barras de menús o barras y cintas de opciones que sí suelen aparecer en la ventana de aplicaciones). Los elementos básicos de una ventana típica pueden resumirse en los que se ilustran a continuación en la figura 3.2.

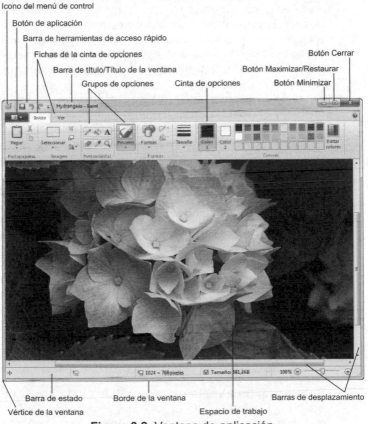

**Figura 3.2.** Ventana de aplicación.

Estos elementos son comunes a la mayoría de las ventanas aunque existen variaciones, no todas las ventanas utilizan absolutamente todos los elementos y otras siguen empleando incluso elementos cada día más en desuso como barras de menús o barras de herramientas convencionales.

- **Borde de la ventana.** Es el límite exterior de la ventana. Gracias a él es posible alterar las dimensiones de cada lado de forma individual.
- **Vértice de la ventana.** Confluencia entre dos laterales o bordes de ventana. Puede utilizarse para alterar las dimensiones de la ventana, permitiéndonos esta vez modificar al mismo tiempo dos de los lados adyacentes.
- **Icono del menú de control.** Es el pequeño icono, situado en la esquina superior izquierda de toda ventana. Al desplegar el menú contenido en este icono, se ponen a nuestra disposición una serie de opciones que nos permiten realizar toda una serie de acciones de control sobre la ventana: cambiar su posición y tamaño, cerrar la aplicación, etc.
- **Barra de herramientas de acceso rápido.** Una diminuta barra de herramientas situada junto al icono del menú de control que generalmente incluye las funciones de guardado, deshacer y rehacer junto con un menú desplegable que recoge el resto de operaciones básicas de cualquier aplicación: crear un nuevo documento o abrir uno existente, gestionar las labores de impresión, etc.
- **Barra de título.** Es la barra que contiene el nombre de la aplicación o documento que se encuentra abierto en la ventana. Sirve para señalar la ventana como activa o inactiva mediante la utilización de diferentes características visuales y para desplazar la misma a través del escritorio de Windows.
- **Título de la ventana.** Es una cadena de texto que describe en contenido de la ventana.
- **Botón Minimizar.** Permite eliminar una ventana de aplicación del escritorio o área de trabajo de Windows (manteniendo solamente visible su botón en la barra de tareas) o reducir una ventana de documento a un icono.
- **Botón Maximizar.** Permite ampliar el espacio que ocupa la ventana hasta el total del espacio disponible en la pantalla del ordenador (si se trata de una ventana

de aplicación o carpeta) o hasta el total del espacio de trabajo de la ventana de aplicación (si se trata de una ventana de documento).

- **Botón Restaurar.** Cuando se haya utilizado el botón para maximizar una ventana, éste será sustituido por el botón **Restaurar**, que permite devolver la ventana a su tamaño original.

- **Botón Cerrar.** Permite cerrar definitivamente una carpeta o ventana de aplicación o documento.

- **Botón de aplicación.** De forma similar a como el menú Inicio recoge todas las opciones de trabajo y funciones disponibles en el sistema operativo de Windows, el botón de aplicación en una ventana de aplicación ofrece acceso a todas las funciones disponibles en el programa.

- **Cinta de opciones.** La cinta de opciones es un espacio reservado en una aplicación para poner fácilmente al alcance del usuario funciones y opciones habituales de uso frecuente en el programa. Las cintas de opciones se agrupan por fichas (similares a las fichas de un cuadro de diálogo que estudiaremos más adelante) y, dentro de cada ficha, por grupos de opciones que engloban a su vez controles habituales de cualquier barra de herramientas tradicional o cuadro de diálogo, como botones, listas desplegables, cuadros de texto, etc.

- **Fichas de la cinta de opciones.** La primera forma de agrupación de las funciones que se encierran dentro de la cinta de opciones de un programa es la categorización mediante fichas. Cada ficha, engloba funciones comunes de carácter genérico, tales como trabajos iniciales, presentación, diseño de página, complementos, etc.

- **Grupos de opciones.** Dentro de cada ficha con opciones genéricas del programa, podemos encontrar grupos que engloban opciones más específicas pero comunes entre sí, tales como distintas opciones relacionadas con formas o colores, Portapapeles, formatos de fuente, formatos de párrafo, estilos, etc.

- **Barra de menús.** Las aplicaciones que no han adoptado todavía el uso de cintas de opciones para el control de las operaciones básicas del programa, emplean barras de menús, que son los encabezamientos de todos los menús disponibles con todas las opciones de trabajo de una aplicación. Esta barra es característica de las ventanas de aplicación y opcional en las ventanas de exploración. No aparece en las ventanas de documento.

- **Barras de herramientas o barras de comandos.** Similares a las cintas de opciones, contienen una serie de botones que ejecutan algunas de las acciones equivalentes a los comandos de menú disponibles en una aplicación. De esta forma, también proporcionan al usuario un acceso rápido a las operaciones de uso más frecuente.
- **Espacio de trabajo.** Es la parte de la ventana donde se desarrolla la acción. En él se realizan las actividades propias de una aplicación, se presenta información al usuario o bien se le pide la información necesaria. Puede contener varias ventanas de documento.
- **Barras de desplazamiento (horizontal y vertical).** Permiten mover el espacio de trabajo a lo largo del espacio global que contiene toda la información de una aplicación. La ventana puede ir recorriendo de esta forma toda la información disponible. Esta característica resulta imprescindible cuando se trata de presentar documentos muy largos, listas de datos que no caben en el espacio de trabajo, etc.
- **Barra de estado.** En algunas ventanas, aparecerá una barra que incluye información adicional sobre el desarrollo del programa.

## 3.2.1. Desplazamiento de ventanas

Windows 7 ofrece la posibilidad de desplazar cualquier ventana a través de toda la superficie del escritorio. Cambiar de posición una ventana nos permitirá acceder al contenido de otros elementos del escritorio que puedan quedar ocultos por ésta.

Para mover una ventana basta hacer clic con puntero del ratón sobre su barra de título y, manteniendo presionado el botón izquierdo, desplazarlo hasta que dicha ventana ocupe la posición deseada.

Para facilitar el trabajo de organización de ventanas, los distintos laterales del escritorio de Windows 7 son sensibles a los movimientos de cualquier ventana. Así pues, si desplazamos una ventana hacia cualquier lateral, vemos como aparece una representación en pantalla que nos indica la posición que se adoptará de forma automática cuando soltemos el botón izquierdo del ratón. Así pues, desplazar una ventana a los laterales izquierdo o derecho del escritorio, hará que ocupe automáticamente la mitad de la pantalla o desplazarla hasta el lateral superior hará que esta se maximice ocupando todo el espacio disponible en el escritorio.

También es posible mover una ventana utilizando el comando **Mover** del menú de control. Al ejecutar este comando, el cursor del ratón tomará la forma de una flecha de cuatro puntas. En esta situación, es posible desplazar la ventana a través del escritorio pulsando las teclas de dirección **Flecha izda.**, **Flecha dcha.**, **Flecha arriba** y **Flecha abajo**. Para completar la operación, deberá pulsar la tecla **Intro** o hacer clic con el botón izquierdo del ratón. La tecla **Esc** cancela la acción del comando dejando la ventana en su posición original.

## 3.2.2. Tamaño

Se puede modificar el tamaño de una ventana variando la posición de uno de sus laterales, o de dos de ellos a la vez. Cuando sitúe el cursor del ratón sobre uno de los lados de la ventana, éste cambiará su representación habitual por una flecha doble. Entonces, podrá hacer clic con el botón izquierdo del ratón y, manteniéndolo pulsado, desplazar el cursor en el sentido deseado para agrandar o disminuir el tamaño de la ventana. Soltando el botón del ratón se validarán los cambios. Si pretende modificar la ventana en dos dimensiones al mismo tiempo, será necesario que acerque el cursor a un vértice en vez de a uno de los laterales, pero el proceso de actuación será básicamente el mismo.

También es posible hacer clic sobre los botones **Maximizar**, **Minimizar** y **Restaurar**, para ajustar el tamaño de la ventana a las dimensiones predefinidas en cada caso.

Estas mismas acciones se encuentran accesibles a través de los comandos del menú de control. Los comandos Minimizar, Maximizar y Restaurar producen el mismo efecto que sus correspondientes iconos.

El comando Tamaño sirve para variar el tamaño de una ventana en cualquier dirección. Al seleccionar esta opción el cursor del ratón se transforma nuevamente en una flecha de cuatro puntas. En este momento, puede utilizar las teclas del cursor para seleccionar cualquiera de los laterales de la ventana. Si se pulsa, por ejemplo, la tecla **Flecha dcha.** el cursor se situará en el lateral derecho y tomará la forma de una flecha de doble dirección. A continuación, podría pulsar, por ejemplo, la tecla **Flecha arriba** con lo que tendría acceso a mover al mismo tiempo los laterales superior y derecho.

Una vez llegados a este punto podrá utilizar las cuatro teclas de dirección para modificar el tamaño de los laterales en ambos sentidos.

La tecla **Intro** completa la ejecución del comando Tamaño. La tecla **Esc** cancela la operación, manteniendo la ventana con su tamaño original.

Finalmente, tal como vimos en la sección anterior, también es posible modificar el tamaño de una ventana para que ocupe la mitad del escritorio o maximizarla hasta ocupar el tamaño completo de la pantalla, arrastrándolas hacia los distintos laterales.

> **Truco:** *Puede maximizar rápidamente una ventana haciendo doble clic sobre su barra de título.*

### 3.2.3. Organización de ventanas

Aparte de la posibilidad de redimensionar y recolocar manualmente las diferentes ventanas abiertas en nuestro escritorio, Windows 7 nos ofrece además diferentes procedimientos para distribuirlas automáticamente de una forma organizada. De esta manera, evitaremos la desorganización que puede producirse en nuestro escritorio cuando mantenemos abiertas varias ventanas de forma simultánea sin el trabajo que representa hacer los ajustes necesarios de forma manual.

Los comandos disponibles para esta organización se encuentran en el menú contextual de la barra de tareas (al que accedemos haciendo clic con el botón derecho del ratón sobre cualquier espacio vacío de la misma). Las opciones que encontramos son:

- Ventanas en cascada. Organiza las ventanas abiertas en cascada, es decir, superpuestas unas sobre las otras.
- Mostrar ventanas apiladas. Organiza las ventanas en distribución regular en sentido horizontal, organizándolas según su secuencia de activación.
- Mostrar ventanas en paralelo. Organiza las ventanas en distribución regular en sentido vertical, organizándolas según su secuencia de activación.
- Mostrar el escritorio. Minimiza todas las ventanas abiertas en el escritorio dejándolas accesibles solamente a través de sus botones en la barra de tareas.
- Mostrar ventanas abiertas. Una vez minimizadas todas las ventanas con el comando Mostrar el escritorio, podemos recuperar el estado anterior de todas las ventanas ejecutando este comando.

Las figuras 3.3 y 3.4 muestran varias ventanas abiertas sobre el escritorio de Windows organizadas respectivamente en cascada y apiladas.

**Figura 3.3.** Ventanas organizadas en cascada.

**Figura 3.4.** Ventanas apiladas.

Pero, aparte de estas opciones de organización genéricas, Windows 7 ofrece también un buen número de formas accesorias y trucos rápidos para realizar ésta y otras muchas tareas del sistema operativo. De esta manera, cada usuario podrá buscar el procedimiento que mejor se ajuste a sus necesidades o a su trabajo diario para mejorar su rendimiento y productividad o, simplemente, elegir una opción u otra por pura diversión.

En el capítulo anterior, ya hablamos del botón **Mostrar escritorio** que se encuentra situado en el lateral derecho de la barra de tareas. Cuando hacemos clic sobre este botón, se minimizan automáticamente todas las ventanas abiertas en el escritorio, quedando solamente accesibles a través de la barra de tareas. Un nuevo clic nos hará recuperar exactamente la situación anterior, volviendo a restaurar el tamaño de todas las ventanas.

Pero si lo que queremos es simplemente echar un vistazo rápido al escritorio, también tenemos la posibilidad de ocultar temporalmente las ventanas abiertas situando el puntero del ratón sobre el botón **Mostrar escritorio**. Como se ve en la figura 3.5, mientras mantenemos el puntero del ratón sobre este botón, vemos la totalidad del escritorio de Windows, junto con una representación esquemática de la posición original de las ventanas. Cuando alejemos el puntero del botón, se recuperará la situación original y las ventanas volverán a mostrarse tal como se encontraban.

A modo de curiosidad última, Windows 7 incluye una función que se conoce con el nombre de *Aero Shake*. Pruebe a hacer clic sobre la barra de título de cualquiera de las ventanas abiertas sobre el escritorio de Windows y, manteniendo presionado el botón izquierdo, agite ligeramente con cierta contundencia el ratón. Como resultado, todas las ventanas menos la elegida se minimizarán quedando accesibles solamente a través de sus botones en la barra de tareas y la única ventana que permanecerá en pantalla será la que haya agitado.

Repita nuevamente la operación para hacer que las ventanas minimizadas recuperen nuevamente su tamaño y posición en el escritorio.

## 3.2.4. Barras de desplazamiento

Generalmente, las ventanas y otros elementos del entorno Windows, deben soportar una cantidad de información que a menudo desborda su capacidad de presentación datos. Para soslayar este problema, Windows ha previsto la utilización de las llamadas *barras de desplazamiento* (véase la figura 3.6) que nos permiten movernos a lo largo de la información contenida en una ventana.

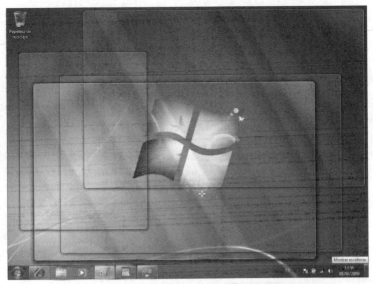

**Figura 3.5.** El botón Mostrar escritorio nos permite ver el contenido del escritorio con una representación esquemática de las ventanas abiertas en el entorno.

**Figura 3.6.** Barra de desplazamiento.

Las operaciones que se pueden realizar con estas barras de desplazamiento son las siguientes:

- ◀ ▶ **Moverse una línea arriba, abajo, a izquierda o derecha.** Para ello se utilizan los iconos asociados a la barra de desplazamiento que representan flechas en estas direcciones. Para utilizarlos deberemos mover el ratón hasta situar el cursor sobre ellos y hacer clic con el botón izquierdo. Si mantenemos presionado el botón izquierdo del ratón, se iniciará un movimiento rápido línea a línea en la dirección seleccionada. También es posible realizar esta operación pulsando las teclas de dirección.

- **Desplazamiento rápido.** La barra de desplazamiento incluye un pequeño rectángulo en su interior ▥ que indica cuál es la posición actual de la ventana en relación al total de información disponible y el tamaño relativo de la información que muestra el área de trabajo, en función del porcentaje de la barra que ocupe dicho rectángulo. Para un desplazamiento rápido por la misma deberemos hacer clic con el ratón sobre este recuadro y desplazarlo en la dirección deseada.

- **Saltos.** Es posible desplazar la ventana a la zona siguiente o anterior a la señalada en cada momento por el recuadro de la barra de desplazamiento. Para conseguirlo, deberemos hacer clic con el ratón en la propia barra a un lado u otro de dicho recuadro, según el tipo de salto que pretendamos realizar. También puede utilizar las teclas **AvPág** y **RePág** para moverse página a página dentro de la información contenida en la ventana.

## 3.2.5. Cambiar de ventana

En un entorno bien organizado, resulta bastante sencillo localizar una ventana determinada con la que deseamos trabajar a través de los botones disponibles en la barra de tareas de Windows 7. Incluso si tenemos alguna duda, el propio programa nos ofrece una ayuda visual del contenido de cada ventana cuando situamos el puntero del ratón sobre su botón, tal como vimos en el capítulo anterior.

Sin embargo, en ocasiones esta tarea se puede complicar si existe un gran número de ventanas abiertas en el entorno o si no tenemos demasiado claro qué estamos buscando en un momento dado. Windows 7, nos ofrece dos sistemas de navegación entre ventanas que nos permitirán localizar y cambiar rápidamente la ventana activa en cada momento.

El primero de estos sistemas sigue el enfoque tradicional de otras versiones anteriores del programa y consiste en utilizar la combinación de teclas **Alt-Tab**. Al hacerlo, aparecerá una pequeña ventana de muestra en la zona central de nuestra pantalla, con una representación en miniatura de cada una de las ventanas disponibles en nuestro entorno (similar a la que ilustra la figura 3.7). Mientras mantenemos presionada la tecla **Alt**, podremos ir pulsando sucesivamente la tecla **Tab** para recorrer las distintas ventanas. La ventana seleccionada en cada momento queda enmarcada en el área de muestra y su nombre aparece en el borde superior de dicha zona. Además, si mantenemos unos instantes presionada la tecla **Alt** sin pulsar la tecla **Tab**, se desvanecerán en el escritorio todas las ventanas menos la seleccionada actualmente, quedando representadas en el escritorio solamente mediante un recuadro que delimita su posición. Cuando hayamos seleccionado de esta forma la ventana con la que deseamos trabajar, bastará con que soltemos el teclado para convertir la ventana en activa con su tamaño original.

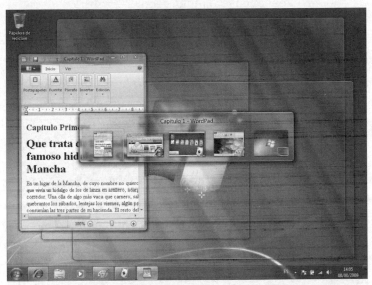

**Figura 3.7.** Localización de ventanas con la combinación de teclas Alt-Tab.

El segundo sistema, que se incorporó como novedad en Windows Vista, se conoce con el nombre de Windows Flip y consiste en una representación tridimensional de todas las ventanas abiertas en el sistema. Su mecanismo de funcionamiento puede adoptar a su vez dos modalidades. La primera, equivalente al método de la combinación de teclas **Alt-Tab**, se basa en la utilización de las teclas **Windows-Tab**. Manteniendo presionada la tecla **Windows**, podrá ir pulsando repetidamente la tecla **Tab** para ir cambiando la ventana que se activará en cada momento (véase la figura 3.8).

En Windows Vista, si nuestro teclado no disponía de tecla **Windows** o simplemente si preferíamos ir recorriendo tranquilamente las ventanas sin tener que mantener nuestras manos pegadas al teclado, existía un botón llamado **Cambiar de ventana** sobre la barra de herramientas Inicio rápido que nos permitía llevar a cabo esta tarea. Este botón ha desaparecido en la nueva versión de Windows 7, pero para los usuarios que se hayan acostumbrado a su funcionamiento, aquí tenemos un truco ampliamente difundido a través de Internet: cree un nuevo acceso directo en el escritorio y, en el cuadro de texto Escriba la ubicación del elemento del cuadro de diálogo Crear acceso directo, escriba RunDll32 DwmApi #105. Asigne el nombre que desee a este acceso directo y, si lo desea, cambie su icono por cualquier imagen que le resulte apropiada.

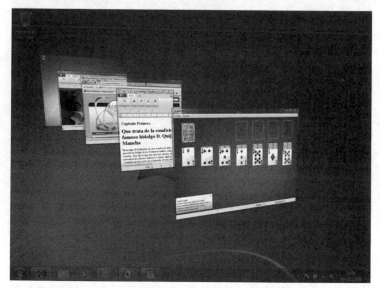

**Figura 3.8.** Cambio de ventana con Windows Flip.

Cuando haga doble clic sobre este acceso directo (si lo desea, puede también anclarlo a la barra de tareas), aparecerá el efecto característico de Windows Flip 3D y podremos ir recorriendo las distintas ventanas con las teclas **Flecha izda.** y **Flecha dcha.** o bien girando la rueda del ratón.

A continuación, en el momento que localice la ventana con la que desea trabajar, haga clic sobre su superficie o pulse la tecla **Intro**.

## 3.3. Cuadros de diálogo

Cuando Windows 7 tiene necesidad de obtener alguna información del usuario se la pide por mediación de los llamados cuadros de diálogo (véase un ejemplo en la figura 3.9).

**Figura 3.9.** Ejemplo de cuadro de diálogo de Windows 7.

Un cuadro de diálogo es una ventana de características especiales (por lo general, no puede cambiarse su tamaño aunque sí su posición en pantalla) en la que están reflejadas todas las opciones de las que dispone un comando dado. Normalmente, un cuadro de diálogo puede contener los siguientes elementos:

- **Fichas.** Permiten seleccionar diferentes conjuntos de opciones dentro de un mismo cuadro de diálogo. Para activar una ficha determinada, haga clic sobre ella o utilice las combinaciones de teclas **Control-Tab** y **Control-Mayús-Tab** (figura 3.10).

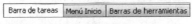

**Figura 3.10.** Fichas.

- **Cuadros de texto.** En ellos, el usuario deberá introducir una cadena de caracteres que representará según los casos una ruta, el nombre de un archivo, un número, un bloque de texto, etc. (figura 3.11).

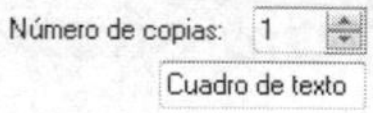

Número de copias: 1

Cuadro de texto

**Figura 3.11.** Cuadros de texto.

Cuando activamos un cuadro de texto su contenido aparece seleccionado en vídeo inverso. En estos momentos, se pueden realizar dos operaciones:

- Pulsar una de las teclas del cursor. El vídeo inverso desaparece y aparece un cursor parpadeante que nos permite situarnos en el punto en el que deseamos comenzar a editar el texto.

- Pulsando cualquier otra tecla el cuadro de texto se borrará y se podrá empezar a introducir un nuevo contenido en el mismo.

Una vez introducido el texto, **NO** se deberá pulsar la tecla **Intro**, pues esto ejecuta directamente los mandatos del cuadro de diálogo.

Si el cuadro de texto está preparado para introducir valores numéricos, también pueden aparecer dos pequeños iconos en forma de punta de flecha conocidos con el nombre de botones de *spin* situados en su extremo derecho. Dichos iconos permiten al usuario incrementar o disminuir de forma automática el valor contenido en el cuadro de texto, sin necesidad de editarlo de forma manual.

- **Cuadros de lista.** Se utilizan para mostrar una serie de opciones disponibles en un comando dado (véase la figura 3.12).

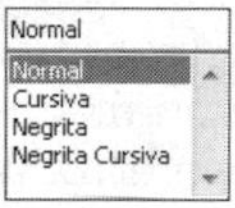

Normal

Normal
Cursiva
Negrita
Negrita Cursiva

**Figura 3.12.** Cuadro de lista.

Cuando se activa un cuadro de lista, aparecerá seleccionada por defecto la primera de las opciones en él incluidas. La opción seleccionada en cada momento se representa mediante vídeo inverso, y puede realizarse por medio de las teclas de dirección. También es posible desplazarse entre opciones con las teclas **Inicio**, **Fin**, **AvPág** y **RePág**. La selección con ratón es directa, haciendo clic sobre la opción.

Existe una segunda modalidad de listas denominada *desplegables*. Este tipo de listas se utilizan para economizar espacio dentro del cuadro de diálogo. Los valores incluidos en la lista aparecen solamente cuando desplegamos su contenido haciendo clic sobre el icono en forma de punta de flecha (figura 3.13).

**Figura 3.13.** Lista desplegable.

- **Botones.** Existen dos tipos de botones: los primeros, llamados botones de opción (véase la figura 3.14), tienen forma circular y representan opciones excluyentes. Nunca puede haber dos de estos botones seleccionados al mismo tiempo en una misma sección del cuadro de diálogo. Cuando estos botones estén seleccionados aparecerán con un pequeño círculo oscuro en su interior, y su texto enmarcado. Se puede cambiar entre los distintos botones existentes en un cuadro de diálogo usando las teclas de dirección, o haciendo clic directamente con el ratón.

**Figura 3.14.** Botones de opción.

Los otros botones, llamados botones de comando (figura 3.15), son de forma rectangular, y sirven para tomar decisiones. Estos son por ejemplo los botones **Aceptar**, **Cancelar** o **Aplicar**. Para indicar que están seleccionados, se rodea su texto con un recuadro o cambian ligeramente su aspecto visual. Una vez seleccionados, para ejecutar la acción que representan basta con pulsar la barra espaciadora o hacer clic sobre su superficie.

**Figura 3.15.** Botones de comando.

- **Casillas de verificación.** Son pequeños cuadrados que representan opciones que no son excluyentes, es decir, que pueden estar seleccionadas de forma simultánea (figura 3.16).

**Figura 3.16.** Casillas de verificación.

Al seleccionar una casilla, aparecerá un recuadro alrededor del texto asociado. Si la opción que representa la casilla está activada aparecerá una marca de verificación en el cuadrado correspondiente. Pulsando la barra espaciadora se consigue activar o desactivar la opción. La forma de selección mediante ratón es la habitual de apuntar y hacer clic.

- **Barras deslizantes.** Permiten seleccionar un valor determinado entre una serie de opciones predefinidas en el cuadro de diálogo. Para desplazar el señalador de la barra deslizante con el ratón, el usuario deberá hacer clic sobre él y mover el ratón a izquierda o derecha (o de arriba a abajo, según la orientación de la barra) mientras mantiene presionado el botón izquierdo. Desde el teclado, deberá utilizar las teclas de dirección (figura 3.17).

**Figura 3.17.** Barra deslizante.

Junto a cada uno de estos elementos existe, por lo general, un pequeño fragmento de texto que pretende indicar para qué sirve cada opción. Cuando pulsamos brevemente la tecla **Alt**, una de sus letras aparece subrayada, lo que permite su selección pulsando nuevamente la tecla **Alt** de forma simultánea con la letra que aparezca subrayada.

El movimiento entre los distintos elementos del cuadro de diálogo se puede realizar con la tecla **Tab**. También se puede utilizar la tecla **Intro**, que hace que el botón **Aceptar** sea seleccionado y ejecutado. La misma equivalencia existe entre la tecla **Esc** y el botón **Cancelar**.

En las aplicaciones modernas, se ha minimizado el uso de los cuadros de diálogo gracias a la incorporación en muchos programas de las cintas de opciones, un compendio que engloba las antiguas barras de menús, las barras de herramientas y un buen número de opciones de intercambio de información que antes se encontraban ubicadas en cuadros de diálogo.

Aunque el funcionamiento de los elementos de estas cintas de opciones es muy similar al de los botones de antiguas barras de herramientas o a otros tipos de controles de cuadros de diálogo que acabamos de describir, puede resultar conveniente describir algunas peculiaridades especiales:

- **Botones con menús desplegables.** Podemos encontrarlos con diferentes formatos, tal como vemos en la figura 3.18. Se identifican por un pequeño icono en forma de punta de flecha situado en su interior.

**Figura 3.18.** Botones con menús desplegables.

Haciendo clic sobre su superficie, se abre un menú o una paleta de elementos entre los que el usuario puede elegir. Algunos de estos botones, sin embargo, están compuestos por dos elemento, uno que abre el menú correspondiente, donde se encuentra el icono en forma de punta de flecha y otro, el botón propiamente dicho, con una imagen de la herramienta seleccionada en cada momento. En este caso, habrá que diferenciar el uso de estos dos elementos. Haciendo clic sobre el botón (la imagen de la herramienta) se seleccionará automáticamente dicha herramienta para su uso. Haciendo clic sobre el icono en forma de punta de flecha, se abrirá el menú o paleta para que podamos seleccionar una herramienta determinada, cuyo dibujo sustituirá entonces al del botón.

- **Listas desplegables ilustradas.** Una mezcla entre cuadro de lista y lista desplegable cuyo contenido es gráfico, bien para representar formas o apariencias de objetos, como zonas de muestra para la aplicación de estilos, etc. (véase la figura 3.19).

En estas listas desplegables, podemos realizar varias acciones. Utilizando los botones con una pequeña punta de flecha dibujada en su interior ▲ y ▼, podemos desplazarnos a través de todos los elementos disponibles en la lista, de forma similar a como nos desplazamos por un documento de gran tamaño con los botones de los extremos de una barra de desplazamiento. Una vez localizada la forma, estilo o herramienta que deseamos utilizar, haremos clic sobre su imagen para seleccionarla.

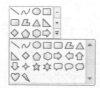

**Figura 3.19.** Lista desplegable ilustrada.

Si hacemos clic sobre el botón ⬇, desplegaremos la totalidad del contenido de la lista, donde podremos seleccionar el elemento que deseemos con un solo clic. En ocasiones, al desplegarse este contenido, también puede aparecer alguna función adicional en forma de comando de menú desplegable tradicional.

- **Indicador de cuadros de diálogo.** En algunas aplicaciones, los grupos de opciones que se distribuyen en las cintas de opciones son réplicas reducidas de cuadros de diálogo que controlan el funcionamiento del programa. Cuando esto sucede, un pequeño icono ⬒ aparece en la esquina inferior derecha del grupo, indicándonos que al hacer clic sobre dicho icono, aparecerá en pantalla el cuadro de diálogo correspondiente con las opciones completas del programa.

# Configuración de Windows 7

**4**

## 4.1. Introducción

Por lo general, el programa de instalación de Windows 7 se encarga de configurar automáticamente todas las opciones de hardware y software necesarias para el perfecto funcionamiento del sistema operativo. Sin embargo, a lo largo del tiempo irán surgiendo inevitablemente nuevas circunstancias que nos obligarán a modificar la configuración que inicialmente se estableció por defecto durante el proceso de instalación del programa.

Entre los motivos con los que nos podemos encontrar habitualmente para cambiar la configuración de Windows 7, pueden citarse desde los propios gustos personales hasta la necesidad de añadir nuevos elementos de seguridad a nuestro equipo.

Las opciones de configuración del sistema operativo Windows 7 son muy numerosas. Así por ejemplo, el programa nos ofrece la posibilidad de cambiar el aspecto visual del escritorio y sus componentes, de crear diferentes cuentas para que varios usuarios compartan el mismo equipo de añadir nuevas aplicaciones al entorno, de actualizar los controladores que gestionan el funcionamiento de nuestro ordenador, de establecer distintas medidas de seguridad o control de loa usuarios o simplemente de añadir nuevos componentes hardware al sistema.

En este capítulo aprenderemos a personalizar un amplio abanico representativo de las opciones de configuración que suele necesitar con mayor frecuencia cualquier usuario, centrándonos principalmente en la utilización del Panel de control.

## 4.2. Ayuda y soporte técnico

El sistema de ayuda de Windows 7 nos ofrece un método rápido y sencillo para ampliar nuestros conocimientos del entorno y resolver cualquier duda puntual que se nos pueda plantear sobre el funcionamiento del programa. Mediante la ayuda de Windows, podremos conocer los fundamentos básicos de funcionamiento del entorno. Aprenderemos a llevar a cabo numerosas tareas de configuración, obtendremos sugerencias y trucos que nos permitirán mejorar nuestro rendimiento en el trabajo y dispondremos de una completa gama de soluciones para los problemas más frecuentes.

Para acceder al sistema de ayuda de Windows 7, haga clic sobre el vínculo Ayuda y soporte técnico de Windows del menú Inicio o escriba el nombre de la herramienta en el cuadro de búsqueda del mismo menú (véase figura 4.1).

**Figura 4.1.** La ventana principal de ayuda de Windows 7.

El funcionamiento del sistema de ayuda es en cierto modo similar al de una página Web. En la zona superior de la ventana, el cuadro de texto Buscar en la Ayuda permite realizar una búsqueda más específica del tema de ayuda que deseamos localizar.

Suponga, por ejemplo, que desea conocer más detalles sobre la utilización de impresoras en Windows 7. Escriba la palabra "impresoras" en el cuadro de texto Buscar en la Ayuda y haga clic sobre el botón **Buscar en la Ayuda** 🔍 o pulse la tecla **Intro**. Aparecerá una ventana similar a la que ilustra la figura 4.2 con los mejores resultados que se ajustan al tema de búsqueda.

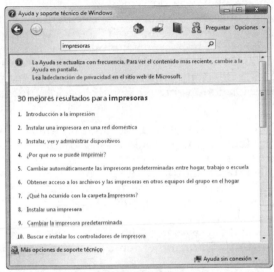

**Figura 4.2.** La ventana de ayuda de Windows 7 con información sobre impresoras.

Localice en la lista el tema que se ajuste más a sus necesidades y haga clic sobre su vínculo. Si ninguno de estos vínculos contiene la información que necesita, el programa normalmente mostrará al final un nuevo vínculo con el epígrafe 30 resultados más para *tema de búsqueda,* sobre el que podrá hacer clic para obtener nuevas opciones.

El contenido de la información mostrada por el sistema de ayuda de Windows 7 se comporta de forma similar a una página Web. Así por ejemplo, cuando existan temas de ayuda relacionados con el tema que estamos consultando actualmente, el programa destacará una o varias palabras del texto en forma subrayada y mediante un color distinto. Haga clic sobre el enlace que desee consultar para acceder a una nueva pantalla de ayuda.

También es posible, que la información recogida le permita acceder directamente a alguna herramienta o aplicación del sistema necesaria para el proceso que describe. Tales vínculos se suelen recoger bajo el epígrafe **Haga clic para abrir** *Nombre de herramienta*.

Si desea obtener una copia impresa del tema de ayuda activo, simplemente haga clic sobre el botón **Imprimir** 🖨 de la barra de comandos de la ventana.

La ventana de ayuda de Windows 7 dispone además de una serie de opciones adicionales que le permitirán realizar un recorrido por los distintos temas de ayuda visitados durante una sesión de trabajo con el programa y acceder a otras herramientas de información. Dichas opciones se encuentran disponibles a través de la barra de comandos situada en el borde superior de la ventana de la aplicación (de izquierda a derecha):

- **Atrás.** Muestra el tema de ayuda anterior al tema actualmente seleccionado en la ventana de ayuda de Windows 7.
- **Adelante.** Cuando se ha utilizado previamente el botón **Atrás**, muestra el siguiente tema de ayuda en el historial de temas visitados en la aplicación.
- **Inicio de Ayuda y soporte técnico.** Muestra la ventana principal del sistema de ayuda de Windows 7.
- **Imprimir.** Imprime el tema de ayuda actualmente seleccionado.
- **Explorar la ayuda.** Muestra un índice de contenidos con el tema de ayuda principal de la herramienta sobre la que se está recabando información. También veremos un vínculo titulado **Toda la ayuda** que nos ofrece acceso al sistema de ayuda global.
- **Preguntar.** Acceso al sistema de ayuda externo de Windows 7.
- **Opciones.** Opciones de configuración del sistema de ayuda de Windows 7.

# 4.3. Usuarios

Windows 7 incorpora un sistema de gestión de usuarios que permite que un mismo ordenador sea compartido simultáneamente por varias personas de forma cómoda y sencilla.

Cada uno de los usuarios definidos en el entorno podrá disponer de su propia configuración de escritorio, su lista de enlaces favoritos totalmente independiente, su propia carpeta de documentos y salvaguardar la configuración de los parámetros básicos de su sistema para obtener un mejor rendimiento.

Además, el cambio de una sesión de trabajo de un usuario a otro se realiza de forma rápida sin necesidad de cerrar los programas abiertos en la sesión anterior.

## 4.3.1. Crear una cuenta de usuario

Para crear una nueva cuenta de usuario en Windows 7 recurriremos al Panel de control al que nos referiremos con frecuencia a lo largo de este capítulo.

En primer lugar, desplegaremos el menú Inicio y haremos clic sobre el vínculo Panel de control, en el lateral derecho de dicho menú.

En la ventana del Panel de control, localizaremos la sección Cuentas de usuario y protección infantil y haremos clic el vínculo Agregar o quitar cuentas de usuario situado bajo la sección Cuentas de usuario (véase la figura 4.3).

**Figura 4.3.** Agregar o quitar cuentas de usuario.

En la ventana de administración de cuentas, debajo de la lista que muestra los iconos de todas las cuentas ya disponibles, haga clic sobre el vínculo Crear una nueva cuenta. En el cuadro de texto del borde superior de la nueva ventana, introduzca un nombre descriptivo para la nueva cuenta de usuario y seleccione el tipo de cuenta que mejor se ajuste a sus necesidades: Usuario estándar (con restricciones principalmente derivadas de la instalación de nuevos componentes software en el sistema) o Administrador (con capacidad total para administrar y gestionar la configuración del ordenador). Una vez seleccionada la opción adecuada, haga clic sobre el botón **Crear cuenta** para completar el proceso.

## 4.3.2. Modificar una cuenta de usuario

Una vez creada una nueva cuenta de usuario, es posible modificar su comportamiento en cualquier momento desde la propia ventana de administración del Panel de control (véase figura 4.3). En dicha ventana, haremos clic sobre el nombre de la cuenta que deseamos modificar, para mostrar una ventana similar a la que ilustra la figura 4.4.

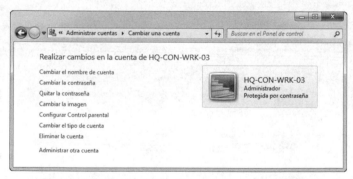

**Figura 4.4.** Modificación de una cuenta de usuario.

En esta ventana, dispondremos de las siguientes opciones para modificar la cuenta de usuario seleccionada:

- Cambiar el nombre de cuenta. Permite modificar la descripción de la cuenta. En el cuadro de texto que aparece en pantalla, introduzca el nuevo nombre y haga clic sobre el botón **Cambiar el nombre**.

- Crear una contraseña. Permite definir una contraseña para evitar que otros usuarios puedan utilizar el ordenador con la cuenta de usuario seleccionada. Estudiaremos esta opción con más detalle en el siguiente apartado.

- Cambiar la contraseña. Permite modificar la contraseña establecida para la cuenta de usuario actual.

- Quitar la contraseña. Elimina la contraseña asociada a la cuenta de usuario seleccionada.

- Cambiar la imagen. Permite modificar la imagen que acompaña al nombre de la cuenta de usuario en la pantalla de bienvenida de Windows, el menú Inicio, etc. En la lista central de la ventana Elegir una imagen nueva para la cuenta de *Nombre de cuenta*, seleccione la imagen que desea utilizar haciendo clic sobre su icono y, a continuación, haga clic sobre el botón **Cambiar imagen**.

- Configurar Control parental. Permite establecer restricciones de uso para la cuenta actualmente seleccionada. Estudiaremos esta opción con detenimiento más adelante en este capítulo.

- Cambiar el tipo de cuenta. Permite intercambiar la modalidad de cuenta actual entre los tipos de cuenta Administrador y Usuario estándar. Active la opción deseada haciendo clic sobre su botón y haga clic sobre **Cambiar el tipo de cuenta**.

- Eliminar la cuenta. Permite eliminar una cuenta de usuario. En la ventana ¿Desea conservar los archivos de *Nombre de cuenta*?, haga clic sobre los botones **Conservar archivos** o **Eliminar archivos** para mantener o eliminar respectivamente en el disco duro del ordenador los archivos creados por el usuario propietario de la cuenta. El sistema mostrará a continuación una nueva ventana de advertencia informándonos de que se dispone a eliminar la cuenta seleccionada. Haga clic sobre el botón **Eliminar cuenta** para validar la operación.

- Administrar otra cuenta. Regresa a la ventana principal de administración de cuentas de usuario.

## 4.3.3. Contraseñas

Como acabamos de ver, Windows 7 permite asociar una contraseña a una cuenta de usuario con objeto de que ésta no pueda ser utilizada por personas ajenas.

Para definir una nueva contraseña, haga clic sobre el nombre de la cuenta deseada en la ventana de administración de cuentas y, en la ventana **Realizar cambios en la cuenta de** *Nombre de cuenta*, haga clic sobre el vínculo **Crear una contraseña**.

En el cuadro de texto **Nueva contraseña**, introduzca la contraseña que desea asignar a la cuenta. En el cuadro de texto **Confirmar contraseña nueva** repita una vez más la contraseña tal como la escribió en el cuadro anterior a modo de confirmación para asegurarse de que no ha introducido ningún error tipográfico.

En el cuadro de texto **Escriba un indicio de contraseña**, introduzca un texto que le ayude a recordar su contraseña en caso de que llegara a olvidarla y haga clic sobre el botón **Crear contraseña** (véase la figura 4.5).

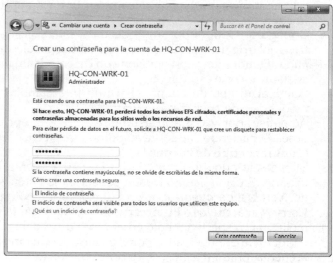

**Figura 4.5.** Creación de una contraseña de usuario.

Cuando inicie una nueva sesión con su cuenta de usuario, dispondrá de la posibilidad de acceder a este recordatorio al introducir una contraseña errónea en la pantalla de bienvenida de Windows.

Definir una contraseña para una cuenta de usuario nos ofrece la ventaja de mantener la privacidad de nuestra información y configuración. Pero desgraciadamente, también representa un riesgo potencial de pérdida de información en el caso de que olvidemos cuál es esa palabra clave que nos permite acceder a nuestra cuenta. El *indicio de contraseña* establecido durante la creación de la propia contraseña puede ser una ayuda para recuperar el control de nuestro ordenador. Sin embargo, Windows 7 ha previsto un procedimiento adicional para el caso en el que ni siquiera la sugerencia sea suficiente para recordar nuestra palabra clave.

> **Nota:** *Es aconsejable que realice este procedimiento inmediatamente después de definir una nueva contraseña para su cuenta de usuario.*

En primer lugar, acceda a su nueva cuenta de usuario y vaya a la ventana de gestión de cuentas de usuario en el Panel de control de Windows (haciendo clic sobre los vínculos Cuentas de usuario y protección infantil y Cuentas de usuario).

En el panel de tareas situado a la izquierda de esta ventana, encontrará un vínculo etiquetado como Crear un disco para restablecer contraseña. Esta opción requiere disponer de un dispositivo de almacenamiento externo tal como una unidad de disquete o, mucho más habitual hoy en día, una unidad flash USB. Inserte el dispositivo de almacenamiento externo que desee y haga clic en este vínculo para iniciar el asistente de contraseña olvidada.

El primer cuadro de diálogo de este asistente, es meramente informativo. Haga clic sobre el botón **Siguiente** para continuar.

A continuación, seleccione la unidad de disco en la que desea almacenar la información para la recuperación de su contraseña mediante la lista desplegable correspondiente y haga clic sobre el botón **Siguiente**.

En el cuadro de texto Contraseña actual de la cuenta de usuario, escriba la contraseña actual de su cuenta y haga clic sobre el botón **Siguiente**. Una vez completado el proceso de copia de los archivos necesarios para el proceso de recuperación (véase la figura 4.6), haga clic sobre el botón **Siguiente** para obtener un resumen de los resultados de la operación y sobre el botón **Finalizar** en este nuevo cuadro de diálogo.

En el caso de que al intentar iniciar una nueva sesión de trabajo con su cuenta de usuario haya olvidado por completo su contraseña, haga clic sobre el vínculo Restablecer contraseña para iniciar el asistente de recuperación.

En el primer cuadro de diálogo del asistente, simplemente haga clic sobre el botón **Siguiente**. A continuación, seleccione la unidad de disco que contiene la información de recuperación de contraseña que almacenó previamente en la lista desplegable correspondiente y haga clic sobre el botón **Siguiente**.

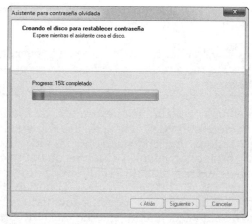

**Figura 4.6.** Creación de un disco de seguridad para recuperar la contraseña de una cuenta de usuario.

Escriba la nueva contraseña que desea utilizar para la cuenta en el cuadro de texto Escriba una nueva contraseña, repítala en el cuadro de texto Vuelva a escribir la contraseña para confirmar y, finalmente, escriba un nuevo indicio de contraseña en el cuadro de texto del mismo nombre. Para continuar, haga clic sobre el botón **Siguiente**.

Un último cuadro de diálogo le informará del éxito de la operación. Haga clic sobre el botón **Finalizar** y acceda a su cuenta de la forma habitual.

Observe que después de asignar una nueva contraseña a la cuenta, no es necesario generar nuevamente un disco de recuperación. Si vuelve a olvidar la contraseña que ha establecido, el mismo disco de recuperación le servirá para recuperar el control de su cuenta.

## 4.4. Escritorio

El escritorio es el elemento sobre el que se desarrolla todo nuestro trabajo con el ordenador. Por este motivo, resulta de gran importancia que su configuración sea la más apropiada a cada momento para trabajar con la mayor comodidad posible.

El aspecto y comportamiento del escritorio se controla desde la sección **Apariencia y personalización** del Panel de control de Windows (véase la figura 4.7).

> **Nota:** *Recuerde que puede abrir la ventana del Panel de control haciendo clic sobre su vínculo en el panel derecho del menú* Inicio *de Windows 7.*

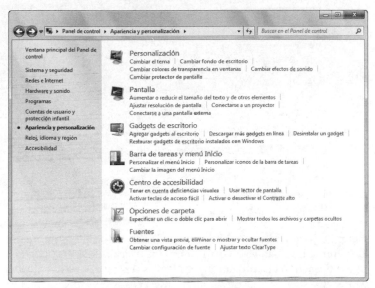

**Figura 4.7.** La ventana Apariencia y personalización del Panel de control de Windows.

## 4.4.1. Color y apariencia

Dentro de la ventana **Apariencia y personalización** del Panel de control de Windows 7, encontramos varias secciones destinadas a controlar el aspecto y comportamiento de los distintos elementos que se colocan sobre el escritorio. La primera de estas opciones, **Personalización**, hace referencia a los aspectos visuales y de pantalla del entorno.

Para modificar el esquema de colores general de Windows, haga clic sobre el vínculo **Cambiar colores de transparencia en ventanas** de esta sección. Se abrirá una ventana similar a la que ilustra la figura 4.8.

**Figura 4.8.** Color y apariencia de las ventanas.

En el borde superior de esta ventana, una serie de iconos de muestra ilustran las distintas combinaciones de color predeterminadas disponibles para los elementos del entorno de Windows. Para cambiar la combinación actual, simplemente haga clic sobre su icono. Los cambios se reflejarán automáticamente en el sistema. La casilla de verificación Habilitar transparencia, activa o desactiva la utilización de efectos de transparencia de los elementos de la experiencia visual de Windows Aero.

A continuación, una barra deslizante situada junto al epígrafe Intensidad de color, define la intensidad de los colores del entorno.

El botón **Mostrar el mezclador de colores**, nos ofrece acceso a tres barras deslizantes adicionales: Matiz, Saturación y Brillo, mediante las que podremos definir cualquier color para los elementos de nuestro entorno si los colores predeterminados del borde superior de la ventana no se ajustan a nuestros gustos.

Cuando haya completado su configuración, haga clic sobre el botón **Guardar cambios** para validar los cambios.

## 4.4.2. Fondo de escritorio

La segunda de las opciones de configuración del aspecto de nuestro escritorio es la elección de una imagen o color de fondo de pantalla. Para acceder a la ventana de configuración correspondiente, haga clic sobre el vínculo Cambiar fondo de escritorio de la ventana Apariencia y personalización del Panel de control de Windows 7 (véase la figura 4.9).

**Figura 4.9.** La ventana Elegir un fondo de escritorio.

En el borde superior de esta ventana, una lista desplegable nos permite elegir el origen de las imágenes para seleccionar en nuestro fondo de escritorio o una opción para utilizar simplemente colores sólidos si no disponemos de ninguna imagen que nos complazca como fondo de escritorio o bien si no queremos que una imagen de fondo distraiga la atención de nuestro trabajo. Podemos elegir entre fondos de escritorio incluidos de fábrica en la instalación de Windows 7, la biblioteca de imágenes, las fotografías mejor clasificadas de nuestro sistema y, como acabamos de comentar, una sección de colores sólidos. También podemos hacer clic sobre el botón **Examinar** para localizar cualquier otra fuente de imágenes de la que dispongamos en nuestro equipo.

Una vez seleccionada la categoría de imágenes deseada, la lista central de la ventana mostrará todos los diseños disponibles. Si hay más de una imagen en esta lista, podrá optar por una presentación de diapositivas en el fondo de su pantalla seleccionando varias imágenes de fondo. Sitúe el puntero del ratón sobre la imagen que desee añadir a la presentación y, cuando aparezca una pequeña casilla de verificación en la esquina superior izquierda, haga clic sobre ella para activarla y añadir la imagen correspondiente a la presentación. Si en algún momento decide eliminar una figura ya incluida en la presentación, realice el proceso inverso, es decir, situar el puntero del ratón sobre su superficie y desactivar la casilla de verificación.

Si desea incluir todas las imágenes de la lista en la presentación, haga clic sobre el botón **Seleccionar todo** y, por el contrario, para eliminar todas las imágenes de la presentación, haga clic sobre el botón **Borrar todo**.

Una vez elegida la combinación de imágenes que conformarán la presentación, las opciones del borde inferior de la ventana le permitirán ajustar a su antojo el desarrollo de dicha presentación. Las opciones disponibles son las siguientes:

- Posición de la imagen. Una lista desplegable que define distintas formas de encajar las imágenes en la superficie del escritorio: rellenar todo el contenido del escritorio deformando la imagen si es necesario, ajustar al tamaño disponible en el escritorio sin deformar la imagen, expandir la imagen hasta ocupar toda la superficie disponible en el escritorio, repetir varias copias de la imagen en forma de mosaico para rellenar el escritorio o colocar una sola copia de la imagen en el centro del escritorio a su tamaño original.

- Cambiar la imagen cada. Una lista desplegable que permite definir el tiempo que debe permanecer cada una de las imágenes seleccionadas en el fondo del escritorio de Windows, desde 10 segundos hasta 1 día. El valor por defecto es de 30 minutos.

- Orden aleatorio. Si activamos esta casilla de verificación, las imágenes se irán sustituyendo en el fondo del escritorio de forma aleatoria.

- Cuando se use la batería, pausar la presentación para ahorrar energía. Esta casilla de verificación le indica a un ordenador portátil que si está funcionando con la batería (no se encuentra conectado a la red), desactive la presentación de imágenes en el fondo del escritorio de Windows para economizar energía.

Cuando haya terminado de configurar el aspecto del fondo de su escritorio, haga clic sobre el botón **Guardar cambios** para validar los cambios.

### 4.4.3. Protector de pantalla

Los protectores de pantalla (o salvapantallas) evitan que el monitor de nuestro equipo se queme cuando tiene que permanecer largos períodos de tiempo inactivo.

La idea de los protectores de pantalla es sustituir una imagen fija por cualquier tipo de movimiento o fondo completamente neutro. Hoy en día, los protectores de pantalla han alcanzado elevados niveles de creatividad y belleza plástica, convirtiéndose en nuevos elementos decorativos de nuestro ordenador.

En la ventana Apariencia y personalización del Panel de control de Windows 7, haga clic sobre el vínculo Cambiar protector de pantalla para abrir el cuadro de diálogo Configuración del protector de pantalla (véase la figura 4.10).

**Figura 4.10.** El cuadro de diálogo
Configuración del protector de pantalla.

Puede seleccionar cualquiera de los protectores de pantalla disponibles en el cuadro de lista desplegable Protector de pantalla. La sección de muestra del borde superior del cuadro de diálogo (en forma de monitor) le dará una idea del aspecto final del efecto.

Algunos protectores de pantalla pueden disponer además de opciones de configuración a las que accederemos haciendo clic sobre el botón **Configuración**. Dichas opciones dependen del protector seleccionado, e incluyen características tales como el tipo de letra utilizado, la velocidad de movimiento, el número de colores, etc.

Una vez que lo haya configurado, podrá comprobar el efecto real del protector de pantalla haciendo clic sobre el botón **Vista previa**.

Si selecciona la opción Fotografías de la lista desplegable, podrá crear un protector de pantalla personalizado con sus propias imágenes. Haga clic sobre el botón **Configuración** para indicar al programa en qué carpeta se encuentran ubicadas las imágenes que desea utilizar, qué velocidad desea para la presentación de imágenes y si desea mostrar o no las imágenes en orden aleatorio (figura 4.11).

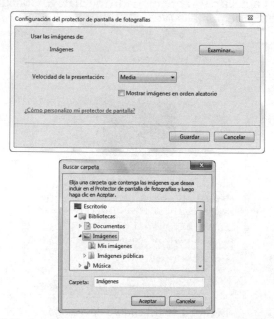

**Figura 4.11.** Configuración del protector de pantalla de fotografías.

En el cuadro de diálogo Configuración del protector de pantalla, puede activar también la opción Mostrar la pantalla de inicio de sesión al reanudar de la sección Protector de pantalla para que Windows muestre su pantalla de bienvenida cuando intentemos recuperar el control del ordenador mientras está en funcionamiento el protector de pantalla. De esta forma, se asegurará de que nadie puede acceder a su cuenta de usuario mientras está ausente.

También puede definir el tiempo que debe permanecer inactivo el ordenador para que entre en funcionamiento el protector de pantalla, escribiendo el valor correspondiente (en minutos) en el cuadro de texto Esperar *n* minutos.

## 4.4.4. Temas

En la ventana Apariencia y personalización del Panel de control de Windows 7, haga clic sobre el vínculo Cambiar el tema para seleccionar un tema (combinación predeterminada de diseños, colores y otros elementos del entorno) entre las opciones predeterminadas del programa. Al hacerlo, se abrirá la ventana Personalización (véase la figura 4.12), desde la que podremos configurar distintos efectos visuales y sonoros de nuestro equipo.

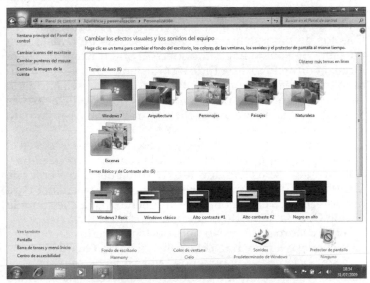

**Figura 4.12.** Personalización del escritorio.

Por defecto, la lista central de esta ventana muestra dos categorías genéricas de temas de escritorio predeterminadas de fábrica: Temas de Aero (los temas normales de Windows 7) y Temas Básico y de Contraste alto (un esquema básico y una serie de esquemas de alto contraste para facilitar el uso del ordenador a usuarios con problemas visuales).

La elección de cualquiera de estos temas es muy sencilla. Basta hacer clic sobre su icono para que los cambios se apliquen automáticamente al sistema.

Si lo desea, también es posible modificar los distintos detalles del tema seleccionado para personalizarlo según sus gustos o necesidades concretas. De esta forma, podrá partir de un trabajo ya preestablecido en la definición de sus preferencias de escritorio y modificar solamente aquellos elementos que no sean de su agrado.

Para hacerlo, la ventana de personalización pone a su disposición cuatro vínculos en el borde inferior que corresponden con las cuatro categorías de personalización de temas disponibles. Tres de ellas ya las hemos estudiado anteriormente: Fondo de escritorio (véase la sección 4.4.2), Color de ventana (sección 4.4.1) y Protector de pantalla (sección 4.4.3). La última de las opciones, Sonidos, permite configurar un esquema de sonidos para los distintos eventos de Windows asociado al tema seleccionado. En el cuadro de diálogo Sonido (véase la figura 4.13), seleccione cualquier combinación de sonidos predeterminada o seleccione un evento en la lista Eventos de programa y asígnele un sonido de la lista desplegable Sonidos o haga clic sobre el botón Examinar para localizar un archivo de sonido en el sistema. Una vez configurado su esquema de sonidos, almacénelo si lo desea haciendo clic sobre el botón Guardar como para poder utilizarlo más adelante y, finalmente, haga clic sobre el botón Aceptar para validar los cambios.

Si realiza cambios en un tema de escritorio, aparecerá en el borde superior de la lista de temas de la ventana de personalización, un nuevo tema llamado Tema sin guardar bajo el epígrafe Mis temas. Si desea almacenar este tema en su ordenador para poder recurrir a él en cualquier momento, haga clic sobre la opción Guardar tema de la sección Mis temas de la lista.

En el cuadro de texto Nombre del tema, escriba un nombre para el nuevo tema y haga clic sobre el botón Guardar.

Otra opción para disponer de temas nuevos, es obtenerlos del sitio Web de Microsoft en Internet. En la sección Mis temas de la lista de temas de la ventana de personalización, haga clic sobre la opción **Obtener más temas en línea**. Se abrirá una ventana de navegación de Internet Explorer que conectará automáticamente con el sitio Web de personalización de Microsoft (véase la figura 4.14).

**Figura 4.13.** Selección de sonidos.

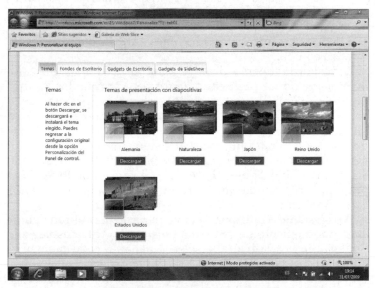

**Figura 4.14.** Selección de sonidos.

En la ventana de Internet Explorer, localice un tema que sea de su agrado y haga clic sobre el botón **Descargar**. En el cuadro de diálogo Descarga de archivos, haga clic sobre el botón **Abrir** para iniciar la descarga del tema de escritorio y espere a que finalice la descarga. El sistema de seguridad de Windows, le solicitará permiso para instalar el nuevo contenido en su ordenador. Haga clic sobre el botón **Permitir** y, a continuación, podrá ver cómo aparece el nuevo tema en la ventana de personalización.

> **Nota:** *Si ya no desea seguir manteniendo un tema almacenado en la sección* **Mis temas** *de la ventana de personalización, haga clic sobre su imagen con el botón derecho del ratón y ejecute el comando* **Eliminar tema**.

## 4.4.5. Configuración de pantalla

Otra opción interesante en la ventana Apariencia y personalización del Panel de control de Windows 7, es la posibilidad de cambiar la resolución del monitor con el que estamos trabajando a través de la opción Ajustar resolución de pantalla de la sección Pantalla (véase la figura 4.15). Desde esta pantalla, podrá detectar e identificar la pantalla que está utilizando en su equipo, establecer la resolución del monitor y definir su orientación. Estos parámetros pueden afectar a la calidad con la que observamos las imágenes a través del monitor de nuestro equipo.

En el borde superior de la ventana, encontramos una zona de muestra donde se ilustran de forma gráfica todos los monitores disponibles conectados al sistema. Es posible que si conecta un monitor a su ordenador, la imagen no aparezca automáticamente y tenga que hacer clic sobre el botón **Detectar** de esta sección para informar al sistema de su existencia. Si tiene dudas a la hora de identificar qué pantalla corresponde a cada dispositivo, puede hacer clic sobre el botón **Identificar** para que el sistema le muestre un indicio sobre el monitor correspondiente.

Los restantes controles de la ventana, le permitirán definir el comportamiento de cada una de ellas. La lista desplegable Pantalla, indica la pantalla seleccionada en cada momento. Elegir una pantalla en esta lista es lo mismo que hacer clic sobre cualquiera de los iconos de pantalla en la sección de muestra del borde superior de la ventana.

**Figura 4.15.** Resolución de pantalla.

La lista desplegable Resolución, abre una barra deslizante que le permitirá ajustar la resolución de la pantalla actualmente seleccionada. Observe que algunas resoluciones específicas, pueden deformar el aspecto de la pantalla y de los elementos que contiene. La lista desplegable Orientación, le permitirá elegir una orientación horizontal, vertical o volteada (tanto en sentido horizontal o vertical) que se ajuste a la posición física en la que necesite colocar su monitor.

Finalmente, cuando existen varios monitores conectados a un ordenador, la lista desplegable Varias pantallas permite seleccionar si se desea mostrar el escritorio de Windows sólo en uno de todos los monitores disponibles, si se desea duplicar el contenido del escritorio en todos los monitores o si se desea emplear el resto de los monitores conectados al equipo como una extensión del monitor principal.

Una vez que haya realizado los ajustes deseados, haga clic sobre el botón **Aceptar** para cerrar la ventana.

> *Nota: Observe que algunas operaciones en la ventana* Resolución de pantalla *pueden requerir que el usuario haga clic sobre el botón* **Aplicar** *para poder seguir trabajando con nuevos cambios en el sistema.*

# 4.5. La barra de tareas y el menú Inicio

El aspecto y comportamiento de la barra de tareas y del menú Inicio de Windows 7 se controla desde el cuadro de diálogo Propiedades de la barra de tareas y del menú Inicio.

Para acceder a este cuadro de diálogo, haga clic sobre el vínculo Panel de control del panel derecho del menú Inicio. En la ventana del Panel de control, haga clic sobre el vínculo Apariencia y personalización y, a continuación, sobre el vínculo Barra de tareas y menú Inicio de la siguiente ventana.

## 4.5.1. Barra de tareas

La primera ficha que nos encontramos en el cuadro de diálogo Propiedades de la barra de tareas y del menú Inicio es la ficha Barra de tareas, que nos permite controlar el aspecto y el comportamiento de la barra de tareas de Windows (véase la figura 4.16).

**Figura 4.16.** La ficha Barra de tareas del cuadro de diálogo Propiedades de la barra de tareas y del menú Inicio.

Las opciones disponibles en esta ficha son las siguientes:

- **Bloquear la barra de tareas.** Bloquea o desbloquea la barra de tareas para que el usuario pueda modificar el contenido de los elementos incluidos en la misma.

- Ocultar automáticamente la barra de tareas. Cuando esta casilla está activada, la barra de tareas queda reducida a una pequeña franja situada en el borde inferior de la pantalla. Para recuperar el aspecto normal de la barra de tareas, basta con situar el puntero del ratón sobre dicha franja.

- Usar iconos pequeños. Reduce el tamaño de los iconos de la barra de tareas (y la propia barra de tareas) para maximizar el espacio disponible para las ventanas de aplicaciones en el entorno.

- Ubicación de la barra de tareas en pantalla. Una lista desplegable que sirve para seleccionar el lateral del escritorio donde se desea situar la barra de tareas.

- Botones de la barra de tareas: Sirve para definir el comportamiento de los botones de aplicaciones en la barra de tareas. Las opciones disponibles son:

  - Combinar siempre y ocultar etiquetas. Es la opción por defecto. Muestra los iconos de las aplicaciones (prescindiendo del texto con su nombre o el nombre de documento) y, cuando hay varias ventanas abiertas de la misma aplicación en el sistema, agrupa los iconos correspondientes en uno solo (con una imagen que representa un grupo de iconos apilados).

  - Combinar si barra está llena. Muestra la etiqueta de los iconos y sólo combina los iconos si el número de estos sobrepasa las capacidades de tamaño disponibles en la barra de tareas.

  - No combinar nunca. Muestra la etiqueta de los iconos y no combina nunca los iconos de varias ventanas de la misma aplicación abiertas en el sistema.

- Área de notificación. En esta sección, encontramos el botón **Personalizar** para definir el comportamiento de los iconos del área de notificación, tal como vimos anteriormente en el capítulo 2 de esta guía.

- La casilla de verificación Usar Aero Peek para obtener una vista previa del escritorio de la sección Vista previa del escritorio con Aero Peek, activa o desactiva la posibilidad de ocultar las ventanas situadas sobre el escritorio cuando se coloca el puntero del ratón sobre el botón **Mostrar escritorio** que se encuentra situado en el lateral derecho de la barra de tareas.

Para probar los cambios realizados en el cuadro de diálogo y poder seguir realizando nuevas pruebas, haga clic sobre el botón **Aplicar**. Para validar los cambios y cerrar el cuadro de diálogo, haga clic sobre el botón **Aceptar**. Finalmente, para salir del cuadro de diálogo descartando los cambios realizados, haga clic sobre el botón **Cancelar**.

## 4.5.2. Menú Inicio

La ficha Menú Inicio del cuadro de diálogo (figura 4.17) permite modificar el aspecto y comportamiento del menú Inicio.

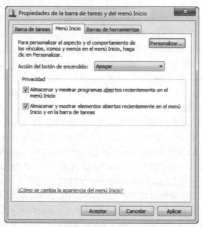

**Figura 4.17.** La ficha Menú Inicio del cuadro de diálogo
Propiedades de la barra de tareas y del menú Inicio.

Windows 7 nos ofrece en esta ficha varias posibilidades para controlar el aspecto y comportamiento del menú Inicio.

- El botón **Personalizar** de la esquina superior abre el cuadro de diálogo Personalizar el menú Inicio (véase la figura 4.18) donde podrá definir cómo desea que se comporten los submenús del menú Inicio cuando se sitúa sobre ellos el puntero del ratón, qué elementos desea incluir en el menú y si desea hacerlo en forma de menú o vínculo, si desea que los elementos del menú Inicio muestren menús contextuales y reaccionen al método de arrastrar y colocar, si desea resaltar los programas recién instalados, etc. Desde este cuadro de diálogo, también se puede definir el número de elementos deseados en la lista de programas recientes del menú Inicio y de los menús *jump list*.

- La lista desplegable Acción del botón de encendido, define la acción accesible a través del botón de encendido del menú Inicio: apagar, cambiar de usuario, cerrar sesión, etc.
- La casilla de verificación Almacenar y mostrar programas abiertos recientemente en el menú Inicio de la sección Privacidad indica si se desea que las aplicaciones abiertas en el sistema se muestren en la lista de recientes del menú Inicio de Windows 7.
- La casilla de verificación Almacenar y mostrar elementos abiertos recientemente en el menú Inicio y en la barra de tareas de la sección Privacidad indica si se desea que los documentos y restantes elementos abiertos en el sistema se muestren en la lista de recientes del menú Inicio y de las listas *jump list* de los iconos de la barra de tareas.

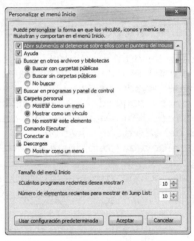

**Figura 4.18.** El cuadro de diálogo Personalizar el menú Inicio.

## 4.5.3. Barras de herramientas

La última ficha del cuadro de diálogo Propiedades de la barra de tareas y del menú Inicio, Barras de herramientas (véase la figura 4.19), incluye simplemente una serie de casillas de verificación que activan o desactivan la aparición de las distintas barras de herramientas disponibles en la barra de tareas de Windows.

**119**

**Figura 4.19.** La ficha Barras de herramientas del cuadro de diálogo Propiedades de la barra de tareas y del menú Inicio.

## 4.5.4. Área de notificación

Como vimos anteriormente, el botón **Personalizar** de la sección Área de notificación de la ficha Barra de tareas del cuadro de diálogo Propiedades de la barra de tareas y del menú Inicio, abre la ventana Iconos del área de notificación (véase la figura 4.20), donde podemos definir el comportamiento de los distintos iconos del área de notificación.

Junto al nombre de cada icono, aparece una lista desplegable en la que se puede definir el comportamiento de cada icono por separado. Las opciones disponibles son:

- Mostrar icono y notificaciones. Muestra el icono en el área de notificaciones, además de abrir un bocadillo con un mensaje para el usuario cuando se produce un evento en el sistema significativo para la herramienta.
- Ocultar icono y notificaciones. No muestra el icono ni los mensajes que generan sus eventos en el área de notificación.
- Mostrar sólo notificaciones. Muestra los mensajes de los eventos de la herramienta, pero oculta el icono en el área de notificaciones.

La opción Activar o desactivar iconos del sistema, sirve para configurar la aparición o no en el área de notificación de los iconos habituales del sistema: Reloj, Volumen, Red, Energía y Centro de actividades.

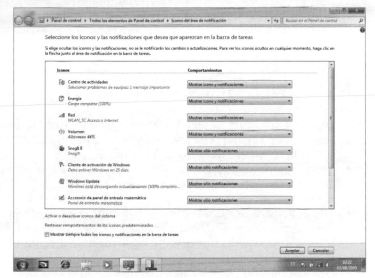

**Figura 4.20.** La ventana Iconos del área de notificación.

La opción **Restaurar comportamientos de los iconos predeterminados**, restablece los iconos del área de notificación a sus comportamientos por defecto.

Finalmente, activar la casilla de verificación **Mostrar siempre todos los iconos y notificaciones en la barra de tareas**, desactiva las listas desplegables de comportamiento de los distintos iconos y muestra por defecto todos estos iconos en el área de notificaciones.

# 4.6. Configuración de gadgets

Los gadgets de escritorio también se pueden controlar desde la ventana del Panel de control de Windows 7. En esta ventana, haga clic sobre el vínculo de la sección **Apariencia y personalización** y observe la sección **Gadgets de escritorio** que aparece más o menos en la parte media de la nueva ventana (figura 4.21).

En esta sección, nos encontramos con las siguientes posibilidades a través de los vínculos correspondientes:

- **Gadgets de escritorio**. Abre la ventana de la galería de gadgets de escritorio (figura 4.22). Desde esta ventana se pueden controlar todos los aspectos relacionados con los gadgets de escritorio: buscar gadgets, añadir y eliminar gadgets al escritorio, descargar más gadgets de Internet, etc.

Gadgets de escritorio
Agregar gadgets al escritorio ┊ Descargar más gadgets en línea ┊ Desinstalar un gadget ┊
Restaurar gadgets de escritorio instalados con Windows

**Figura 4.21.** Gadgets de escritorio.

- **Agregar gadgets al escritorio.** Abre nuevamente la ventana de la galería de gadgets preparada para copiar gadgets sobre el escritorio de Windows.
- **Descargar más gadgets en línea.** Abre una ventana de Internet Explorer con la página de descarga de gadgets de Microsoft.
- **Desinstalar un gadget.** Abre la ventana de la galería de gadgets. Para desinstalar un gadget, haga clic sobre su icono con el botón derecho del ratón y ejecute el comando **Desinstalar**.
- **Restaurar gadgets de escritorio instalados con Windows.** Permite recuperar los gadgets originales creados durante la instalación de Windows 7.

**Figura 4.22.** La ventana de la galería de gadgets de escritorio.

# 4.7. Sistema y seguridad

En la ventana Panel de control de Windows 7, bajo el epígrafe Sistema y seguridad se agrupan una serie de herramientas ideadas para facilitar el mantenimiento del sistema y evitar que se produzcan problemas de seguridad que comprometan los datos y el buen funcionamiento del entorno. Estas herramientas nos permitirán, entre otras muchas labores, realizar copias de seguridad de nuestra información y restaurarla si se produce algún problema, mantener al día el equipo con las últimas actualizaciones de Microsoft o realizar operaciones de mantenimiento en nuestros discos duros.

## 4.7.1. Windows Update

Windows Update es la herramienta que nos permite mantener actualizada la configuración de nuestro sistema operativa con los últimos parches de seguridad, funciones y herramientas para mejorar el rendimiento de nuestro equipo. Para el correcto funcionamiento de Windows Update, es necesario disponer de una conexión a Internet.

En la ventana del Panel de control de Windows, haga clic sobre el vínculo **Sistema y seguridad** y, en la ventana del mismo nombre, haga clic sobre el vínculo **Windows Update**. Una nueva ventana le informará del estado de configuración para la búsqueda de actualizaciones de su equipo. En el lateral izquierdo de la ventana, un panel de tareas nos ofrece la posibilidad de configurar el comportamiento de esta herramienta. Haga clic sobre el vínculo **Cambiar configuración** (véase la figura 4.23).

Esta nueva ventana diferencia dos tipos de actualizaciones diferentes: actualizaciones importantes, que todo sistema debería tener instaladas y actualizaciones recomendadas que son opcionales.

En la sección, **Actualizaciones importantes**, podemos seleccionar la forma en que se descargarán e instalarán las actualizaciones de este tipo que vayan desarrollándose en Microsoft. Las posibilidades que se ofrecen en la lista desplegable son:

- **Instalar actualizaciones automáticamente.** Permite que Windows 7 se encargue automáticamente de la búsqueda e instalación de nuevas actualizaciones en el sitio Web de Microsoft. Especifique la frecuencia y la hora en la que se realizará dicha búsqueda en las listas desplegables correspondientes.

- **Descargar actualizaciones, pero permitirme elegir si deseo instalarlas.** Activando esta opción, se realizará automáticamente la descarga de las nuevas actualizaciones y el sistema le pedirá consentimiento antes de iniciar su instalación.

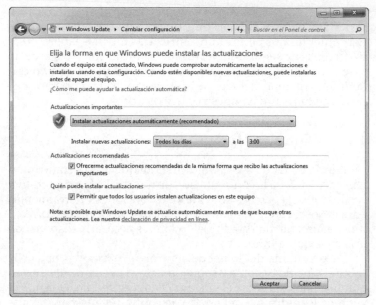

**Figura 4.23.** Configuración de Windows Update.

- **Buscar actualizaciones, pero permitirme elegir si deseo descargarlas e instalarlas.** Con esta opción, el sistema le comunicará al usuario las actualizaciones que haya detectado automáticamente en el sitio Web de Microsoft, ofreciéndole la posibilidad de elegir si desea descargarlas e instalarlas en su equipo.
- **No buscar actualizaciones.** Es equivalente a desactivar la herramienta. No se realizará la búsqueda automática de actualizaciones, aunque el usuario podrá iniciarla de forma manual desde la ventana principal de Windows Update.

Finalmente, la sección también nos permite definir la periodicidad (todos los días o un día de la semana determinado) y la hora a la que se desea iniciar la búsqueda e instalación de actualizaciones.

En la sección **Actualizaciones recomendadas**, una casilla de verificación permite definir si deseamos que Windows nos comunique las actualizaciones recomendadas existentes de la misma forma que nos informa de las actualizaciones importantes.

Para terminar, la casilla de verificación Permitir que todos los usuarios instalen actualizaciones en este equipo de la sección Quién puede instalar actualizaciones, indica al sistema si todos los usuarios pueden instalar actualizaciones o no.

Realice sus elecciones y haga clic sobre el botón **Aceptar** para cambiar la configuración de Windows Update.

## 4.7.2. Copias de seguridad

Una de las opciones más importantes de la ventana Sistema y seguridad (que aparece al hacer clic sobre el vínculo del mismo nombre en el Panel de control de Windows), es la herramienta que nos permite realizar copias de seguridad de nuestra información. Haga clic sobre el vínculo Copias de seguridad y restauración. La primera vez que intente utilizar la herramienta, deberá configurar su funcionamiento para indicarle al sistema cuándo y cómo desea realizar las copias de seguridad de su información. Haga clic sobre el vínculo Configurar copias de seguridad. Al cabo de unos instantes, se abrirá el primer cuadro de diálogo del asistente para la configuración de copias de seguridad (véase la figura 4.24).

**Figura 4.24.** Configuración de copias de seguridad.

En este cuadro de diálogo, aparece una lista de las unidades de disco o extraíbles donde se puede llevar a cabo la creación de una copia de seguridad. Si lo desea, también puede hacer

**125**

clic sobre el botón **Guardar en una red** para seleccionar una ubicación de red en la que almacenar sus archivos de copia de seguridad. Es recomendable que los archivos de copia de seguridad no se encuentren situados en la misma unidad física que los archivos originales y que se encuentren ubicados en una carpeta a la que no tengan acceso otros usuarios de la red.

Una vez elegida la carpeta de destino donde desea realizar sus copias de seguridad, haga clic sobre el botón **Siguiente**.

Para personalizar los archivos de datos que desea almacenar en su copia de seguridad, active la opción Dejarme elegir en el asistente y haga clic sobre el botón **Siguiente**. Al cabo de unos instantes, Windows mostrará una lista de los elementos habituales de cualquier copia de seguridad y nos ofrecerá una representación del equipo en forma de árbol para que seleccionemos las carpetas específicas que deseamos incluir en nuestra copia de seguridad. Active o desactive los distintos elementos disponibles en la lista y haga clic sobre el botón **Siguiente** (véase la figura 4.25).

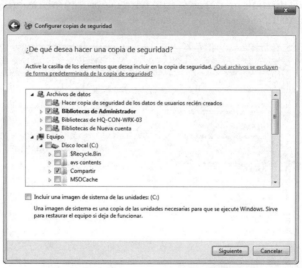

**Figura 4.25.** Selección de los elementos
a incluir en la copia de seguridad.

*Nota: La casilla de verificación* Incluir una imagen de sistema de las unidades: (C:), *crea una imagen de los archivos del sistema necesarios para el correcto funcionamiento de*

*Windows. Estos archivos permiten restaurar el equipo en el caso de que se produzca algún problema que impida el inicio del sistema operativo, aunque también ocupan gran cantidad de espacio en la copia de seguridad.*

Un último cuadro de diálogo en el asistente muestra un resumen de la configuración establecida para la creación de copias de seguridad (ubicación de la copia de seguridad y elementos que se incluirán en dicha copia). En este cuadro de diálogo, también aparece la programación predeterminada para llevar a cabo dicha copia de seguridad. Si desea modificar en este punto la periodicidad de esta tarea, haga clic sobre la opción Cambiar programación. En el cuadro de diálogo que aparece en pantalla, active o desactive la casilla de verificación según desee o no que se ejecute la creación de copias de seguridad de forma periódica y, en las listas desplegables Frecuencia, Día y Hora, establezca la periodicidad con la que se deberá llevar a cabo. Una vez definidas todas estas opciones, haga clic sobre el botón **Aceptar** para regresar al cuadro de diálogo del asistente de configuración de copias de seguridad.

Finalmente, haga clic sobre el botón **Guardar configuración y ejecutar copia de seguridad** para almacenar los cambios reflejados en el asistente e iniciar la primera copia de seguridad de los datos del sistema. Regresará a la ventana Copias de seguridad y restauración del Panel de control donde podrá realizar un seguimiento del progreso de la copia de seguridad de los archivos del sistema (véase la figura 4.26).

*Nota: El botón **Ver detalles** que aparece en la esquina superior derecha de la ventana cuando se está llevando a cabo una copia de seguridad, abre un pequeño cuadro de diálogo en el que podrá conocer qué archivo se está copiando en cada momento y desde donde podrá detener la copia de seguridad.*

Una vez completada la primera copia de seguridad de los datos del sistema y, como ya hemos podido ver en la figura 4.26), el aspecto de la ventana Copias de seguridad y restauración habrá cambiado por completo, convirtiéndose en el centro de operaciones desde el que podremos iniciar la creación manual de nuevas copias de seguridad (por ejemplo, cuando hayamos añadido archivos de gran importancia que no deseemos esperar para salvaguardar), organizar y administrar el espacio disponible en la unidad de destino para las copias de seguridad, obtener información de cuándo se realizó la última copia de seguridad, cuál fue su contenido y cuándo se va a llevar a cabo la siguiente copia, cambiar la configuración de programación, contenido y destino de las copias de seguridad periódicas o restaurar archivos o la configuración del sistema.

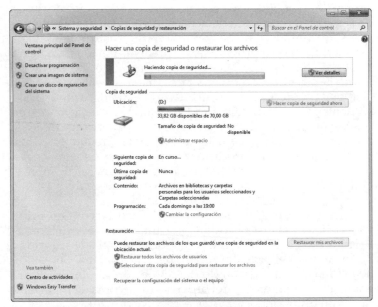

**Figura 4.26.** La ventana Copias de seguridad y restauración mientras se lleva a cabo una copia de seguridad.

Si alguna vez nos encontramos ante la pérdida accidental de algún archivo de importancia que hayamos incluido en nuestras copias de seguridad, podremos recuperarlo fácilmente gracias a la ventana Copias de seguridad y restauración. En la esquina inferior derecha de la ventana, haga clic sobre el botón **Restaurar mis archivos**. Aparecerá un cuadro de diálogo donde podremos seleccionar los archivos o carpetas que deseamos recuperar de nuestra copia de seguridad. Haga clic sobre el botón **Buscar** para localizar un archivo o carpeta por su nombre y active su casilla de verificación para añadirlo a la lista de elementos que desea recuperar. Haga clic sobre el botón **Buscar archivos** para recorrer el contenido de una copia de seguridad específica en busca de un archivo que desee recuperar. Y, finalmente, haga clic sobre el botón **Buscar carpetas** para recorrer el contenido de una copia de seguridad específica en busca de una carpeta que desee recuperar. Cuando haya terminado, una lista como la que ilustra la figura 4.27 le informará de los archivos y carpetas que se están preparando para su recuperación.

> **Nota:** *Si desea eliminar un elemento de la lista, selecciónelo y haga clic sobre el botón* **Quitar**. *Para vaciar la lista por completo, haga clic sobre el botón* **Quitar todo**.

**Figura 4.27.** Archivos y carpetas preparados para su recuperación.

Haga clic sobre el botón **Siguiente**. Elija si desea recuperar los archivos y carpetas seleccionados en su ubicación original o en una nueva carpeta que deberá especificar indicando su ruta de acceso completa y haga clic sobre el botón **Restaurar** para iniciar el proceso. Una vez completado, aparecerá un cuadro de resumen con los resultados. Haga clic sobre el botón **Finalizar**.

## 4.7.3. Restaurar el equipo a un punto anterior

Bajo determinadas circunstancias (al instalar algún software en nuestro ordenador, al producirse algún fallo de energía o como consecuencia de un problema de hardware), nuestro sistema se puede volver inestable o generar algún tipo de error persistente que puede poner en peligro el correcto funcionamiento del sistema operativo. Por esta razón, Windows 7 ha previsto la posibilidad de incorporar al sistema una herramienta de restauración, que nos permita recuperar una configuración estable y funcional.

En la ventana Sistema y seguridad del Panel de control en la que hemos trabajado en las últimas secciones del libro, haga clic sobre la opción Restaurar el equipo a un punto anterior en el tiempo que se encuentra situada en la sección Centro de actividades. Se abrirá la ventana Recuperación, desde la que podremos iniciar distintos procesos de recuperación del sistema operativo. Nos centraremos en esta sección en la herramienta Restaurar sistema aunque, a través de esta ventana, también se puede iniciar la recuperación del entorno con la reinstalación de Windows o a través de una imagen de sistema creada previamente.

Haga clic sobre el botón **Abrir Restaurar sistema**. Se abrirá el primer cuadro de diálogo del asistente para la restauración del sistema. El primer cuadro de diálogo es meramente informativo, así que simplemente haga clic sobre el botón **Siguiente**.

Una lista le mostrará los últimos puntos de restauración creados de forma automática en el sistema. Para mostrar todos los puntos disponibles, active la casilla de verificación Mostrar más puntos de restauración. Si quiere conocer a qué programas y controladores afectará la recuperación de un punto de restauración en concreto, selecciónelo en la lista y haga clic sobre el botón **Detectar programas afectados**. Un cuadro de diálogo como el de la figura 4.28 le mostrará una lista de las aplicaciones y controladores que se cambiarán al restaurar el punto seleccionado. Haga clic sobre el botón **Cerrar** para cerrar el cuadro de diálogo y regresar a la restauración del sistema.

Seleccione el punto que desea restaurar y haga clic sobre el botón **Siguiente**.

El último cuadro de diálogo del asistente, le mostrará un resumen del proceso de restauración que se va a iniciar. Confirme que desea dar comienzo al proceso haciendo clic sobre el botón **Finalizar**. Un nuevo mensaje le informará de la imposibilidad de detener el proceso. Haga clic sobre el botón **Sí** para proceder.

El proceso de recuperación, requiere reiniciar el sistema. Una vez reiniciado, un mensaje le informará del resultado. Haga clic sobre el botón **Cerrar**.

**Figura 4.28.** Detectar programas afectados.

## 4.7.4. Liberar espacio en disco

El Liberador de espacio en disco realiza una búsqueda de los archivos que ya no son necesarios en nuestro ordenador (archivos temporales, contenido de la Papelera de reciclaje, informes de error, etc.) y nos ofrece la posibilidad de eliminarlos para economizar espacio en el disco duro.

Puede encontrar un acceso a esta herramienta a través del vínculo Liberar espacio en disco de la sección Herramientas administrativas de la ventana Sistema y mantenimiento del Panel de control de Windows 7. Cuando haga clic sobre este vínculo, aparecerá un cuadro de diálogo donde deberá seleccionar la unidad de disco que desea liberar mediante el cuadro de lista desplegable Unidades. A continuación, haga clic sobre el botón **Aceptar**.

Una vez examinado el sistema, el Liberador de espacio en disco mostrará una pantalla similar a la que ilustra la figura 4.29 con información sobre los elementos susceptibles de ser eliminados.

En el cuadro de lista central del cuadro de diálogo, podrá examinar los distintos elementos disponibles para recuperar espacio en el disco. Active la casilla de verificación situada a la izquierda de su nombre para eliminar cualquiera de los elementos que presenta dicha lista. En el extremo derecho, podrá observar el espacio que ocupa cada uno de estos elementos. Debajo, el programa le informará del espacio total en disco que se recuperará al ejecutar el Liberador. Si lo desea, puede obtener un listado de los archivos contenidos en cada uno de los elementos haciendo clic sobre el botón **Ver archivos**.

**Figura 4.29.** Elementos susceptibles de ser eliminados por la herramienta Liberador de espacio en disco.

La ficha Más opciones de la ventana del Liberador de espacio en disco, le ofrece la posibilidad de ganar espacio de almacenamiento adicional desinstalando programas que ya no son necesarios y de eliminar puntos de restauración del equipo.

Una vez seleccionados los componentes que desea eliminar, haga clic sobre el botón **Aceptar**. Un nuevo mensaje aparecerá pidiéndole confirmación para continuar con la operación. Haga clic sobre el botón **Eliminar archivos**.

## 4.7.5. Desfragmentar el disco duro

La herramienta Desfragmentador de disco, se encuentra accesible también a través de la ventana Sistema y seguridad del Panel de control de Windows 7. Cuando haga clic sobre el vínculo Desfragmentar el disco duro de la sección Herramientas administrativas de la ventana, aparecerá en su pantalla un cuadro de diálogo similar al que se ilustra en la figura 4.30.

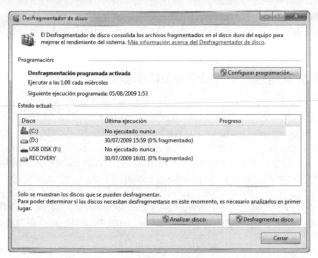

**Figura 4.30.** La herramienta Desfragmentador de disco.

Esta herramienta permite organizar la información conte-nida en las unidades de disco de nuestro ordenador. Cuando almacenamos un archivo, la información va ocupando de una forma ordenada el espacio libre disponible. Sin embargo, con el paso del tiempo, pueden ir apareciendo numerosos fragmentos libres distribuidos a lo largo de toda la unidad. De esta forma, los archivos, en lugar de almacenarse en posiciones contiguas de memoria, quedan dispersos por toda la superficie del disco. Esto representa una pérdida de eficiencia de nuestro ordenador durante las operaciones de lectura y escritura que se puede resolver utilizando el Desfragmentador de disco.

La primera opción que nos ofrece el Desfragmentador de disco, es programar la herramienta para realizar una organi-zación periódica de nuestros discos. Haga clic sobre el botón **Configurar programación** para definir la frecuencia, día de la semana, hora y discos que se desean incluir en la desfragmen-tación programada de sus unidades.

Para realizar un análisis de fragmentación o iniciar una desfragmentación de una unidad de disco, selecciónela en la lista central del cuadro de diálogo y haga clic respectivamente sobre los botones **Analizar disco** o **Desfragmentar disco**. El primero de estos botones, mostrará el porcentaje de fragmen-tación actual a la derecha de la unidad de disco seleccionada. El botón **Desfragmentar disco**, inicia una desfragmentación que se puede detener en cualquier momento haciendo clic sobre el botón **Detener la operación**. Cuando haya finalizado su trabajo con la ventana del Desfragmentador de disco, haga clic sobre el botón **Cerrar**.

## 4.7.6. Administración de discos

Otra de las interesantes herramientas que incluye Windows 7 para la gestión y mantenimiento de las unidades de disco de nuestro equipo es la ventana Administración de discos, desde la que podrá conocer toda la información de las unidades de disco internas y externas asociadas a su ordenador (particiones, sistema de archivos, capacidad, espacio disponible, sobrecarga, etc.). En la ventana Sistema y seguridad del Panel de control de Windows, localice la sección Herramientas administrativas y haga clic sobre el vínculo Crear y formatear particiones del disco duro (véase la figura 4.31).

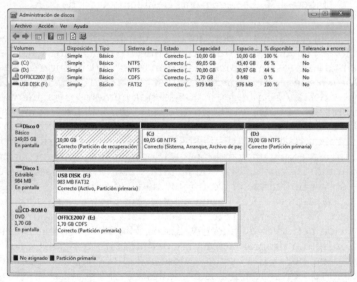

**Figura 4.31.** La ventana Administración de discos.

La ventana de la aplicación se encuentra dividida en dos secciones. En el borde superior, una lista muestra todas las propiedades y características de las distintas particiones de disco disponibles en el sistema. En la mitad inferior, podemos ver una representación gráfica de las unidades físicas de disco, sus particiones y sus características.

Las distintas tareas que podemos realizar con las particiones y unidades de disco del sistema, se encuentran recogidas dentro del menú Acción de la aplicación. Las principales opciones que encontramos dentro de este menú son las siguientes:

- Actualizar. Después de realizar algún cambio, refresca la información contenida en la ventana de la herramienta.
- Volver a examinar los discos. Igual que sucede al iniciar la aplicación, mediante este comando, se examinarán nuevamente las particiones y unidades de disco disponibles en el sistema y se mostrarán las propiedades actualizadas de los mismos.
- Crear VHD. Crea un disco virtual, es decir, una simulación de un disco duro que no se corresponde con un dispositivo físico real.
- Exponer VHD/Ocultar VHD. Sirve para mostrar (o montar) un disco virtual que se encuentre almacenado en el sistema.
- Abrir (submenú Todas las tareas). Abre una ventana de navegación de la partición actualmente seleccionada.
- Explorar (submenú Todas las tareas). Abre ventana de exploración de la partición actualmente seleccionada.
- Marcar partición como activa (submenú Todas las tareas). Marca la partición actualmente seleccionada como activa en la unidad de disco.
- Cambiar la letra y rutas de acceso de unidad (submenú Todas las tareas). Permite modificar la letra de unidad asignada a la partición actualmente seleccionada o montar una partición en una carpeta NTFS disponible.
- Formatear (submenú Todas las tareas). Da formato a la partición de disco actualmente seleccionada.
- Extender volumen, Reducir volumen y Eliminar volumen (submenú Todas las tareas). Agregar y reducir espacio en una partición primaria o unidad lógica o eliminar la partición actualmente seleccionada.
- Propiedades (submenú Todas las tareas). Muestra el cuadro de diálogo de propiedades de la partición actualmente seleccionada.

## 4.7.7. Centro de actividades

El Centro de actividades de Windows 7, proporciona información y ofrece un acceso directo rápido a las principales funciones de seguridad y mantenimiento del sistema operativo.

Su principal objetivo es llamar la atención del usuario sobre los problemas importantes o potenciales que hacen peligrar nuestro ordenador. Cuando el Centro de actividades tiene alguna información que comunicarnos lo hace a través de un icono en el área de notificaciones de la barra de tareas ▣. Al hacer clic sobre dicho icono se abrirá un menú de opciones desde el que podremos acceder directamente al Centro de actividades.

Otra posibilidad para acceder al Centro de actividades es hacer clic sobre la opción Sistema y seguridad del Panel de control y, a continuación, hacer clic sobre Centro de actividades, al principio de la nueva ventana. Verá una ventana similar a la que ilustra la figura 4,32.

**Figura 4.32.** La ventana Centro de actividades.

El interior de esta ventana está dividido en dos secciones claramente diferenciadas: Seguridad y Mantenimiento, que proporcionan información sobre ambas áreas de nuestro sistema operativo. Si existe actualmente algún problema, se destacará de forma conveniente en la ventana, haciendo ver al usuario la necesidad de tomar alguna medida al respecto (por ejemplo, en la figura 4.32 podemos ver un mensaje de seguridad referente a la carencia de protección antivirus del sistema).

Por lo general, un botón en la esquina superior derecha ofrece alguna alternativa para solucionar el problema. Si opta por ocultar temporalmente la advertencia, podrá hacerlo haciendo clic sobre la opción Desactivar mensajes sobre *tipo de problema* en el borde inferior del área de información del problema.

La información de las dos áreas de control que ofrece el Centro de actividades se puede mostrar u ocultar haciendo clic sobre el encabezado de la sección correspondiente, en el que aparecen respectivamente los iconos ⊙ y ⊙.

En la sección **Seguridad**, encontramos información sobre los siguientes elementos:

- **Firewall de red.** Indica si el cortafuegos de Windows se encuentra activado (véase la siguiente sección).
- **Windows Update.** Indica la forma en la que se instalan actualmente las actualizaciones de Windows.
- **Protección antivirus.** Indica el estado de protección antivirus del sistema. Como se ve en la figura 4.32, si no existe un antivirus instalado en el sistema, el Centro de actividades permite realizar la búsqueda de un programa en línea.
- **Protección contra spyware y software no deseado.** Indica si se encuentra activado o no Windows Defender en el sistema (véase la sección 4.7.9).
- **Configuración de seguridad de Internet.** Indica si las opciones de configuración de Internet (filtros, controles y complementos ActiveX, *script*, control de descargas, etc.) permiten o no una experiencia de navegación segura por la Red.
- **Control de cuentas de usuario.** Indica el estado de activación de notificaciones del control de cuentas de usuario (UAC). Cuando se activa este control, Windows pide confirmación al usuario antes de realizar cambios importantes en el sistema. De esta manera, se evita que programas o *script* malintencionados puedan adueñarse del control del equipo sin nuestro consentimiento. Haga clic sobre **Cambiar configuración** para modificar el tipo de eventos para los que se reciben notificaciones en el sistema cuando se intenta realizar un cambio.
- **Protección de acceso a redes.** Indica si se encuentra activada o no la tecnología de protección de acceso a redes (NAP). Al conectarnos a una red corporativa que utiliza NAP, el equipo se comprueba para confirmar que dispone del software y de la configuración necesarios para asegurar la protección y que éstos elementos se encuentran correctamente actualizados.

En la sección **Mantenimiento**, tenemos disponibles los siguientes elementos de información:

- **Buscar soluciones para los problemas notificados.** Indica el estado de configuración de la creación de informes de problemas y búsqueda de soluciones. Dentro de esta sección, la opción **Buscar soluciones** le permitirá iniciar manualmente una nueva búsqueda de soluciones para problemas ya conocidos en el sistema; la opción **Directiva de privacidad** abre una ventana de Internet Explorer con la información sobre privacidad del envío de información desde nuestro ordenador para intentar resolver los problemas existentes que se planteen; la opción **Configuración**, abre una nueva ventana donde se puede configurar si se desea realizar la búsqueda de soluciones de forma automática, si queremos enviar o no la información del sistema necesaria a Microsoft también de forma automática, etc.; finalmente, la opción **Ver historial de confiabilidad** muestra un gráfico con información técnica sobre problemas y errores que se hayan producido a lo largo del tiempo en el sistema (véase la figura 4.33).

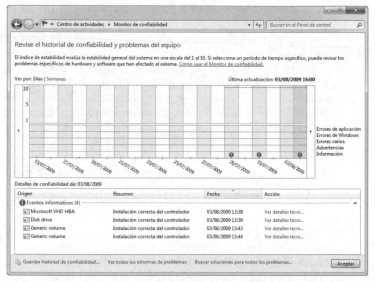

**Figura 4.33.** Historial de confiabilidad y problemas del equipo.

- **Copia de seguridad.** Indica si las copias de seguridad se realizan con la periodicidad necesaria y cuándo se realizó por última vez una copia de seguridad.

- Buscar actualizaciones. Indica si es necesario tomar alguna acción relativa a la búsqueda de actualizaciones desde Windows Update.
- Solución de problemas: mantenimiento del sistema. Indica si es necesario tomar alguna acción relativa a la búsqueda de soluciones a los problemas de mantenimiento del sistema. Desde esta sección, si hacemos clic sobre la opción Cambiar configuración de solución de problemas, podremos establecer si la búsqueda de soluciones de problemas en Windows tendrá en cuenta o no los problemas de mantenimiento que se detecten.

En el borde inferior de la ventana del Centro de actividades, vemos dos opciones adicionales que permiten un acceso rápido a las dos principales herramientas de Windows 7 a la hora de localizar y solucionar problemas en el sistema.

La opción Solución de problemas abre la ventana del solucionador de problemas de Windows, desde la que podremos iniciar un asistente para la búsqueda de soluciones en distintas categorías de problemas comunes de Windows: ejecución de programas creados para versiones anteriores de Windows, configuración de dispositivos de hardware y sonido, problemas con la reproducción de audio, conexiones a redes e Internet, etc.

A través de la opción Recuperación, podremos acceder a los distintos métodos de recuperación y restauración del sistema (véase la sección 4.7.3 anteriormente).

Finalmente, en el panel del lateral izquierdo de la ventana del Centro de actividades, tenemos un enlace que nos permite configurar la propia herramienta. Si hacemos clic sobre Cambiar configuración del Centro de actividades, accederemos a una nueva ventana similar a la que ilustra la figura 4.34

En esta ventana podrá activar o desactivar las distintas categorías de mensajes de seguridad y mantenimiento que desea visualizar en la ventana del Centro de actividades, así como también acceder a la configuración del Programa para la mejora de la experiencia del usuario de Microsoft, de la herramienta de informes de solución de problemas y de Windows Update.

## 4.7.8. Firewall de Windows

La herramienta Firewall de Windows es un cortafuegos que puede ayudarle a prevenir los ataques externos o el acceso a su sistema de programas malintencionados procedentes de

Internet o de una red de ordenadores a la que se encuentre asociado su equipo. En la ventana **Sistema y seguridad** del Panel de control de Windows, haga clic sobre el vínculo **Firewall de Windows**.

**Figura 4.34.** Configuración del Centro de actividades.

En la ventana **Firewall** de Windows, podrá establecer el nivel de protección de su sistema haciendo clic sobre el vínculo **Activar o desactivar Firewall de Windows** que se encuentra en el panel izquierdo de la ventana. Al hacer clic sobre este vínculo, se abrirá una nueva ventana como la que se ilustra en la figura 4.35.

Esta ventana muestra dos secciones para las dos tipologías de redes con las que trabaja Windows 7: redes privadas (redes domésticas o del trabajo) y redes públicas.

Dentro de cada una de estas dos secciones, podrá definir si desea activar o desactivar el Firewall de Windows y, en caso de activarlo, si desea bloquear automáticamente todas las conexiones entrantes y recibir una notificación en pantalla cuando Firewall de Windows haya bloqueado algún programa. Una vez realizados sus cambios, haga clic sobre el botón **Aceptar** para validarlos y regresar nuevamente a la ventana del Firewall de Windows.

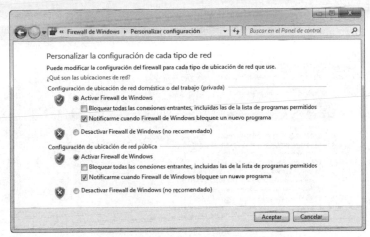

**Figura 4.35.** Personalización de la
configuración del Firewall de Windows.

Otra de las opciones interesantes de esta ventana es la posibilidad de configurar programas o características individuales para que puedan comunicarse sin problemas con Windows a través del Firewall (un ejemplo típico de este tipo de funciones puede ser un programa de intercambio p2p). Haga clic sobre la opción Permitir un programa o una característica a través de Firewall de Windows. Aparecerá una ventana como la que ilustra la figura 4.36.

En la lista central de la ventana, active o desactive las casillas de verificación correspondientes a cada característica y a cada tipología de red según desee o no que dicha característica pueda atravesar el Firewall de Windows en el tipo de red correspondiente.

Para añadir un nuevo programa a esta lista, haga clic sobre el botón **Permitir otro programa**. En la lista Programas del cuadro de diálogo Agregar un programa, seleccione la aplicación que desea añadir al Firewall de Windows o haga clic sobre el botón **Examinar** para localizarla en el sistema. Seguidamente, haga clic sobre el botón **Agregar** para añadir el programa a la lista y proceda, como en el caso anterior, a activar o desactivar sus casillas de verificación correspondientes a las redes privadas o públicas.

Cuando haya finalizado, haga clic sobre el botón **Aceptar** para regresar nuevamente a la ventana del Firewall de Windows.

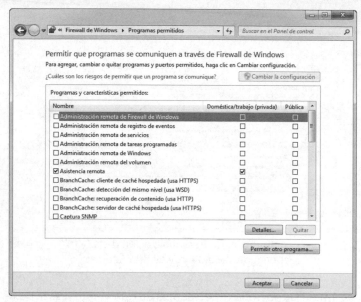

**Figura 4.36.** Permitir que programas o características se comuniquen a través del Firewall de Windows.

## 4.7.9. Windows Defender

Windows Defender es una herramienta diseñada para la detección y eliminación de programas espía (*spyware*) y otros tipos de software potencialmente peligrosos para nuestro sistema. Puede acceder a esta aplicación escribiendo su nombre, "Windows Defender", en el cuadro de búsqueda de la esquina superior derecha de la ventana del Panel de control o en el cuadro de búsqueda del menú Inicio de Windows y haciendo clic a continuación sobre su icono.

En condiciones normales, Windows Defender se encarga automáticamente de realizar los análisis necesarios del sistema para protegerlo contra ataques externos de *spyware* y software potencialmente no deseado, así como también Windows Update se encarga de mantener actualizadas las últimas definiciones de *spyware* y protecciones para la herramienta.

No obstante, si en cualquier momento desea iniciar una búsqueda de posibles problemas en el sistema, haga clic sobre el botón **Examinar** del panel de opciones de la ventana de Windows Defender (véase la figura 4.37), en el borde superior o bien, haga clic sobre el icono en forma de punta de flecha situado a la derecha del botón y seleccione el tipo de análisis que desea realizar: rápido, completo o personalizado.

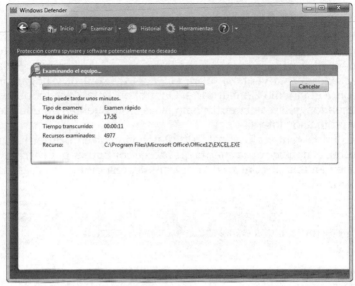

**Figura 4.37.** Windows Defender realizando un análisis del sistema.

Si todo funciona correctamente, un mensaje le informará de que su equipo está libre de programas no deseados o perjudiciales.

Si lo desea, puede establecer la periodicidad con la que se realizarán este tipo de análisis de forma automática en su sistema haciendo clic sobre el botón **Herramientas** y, a continuación, sobre la opción Opciones de la sección Configuración en la nueva ventana que aparece en pantalla.

En la lista del lateral izquierdo de la ventana, seleccione la opción Examen automático y, a continuación, defina la periodicidad de dicho examen mediante las listas desplegables Frecuencia, Hora aproximada y Tipo.

> **Nota:** *Resulta altamente recomendable que active la casilla de verificación* Comprobar las definiciones actualizadas antes de examinar *para asegurarse de que la información de spyware y software potencialmente malintencionado se encuentra actualizada antes de realizar cada análisis.*

Cuando haya terminado de realizar sus ajustes, haga clic sobre el botón **Guardar**.

## 4.7.10. Control parental

La ventana Control Parental del Panel de control de Windows permite establecer una serie de restricciones de uso sobre una cuenta de usuario del sistema, generalmente pensadas para cuentas de usuario asignadas a niños. Para acceder a esta ventana, abra el Panel de control y haga clic sobre el vínculo Configurar el Control parental para todos los usuarios que se encuentra bajo la sección Cuentas de usuario y protección infantil.

En la ventana Control Parental, haga clic en primer lugar sobre el nombre de la cuenta que desee configurar para acceder a la ventana de control de usuarios correspondiente (véase la figura 4.38).

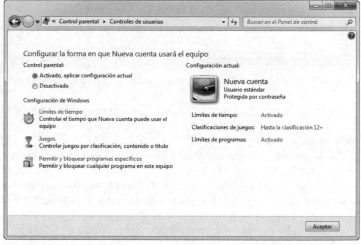

**Figura 4.38.** Ventana de control parental de un usuario.

La ventana de control de usuarios nos permite en primer lugar, activar el control parental en la cuenta seleccionada (haciendo clic sobre el botón de opción Activado, aplicar configuración actual). El resto de las opciones de la ventana, permiten configurar las restricciones específicas que deseamos establecer para la cuenta:

- **Límites de tiempo.** En esta sección, podrá definir los horarios de la semana en que el usuario de la cuenta seleccionada podrá utilizar el ordenador. La ventana **Restricciones de tiempo** (véase la figura 4.39), muestra una cuadrícula en la que aparecen los distintos días de la semana y los horarios en los que quedará bloqueado o permitido el uso del ordenador. Para cambiar el estado de restricción de cualquier franja horaria, haga clic sobre su celda en dicha cuadrícula o bien haga clic sobre la primera de las celdas horarias de un rango y arrastre el ratón hasta abarcar todo el rango deseado. Haga clic sobre el botón **Aceptar** cuando haya finalizado para regresar a la ventana de controles de usuarios.

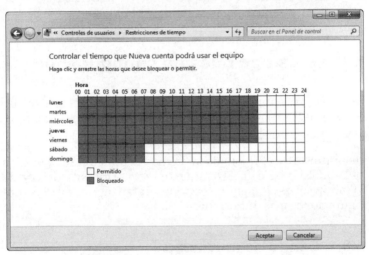

**Figura 4.39.** Restricciones de tiempo.

- **Juegos.** Permite establecer restricciones de uso para los juegos según determinadas clasificaciones estandarizadas por el programa *Pan European Game Information* o estableciendo restricciones personalizadas para bloquear o permitir el uso de juegos específicos. Si desea utilizar el programa de restricciones PEGI, haga clic sobre el vínculo **Establecer clasificación de juego** y defina el límite máximo de edad permitida haciendo clic sobre el botón de opción correspondiente. Para definir una configuración personalizada de uso de juegos, haga clic sobre el vínculo **Bloquear o permitir juegos especí-**

ficos. Una nueva ventana aparecerá con un listado de los juegos disponibles en el sistema, cada uno de ellos con tres posibilidades de configuración: adaptarse a la clasificación de edad del usuario, permitir siempre su uso o bloquearlo siempre.

- **Permitir y bloquear programas específicos.** Finalmente, esta sección nos permitirá definir de forma personalizada la posibilidad de uso de cada uno de los programas instalados en el sistema. Para restringir el uso de programas específicos, active la opción *Nombre de cuenta* **solo puede usar los programas permitidos** y, en la lista que aparecerá en pantalla, active las casillas de verificación de los programas cuyo uso desee permitir en la cuenta de usuario o desactive aquellas casillas de los programas cuyo uso desee bloquear.

# 4.8. Otras opciones de configuración

Bajo otros muchos epígrafes del Panel de control de Windows 7, se encuentran algunas características de configuración del sistema que permiten controlar aspectos tales como la configuración de ahorro de energía del sistema, la instalación de impresoras, el ajuste de la fecha y la hora del reloj interno del equipo o las características de reconocimiento de voz de Windows. Las siguientes secciones tratan algunas de las configuraciones más importantes.

## 4.8.1. Centro de movilidad

El Centro de movilidad permite acceder a algunas características importantes que se necesitan controlar en Windows como dispositivo móvil (instalado en un ordenador portátil) y en su relación con otros dispositivos móviles (sincronización con dispositivos móviles, conexión a pantallas o proyectores externos, etc.). Para abrir la ventana del Centro de movilidad de Windows, haga clic sobre la opción **Hardware y sonido** del Panel de control y, a continuación, haga clic sobre la opción **Centro de movilidad de Windows** (véase a continuación, la figura 4.40).

Las opciones de configuración que pone a nuestro alcance el Centro de movilidad de Windows son las siguientes:

**Figura 4.39.** Restricciones de tiempo.

- **Brillo.** Mediante una barra deslizante, en esta sección podremos controlar el brillo de la pantalla. Reducir el brillo de la pantalla cuando no sea necesario, ayudará a economizar batería.

- **Volumen.** Permite ajustar el volumen de los altavoces del sistema mediante la barra deslizante correspondiente o silenciarlos por completo al activar la casilla de verificación Silencio.

- **Estado de la batería.** Muestra información sobre el porcentaje de carga de la batería en un ordenador portátil y permite elegir cualquiera de los esquemas de energía predeterminados según las necesidades del usuario en cada momento: equilibrado, economizador o de alto rendimiento.

- **Red inalámbrica.** Indica si existe una red inalámbrica conectada al equipo y la capacidad actual de la señal mediante el indicador estándar en forma de barras verticales. El botón de la sección permitirá desactivar o volver a activar la conexión inalámbrica del equipo.

- **Pantalla externa.** Indica si existe alguna pantalla externa conectada al equipo, así como conectarla o desconectarla utilizando el botón correspondiente de la sección.

- **Centro de sincronización.** Indica el perfil de sincronización actualmente seleccionado y permite abrir la ventana del Centro de sincronización de Windows desde el que se administran los distintos perfiles de sincronización existentes.

- **Presentación.** Controla si Windows envía o no la imagen que se produce en su escritorio a un dispositivo tal como un proyector para realizar presentaciones. Mediante el botón de esta sección se puede activar o desactivar la realización de presentaciones.

## 4.8.2. Dispositivos e impresoras

La sección Dispositivos e Impresoras de la ventana Hardware y sonido del Panel de control de Windows 7 ofrece la posibilidad de controlar distintos periféricos conectados a nuestro ordenador, como monitores, ratones, memorias flash USB, aparatos de reproducción MP3, impresoras, faxes, etc. (figura 4.41).

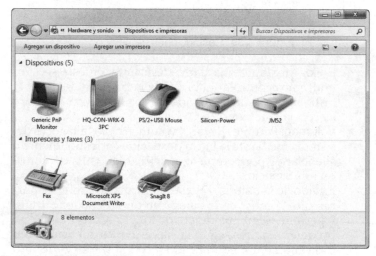

**Figura 4.41.** La ventana Dispositivos e impresoras.

Esta ventana muestra una representación mediante iconos de los distintos dispositivos conectados a nuestro ordenador. Un doble clic sobre cualquiera de estos iconos nos llevará a su ventana de propiedades o, en el caso de un Fax a la ventana de la herramienta Fax y Escáner de Windows o, en el caso de una impresora, a su ventana de administración.

Una de las funciones más comunes de esta ventana, es la instalación de una nueva impresora en el sistema. Aunque Windows instala habitualmente este tipo de dispositivos de forma automática, utilizando en cada momento los controladores más apropiados, en ocasiones puede ser necesario realizar este proceso de forma manual, bien porque la impresora que se desea instalar sea extremadamente reciente y Microsoft no haya puesto todavía a disposición de Windows 7 sus controladores o bien (como en el caso del ejemplo que desarrollaremos a continuación) porque se trate de una impresora en red que no se detecte automáticamente en el entorno.

Para añadir una nueva impresora a Windows, haga clic sobre el botón **Agregar una impresora** en la barra de opciones de la ventana, en el borde superior de la misma. En el primer cuadro de diálogo del asistente, seleccione el tipo de impresora que desea instalar (local o impresora de red, inalámbrica o Bluetooth) haciendo clic sobre la opción correspondiente. Por ejemplo, si hace clic sobre la opción Agregar una impresora de red, inalámbrica o Bluetooth, Windows iniciará la búsqueda en las redes a su alcance de impresoras susceptibles de ser instaladas en el sistema.

En la lista central del cuadro de diálogo que aparece en pantalla (véase la figura 4.42), seleccione la impresora que desea instalar y haga clic sobre el botón **Siguiente**.

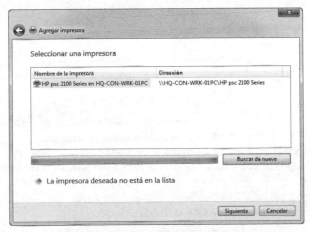

**Figura 4.42.** Seleccione la impresora que desea instalar en Windows.

Windows se conectará al ordenador que aloja la impresora que deseamos configurar y buscará la información del controlador correspondiente o lo descargará de Internet, procediendo a instalarlo a continuación en nuestro sistema. Una vez completado el proceso, se mostrará el nombre que se ha asignado a la impresora y el nombre del controlador correspondiente. Haga clic sobre el botón **Siguiente** para continuar.

En el último cuadro de diálogo del asistente (figura 4.43), podrá definir si desea utilizar como predeterminada la impresora que acaba de instalar (activando la casilla de verificación Establecer como impresora predeterminada) e imprimir una página de prueba para comprobar que la instalación ha sido tenido éxito haciendo clic sobre el botón del mismo nombre. Cuando haya terminado, haga clic sobre el botón **Finalizar** para cerrar el asistente y regresar a la ventana Dispositivos e impresoras. La nueva impresora aparecerá en la sección Impresoras y faxes de la ventana de dispositivos e impresoras.

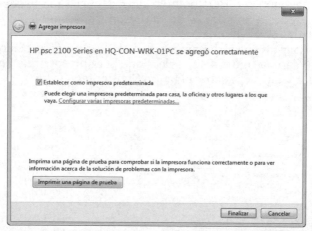

**Figura 4.43.** Desde este cuadro de diálogo
podrá imprimir una página de prueba para comprobar
que la instalación de la impresora se ha completado con éxito.

## 4.8.3. Reproducción automática

En la ventana Hardware y sonido del Panel de control de Windows también nos encontramos con la opción Reproducción automática, cuyo objetivo es permitirnos especificar un comportamiento predeterminado de Windows 7 cuando se inserte algún medio o dispositivo externo tal como un CD de música, un DVD de vídeo, un disco de juegos, una conexión a una cámara fotográfica digital, etc.

La ventana Reproducción automática (véase la figura 4.44), muestra un listado con todos los tipos de medios y dispositivos reconocidos por el sistema. A la derecha del nombre de cada uno de estos medios o dispositivos, una lista desplegable le permitirá elegir el comportamiento predeterminado que desea. Una vez realizada su configuración, haga clic sobre el botón **Guardar** para validar los cambios.

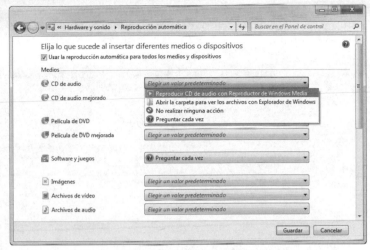

**Figura 4.44.** Acciones disponibles para distintos tipos de medios y dispositivos.

## 4.8.4. Programas y características

Esta nueva herramienta de configuración nos abre una ventana con información sobre todas las aplicaciones ajenas al propio sistema operativo instaladas en nuestro equipo, así como sobre las actualizaciones propias de Windows instaladas en el sistema (véase la figura 4.45). Para abrir la ventana Programas y características, haga clic sobre las opciones Programas y Programas y características en la ventana del Panel de control de Windows 7.

Sobre la lista de programas instalados, podemos ver una barra de comandos con los botones **Organizar** y **Cambie la vista** ⊞▾ que permiten controlar la presentación de dicha lista de programas de forma similar a cualquier ventana de navegación de Windows 7 (véase el capítulo 5 para más información). Cuando seleccionemos un programa de la lista, aparecerán nuevos botones con los nombres **Desinstalar**, **Cambiar** o **Reparar**. Cuando ya no necesitemos alguno de los programas instalados en nuestro sistema, haremos clic sobre el primero de estos botones, **Desinstalar**. Si queremos modificar alguna de las características de instalación del paquete (por ejemplo, agregar alguna herramienta que omitimos en la instalación original), haremos clic sobre el botón **Cambiar**. Finalmente, si el programa ha dejado de funcionar correctamente y deseamos volver a copiar sus archivos en el disco duro de nuestro ordenador para intentar solucionar el problema, haremos clic sobre el botón **Reparar**.

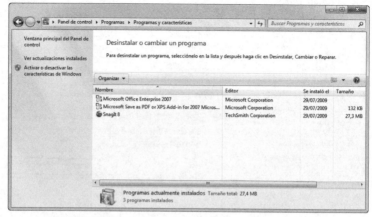

**Figura 4.45.** La ventana Programas y características.

> **Nota:** *Es importante que recuerde que para desinstalar un programa no basta con eliminar su carpeta del disco duro del ordenador. Los programas de desinstalación se encargan de realizar todas las operaciones necesarias para cambiar la configuración del sistema en relación con la desinstalación de una aplicación.*

## 4.8.5. Fecha y hora

Aparte de permitirnos recordar la fecha y hora actuales, mantener en hora el reloj interno de nuestro ordenador puede ser de crucial importancia para el correcto funcionamiento de determinados programas (piense, por ejemplo, en una aplicación de agenda que necesite informarnos con cierta antelación de una cita, evento o reunión de nuestro calendario). De esto se ocupa el cuadro de diálogo Fecha y hora, al que podemos acceder haciendo clic sobre la opción Reloj, idioma y región del panel de control y, a continuación, sobre la propia opción Fecha y hora (véase la figura 4.46).

Para cambiar la fecha y hora actuales del reloj interno de su ordenador, haga clic sobre el botón **Cambiar fecha y hora**. En el cuadro de diálogo Valores de fecha y hora, podrá especificar el mes y el año actual seleccionándolo en el calendario correspondiente de la sección Fecha, hacer clic sobre cualquiera de los días del calendario del mes seleccionado y escribir el nuevo valor de la hora en el cuadro de texto situado debajo de la representación del reloj en el lateral izquierdo del cuadro. Una vez completados sus cambios, haga clic sobre el botón **Aceptar** para regresar al cuadro de diálogo Fecha y hora.

**Figura 4.46.** El cuadro de diálogo Fecha y hora.

Para cambiar la zona horaria en la que se encuentra situado su ordenador, haga clic sobre el botón **Cambiar zona horaria**. Un nuevo cuadro de diálogo aparecerá en pantalla mostrándole una lista desplegable donde podrá seleccionar la zona horaria correspondiente a su país. A continuación, active la casilla de verificación Ajustar el reloj automáticamente al horario de verano. No importa si se encuentra trabajando en las Montañas Rocosas o en Nueva Caledonia. Windows 7 mantendrá siempre la hora correcta en su ordenador. La ficha Relojes adicionales del cuadro de diálogo Fecha y hora, le permitirá definir hasta dos relojes adicionales que reflejarán la hora actual en distintas regiones horarias en las que pueda estar interesado. Simplemente, active la casilla de verificación Mostrar este reloj, seleccione la franja horaria deseada en la lista desplegable correspondiente y escriba el nombre que desea mostrar en el cuadro de texto contiguo. La figura 4.47 muestra un ejemplo.

Finalmente, la ficha Hora de Internet del cuadro de diálogo Fecha y hora, le permitirá sincronizar su ordenador con los sistemas horarios disponibles en la red de Internet. Si lo desea, haga clic sobre el botón **Cambiar la configuración** y, en el cuadro de diálogo Configuración de hora de Internet, active la casilla de verificación Sincronizar con un servidor horario de Internet, seleccione el servidor deseado en la lista desplegable correspondiente y haga clic sobre el botón **Actualizar ahora**.

**Figura 4.47.** Windows 7 puede mostrar la hora actual en tres franjas horarias diferentes de forma simultánea.

## 4.8.6. Configuración regional y de idioma

En la ventana Reloj, idioma y región del Panel de control de Windows 7 (a la que se accede haciendo clic sobre la opción del mismo nombre), el vínculo Configuración regional y de idioma nos lleva a un cuadro de diálogo donde podremos configurar los distintos formatos numéricos, de moneda, de teclado, de idioma, etc. para el correcto funcionamiento de nuestro sistema operativo (figura 4.48). Este cuadro de diálogo se divide en las siguientes fichas:

- **Formatos**. Define los formatos numéricos, de moneda, de hora y de fecha correspondientes a la ubicación donde se encuentre nuestro ordenador.
- **Ubicación**. Permite que algunos programas muestren información específica (por ejemplo, información local, noticias o información meteorológica) de la ubicación en la que nos encontremos.
- **Teclados e idiomas**. Define la configuración de nuestro teclado y el idioma que deseamos utilizar para menús y cuadros de diálogo en nuestras aplicaciones.
- **Administrativo**. Esta sección controla la configuración regional que se aplica en programas que no siguen los estándares Unicode internacionales.

**Figura 4.48.** El cuadro de diálogo
Configuración regional y de idioma.

## 4.8.7. Centro de accesibilidad

El centro de accesibilidad nos ofrece toda una serie de opciones para mejorar y facilitar el uso del ordenador bajo distintas condiciones de discapacidad física o motora. Para abrir esta herramienta, haga clic por este orden sobre las opciones Accesibilidad y Centro de accesibilidad del Panel de control de Windows 7. En la ventana que aparece en pantalla, podemos observar una primera sección etiquetada con el nombre Acceso rápido a herramientas comunes que, a través de un simple clic, nos permitirá activar las principales herramientas de accesibilidad de Windows: Iniciar Lupa (para mostrar una lupa que aumenta el tamaño del contenido de la pantalla), Iniciar Narrador (herramienta que leerá el texto de la pantalla en voz alta), Iniciar Teclado en pantalla (para poder utilizar el ratón para manejar un teclado virtual en la pantalla del ordenador) y Configurar Contraste alto (para establecer una configuración visual para la pantalla de Windows de alto contraste).

Debajo, encontrará una lista con todas las opciones de configuración de accesibilidad que le pueden ayudar a la hora de controlar mejor su equipo:

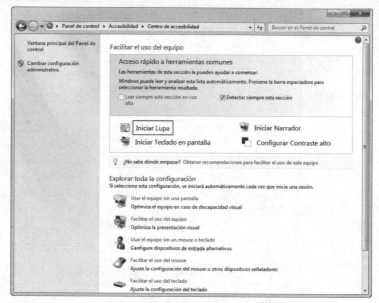

**Figura 4.49.** Centro de accesibilidad.

- **Usar el equipo sin una pantalla.** Activa la utilización de un narrador para leer texto en voz alta, descripciones de audio para saber lo que está sucediendo en los vídeos, desactivar el uso innecesario de animaciones o definir el tiempo de duración de los mensajes de notificación de Windows.

- **Facilitar el uso del equipo.** Bajo esta sección, encontrará opciones para elegir combinaciones de colores de alto contraste, leer texto y descripciones en voz alta, aumentar el tamaño de los objetos en la pantalla y, en general, facilitar la visión de los objetos de la pantalla.

- **Usar el equipo sin un mouse o teclado.** Esta opción está ideada para poder manejar el ordenador con un dispositivo señalador de teclado en pantalla o sustituir el uso del ratón y el teclado por las características de reconocimiento de voz de Windows.

- **Facilitar el uso del mouse.** Incluye distintos tipos de configuraciones de tamaño y color del puntero del ratón, el uso del puntero del ratón desde el teclado u opciones para facilitar el cambio entre ventanas.

- **Facilitar el uso del teclado.** En esta sección, encontramos también la posibilidad de manejar el puntero del ratón con las teclas de dirección del teclado, la activación de teclas especiales, el empleo de avisos sonoros al presionar las teclas **BloqMayús**, **BloqNúm** o **BloqDespl**, el uso de filtros para desactivar la repetición del teclado o facilitar el uso de métodos abreviados de teclado.

- **Usar texto o alternativas visuales para los sonidos.** Contiene opciones que controlan la sustitución de algunas advertencias sonoras de Windows 7 por advertencias visuales en la pantalla del ordenador.

- **Facilitar el trabajo con tareas.** Contiene una serie de ayudas para mejorar las labores de lectura y escritura en el ordenador, entre otras.

## 4.8.8. Reconocimiento de voz

La herramienta de reconocimiento de voz de Windows permite manejar todas las funciones de nuestro ordenador prácticamente sin recurrir al teclado, el ratón o cualquier otro sistema apuntador similar. Basta con proporcionar al sistema nuestras órdenes a través de un micrófono.

En el Panel de control, haga clic sobre la opción Accesibilidad y, a continuación, sobre el vínculo reconocimiento de voz.

La primera tarea que deberá llevar a cabo es configurar su equipo para que funcione correctamente con la herramienta de reconocimiento de voz. Esta operación incluye la configuración del micrófono conectado a su equipo y el "adiestramiento" del sistema para que sea capaz de reconocer claramente su voz. Haga clic sobre el vínculo Iniciar reconocimiento de voz para iniciar el proceso.

El primer cuadro de diálogo es meramente informativo. Haga clic sobre el botón **Siguiente** para continuar. A continuación, seleccione el tipo de micrófono que desea utilizar: de auricular, de escritorio u otros, activando el botón de opción correspondiente y haga clic sobre el botón **Siguiente**.

Antes de proceder a la configuración, el asistente le mostrará algunas indicaciones sobre el uso y colocación correcta del micrófono. Cuando esté preparado para continuar, haga clic sobre el botón **Siguiente**.

Conecte su micrófono y lea las oraciones que aparecen en pantalla en voz alta (véase la figura 4.50). Cuando haya terminado, haga clic sobre el botón **Siguiente**. Si la configuración consigue realizarse con éxito, un nuevo cuadro de diálogo le informará de que su micrófono está listo para utilizarse en el equipo. Haga clic sobre el botón **Siguiente** para poder continuar.

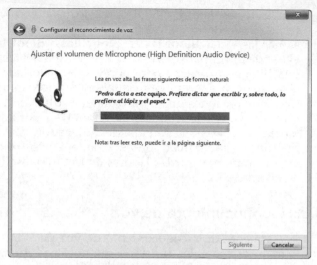

**Figura 4.50.** Ajuste del micrófono.

Un nuevo cuadro de diálogo le ofrecerá la posibilidad de mejorar el reconocimiento de voz de su equipo revisando sus documentos y mensajes de correo electrónico en busca de las palabras y frases que suele utilizar. Si desea activar esta opción, haga clic sobre la opción Habilitar la revisión de documentos. Cuando haya elegido su opción, haga clic sobre el botón **Siguiente**.

El siguiente cuadro de diálogo le permitirá elegir el modo de activación de la herramienta de reconocimiento de voz: manual (a través del Panel de control) o habilitar la activación por voz. Seleccione la opción que desee y haga clic sobre el botón **Siguiente**.

El siguiente cuadro de diálogo, le informa de la existencia de un documento que recoge los principales comandos de voz que se pueden utilizar con la herramienta de reconocimiento. Si desea examinar dicho documento, haga clic sobre el botón **Ver hoja de referencia**. De esta forma, se abrirá una ventana con la herramienta Ayuda y soporte técnico de Windows donde se recogen, organizados por categorías, los principales comandos de reconocimiento de voz disponible.

Para continuar con el asistente de configuración, haga clic sobre el botón **Siguiente** en el cuadro de diálogo Configurar reconocimiento de voz. El siguiente paso, le permitirá definir si desea ejecutar automáticamente el reconocimiento de voz cada vez que se inicie su equipo. En caso afirmativo, active la casilla de verificación del cuadro de diálogo y haga clic sobre el botón **Siguiente**.

Llegados a este punto, su sistema ya estará preparado para empezar a utilizar la herramienta de reconocimiento de voz. Un último cuadro de diálogo, le aconseja sobre la conveniencia de realizar un tutorial que le guiará paso a paso por todas las funciones y posibilidades del programa. Si desea iniciar dicho tutorial, haga clic sobre el botón **Iniciar tutorial**. En caso contrario, haga clic sobre el botón **Omitir tutorial**. No obstante, tendrá la oportunidad de realizar este tutorial en cualquier momento haciendo clic sobre el vínculo Ver el tutorial de reconocimiento de voz de la ventana Reconocimiento de voz del Panel de control. Una vez iniciado el tutorial, podrá realizar todo el trabajo desde su micrófono. Siga las instrucciones que le proporciona el programa y aprenda las técnicas necesarias para sacar el máximo rendimiento de la herramienta (véase la figura 4.51).

Al finalizar el asistente, la herramienta de reconocimiento de voz se activará de forma automática. Un pequeño panel de control, aparecerá en el borde superior de la pantalla, donde se nos mostrarán todos los eventos que vayan produciéndose en la herramienta (véase la figura 4.52).

Para iniciar la herramienta en cualquier momento, escriba su nombre en el cuadro de búsqueda del menú Inicio o haga clic sobre el vínculo Reconocimiento de voz de Windows de la subcarpeta Todos los programas>Accesorios>Accesibilida d del mismo menú.

Si en algún momento percibe problemas en el reconocimiento de voz de su equipo o piensa que la herramienta no funciona adecuadamente, puede mejorar las capacidades de interpretación del programa utilizando dos de las opciones disponibles en la ventana Reconocimiento de voz del Panel de control:

- Configurar micrófono. Vuelve a abrir la herramienta de configuración de su micrófono, donde podrá elegir el tipo de micrófono que está utilizando y realizar un entrenamiento previo de reconocimiento de voz.
- Entrenar el equipo para que le entienda mejor. Esta herramienta, le permitirá leer un texto para aumentar la capacidad de reconocimiento de su equipo. De esta forma, conseguirá mejorar la precisión de sus dictados.

Dominar el manejo de su ordenador mediante reconocimiento de voz, es principalmente cuestión de entrenamiento. Es muy aconsejable que realice el tutorial de reconocimiento y que imprima y vaya conociendo los comandos de reconocimiento de voz disponibles en la tarjeta de referencia de voz (puede abrir esta ventana de ayuda haciendo clic sobre la opción **Abrir la Tarjeta de referencia de reconocimiento de voz** de la ventana **Reconocimiento de voz** del Panel de control de Windows.

**Figura 4.51.** El tutorial de reconocimiento de voz de Windows 7.

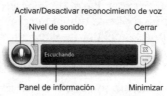

**Figura 4.52.** Panel de control de la herramienta de reconocimiento de voz.

A modo de ejemplo, intente realizar el siguiente ejercicio como práctica de las operaciones que se pueden realizar con la herramienta de reconocimiento de voz de Windows 7:

1. Abra, la herramienta de reconocimiento de voz.
2. Pronuncie "Activar reconocimiento de voz" para activar la herramienta o haga clic sobre el botón de activación en el lateral izquierdo del panel de la herramienta.

3. Pronuncie las palabras "Menú de Inicio" para desplegar el menú Inicio.

4. Pronuncie las palabras "WordPad". Si WordPad se encuentra ya en el panel de vínculos reciente, esto será suficiente. En caso contrario, puede que necesite pronunciar nuevamente las palabras "WordPad" para ejecutar el programa.

6. Pronuncie las palabras "Esta es una prueba de la herramienta de reconocimiento de voz de Windows siete" para escribir este texto en el área de trabajo de WordPad.

7. Pronuncie la palabra "PUNTO" para insertar el punto final.

8. Pronuncie la palabra "Menú" para abrir el menú de la aplicación.

9. Pronuncie las palabras "Guardar " para ejecutar el comando Guardar.

10. Pronuncie las palabras "Prueba de reconocimiento de voz" para asignar este nombre al archivo de texto. Es posible que el sistema le pida confirmación para elegir la combinación de mayúsculas y minúsculas que desea asignar al nombre del archivo donde va a almacenar el documento de WordPad. Pronuncie el número correspondiente a la opción que desee y, si es necesario, diga las palabras "Aceptar" para cerrar el cuadro de diálogo.

11. Pronuncie las palabras "Guardar" para guardar el archivo (equivalente a hacer clic sobre el botón Guardar).

12. Pronuncie las palabras "Cerrar" para cerrar la ventana de WordPad.

13. Pronuncie las palabras "Desactivar reconocimiento de voz" para desactivar la herramienta reconocimiento de voz.

# 5

# Exploración y gestión de archivos

## 5.1. Introducción

Una de las labores fundamentales de cualquier sistema operativo es permitir la navegación y gestión del sistema de archivos y carpetas que conforman las unidades de disco disponibles en el ordenador. Windows 7 pone a nuestra disposición un completo sistema de gestión que nos ofrece la posibilidad de examinar y modificar la estructura de carpetas y archivos (copiar, mover y eliminar carpetas y archivos, cambiarlos de nombre, editar sus propiedades, etc.), así como ejecutar aplicaciones. Este sistema de exploración de archivos se encuentra disponible a través de una aplicación llamada Explorador de Windows que, como norma general, queda oculta a los ojos del usuario ya que se manifiesta a través de ventanas de navegación para las que existen atajos y accesos directos repartidos por todo el sistema. Estas ventanas de navegación representan dispositivos físicos o carpetas que se encuentran almacenadas dentro del disco duro de nuestro ordenador. Uno de estos accesos más significativos es la ventana Equipo (que se encuentra en el panel de vínculos del menú Inicio), similar a otras muchas ventanas de navegación tales como la ventana Bibliotecas que dispone de un botón en la barra de tareas o las ventanas Documentos, Imágenes o Música, también accesibles desde el panel de vínculos del menú Inicio.

## 5.2. Ventanas de navegación

La interfaz del Explorador de Windows la representan las ventanas de navegación. Como ya hemos visto, uno de los principales exponentes de las ventanas de navegación, es la ventana

Equipo, que se puede abrir mediante su vínculo en el menú Inicio o escribiendo su nombre en el cuadro de búsqueda del mismo menú. Cuando abra esta ventana, verá en la pantalla de su ordenador una ventana similar a la que ilustra la figura 5.1.

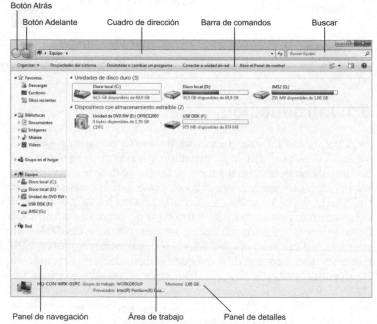

**Figura 5.1.** La ventana Equipo.

Las ventanas navegación se componen de diversos elementos de información. Como puede apreciarse en la figura 5.1. El espacio de trabajo de la ventana, muestra una lista con todos los dispositivos, carpetas y archivos contenidos en la ubicación seleccionada en cada momento. Este contenido irá cambiando dependiendo del elemento actualmente seleccionado en el panel de navegación, en el lateral izquierdo de la ventana (el panel de navegación es una lista en forma de árbol de la estructura de discos, carpetas, subcarpetas y otros tipos de elementos destacables del entorno) o a través del cuadro de dirección situado en el borde superior.

Los elementos principales que encontramos cuando abrimos una ventana de navegación como la ventana Equipo de Windows son los siguientes:

- **Botones Atrás y Adelante.** Sirven para navegar por las distintas carpetas que vayamos abriendo durante una sesión de exploración.
- **Cuadro de dirección.** Permite escribir una ruta de acceso a una carpeta determinada en la forma tradicional (por ejemplo, `C:\Windows\System32`). Una vez localizada la carpeta específica, este cuadro de dirección nos mostrará los componentes principales de la ruta especificada (en el caso del ejemplo anterior, `Disco local (C:)`, `Windows` y `Sistem32` y un icono en forma de punta de flecha ▸ a la derecha de cada uno de estos componentes que abre una lista desplegable donde encontraremos todas las carpetas disponibles en él. Ese mismo icono, en el extremo izquierdo de la lista de componentes, es un acceso directo a los componentes básicos del propio sistema: el escritorio, las bibliotecas, el grupo Hogar, la ventana Equipo, el Panel de control, la Papelera de reciclaje, etc.

  En el extremo derecho, el icono ▾ del cuadro de dirección, abre a su vez un listado con las carpetas y ubicaciones que se han introducido manualmente en las últimas sesiones de trabajo en el Explorador de Windows. El icono ▾ situado fuera del cuadro de dirección, en el lateral izquierdo, abre una lista de páginas recientes visitadas solamente en la sesión de trabajo actual. Así pues, estos dos iconos tienen como objetivo intentar facilitar la recuperación rápida de ubicaciones frecuentes con las que ha trabajado el usuario respectivamente en todas sus sesiones con el programa o sólo en la sesión actual.

  Finalmente, un último icono situado en el extremo derecho del cuadro de dirección ↻, sirve para actualizar el contenido de la ventana de navegación cuando hayamos realizado algún cambio sobre ella.
- **Buscar.** Este cuadro de texto, permite introducir un criterio de búsqueda para localizar un archivo o carpeta determinada en la ruta actualmente especificada. Estudiaremos con más profundidad esta herramienta más adelante en este mismo capítulo.
- **Barra de comandos.** Debajo del cuadro de dirección, aparece una barra de comandos con diferentes botones que nos ofrecen un acceso directo a las opciones de trabajo más frecuentes de la aplicación. Esta barra de comandos cambiará su contenido según el tipo de elemento seleccionado en cada momento en la ventana Equipo.

- **Panel de navegación.** Contiene una serie de vínculos directos a las carpetas o elementos más significativos del entorno: favoritos, bibliotecas, grupo Hogar, equipo, entorno de red, etc.
- **Área de trabajo.** Muestra información sobre las carpetas, archivos o elementos auxiliares de la carpeta actualmente seleccionada en el panel de navegación.
- **Panel de detalles.** Una barra de estado situada en la parte inferior de la ventana de navegación que presenta información adicional relativa a las carpetas o archivos seleccionados (número de objetos, tamaño de la selección, espacio libre en las unidades de disco, etc.).

Es interesante destacar la función de algunos de los botones de la barra de comandos de las ventanas de navegación:

El botón **Organizar** muestra un menú desplegable con las principales opciones de gestión de archivos que nos ofrece la herramienta, así como algunas opciones de diseño y configuración:

- Cortar, Copiar y Pegar. Permite copiar, cortar y pegar el elemento (carpeta o archivo) actualmente seleccionado o copiado en el Portapapeles.
- Deshacer y Rehacer. Deshace o vuelve a rehacer la última operación realizada en la ventana.
- Seleccionar todo. Selecciona todos los elementos disponibles en la carpeta actualmente seleccionada en la ventana.
- Diseño. Un submenú que permite configurar los elementos que deseamos que aparezcan en la composición de la ventana de navegación: Barra de menús (la barra de menús clásica de las antiguas aplicaciones Windows), Panel de detalles (el panel de información que aparece en el borde inferior de la ventana), Panel de vista previa (un panel que se coloca en el lateral derecho de la ventana y que muestra una vista preliminar del elemento actualmente seleccionado, tal como ilustra la figura 5.2) y Panel de navegación (el panel del lateral izquierdo de la ventana).
- Opciones de carpeta y búsqueda. Permite establecer determinadas opciones de configuración para la carpeta actualmente seleccionada. Al ejecutar este comando, se abrirá un cuadro de diálogo dividido en cuatro fichas independientes:

**Figura 5.2.** Panel de vista previa de la ventana de navegación.

- **Eliminar.** Borra el archivo o carpeta actualmente seleccionado en la ventana de navegación.
- **Cambiar nombre.** Permite renombrar el elemento actualmente seleccionado en la ventana.
- **Propiedades** y **Quitar propiedades.** Permite establecer o eliminar respectivamente las distintas propiedades de sistema del elemento actualmente seleccionado.
- **Cerrar.** Cierra la ventana de navegación.

El botón **Nueva carpeta** crea una nueva carpeta que se localizará en la ubicación actualmente seleccionada en la ventana de navegación.

El botón **Cambie la vista** de la barra de comandos de la ventana de navegación, establece el formato de presentación de los elementos en el área de trabajo de dicha ventana. Al hacer clic sobre el botón, iremos rotando las distintas opciones de presentación. Si deseamos seleccionar una opción en concreto, haremos clic sobre el icono en forma de punta de flecha situado a la derecha de dicho botón y realizaremos nuestra elección haciendo clic sobre el icono correspondiente. Las opciones disponibles son:

- **Iconos muy grandes, Iconos grandes, Iconos medianos** e **Iconos pequeños.** Muestra los iconos de los elementos de la carpeta (o su contenido, dependiendo del tipo de

**167**

elemento del que se trate) junto con el nombre utilizando distintos tamaños de representación.

- **Lista.** Muestra una lista ordenada de los objetos con iconos pequeños.
- **Detalles.** Muestra una lista de objetos con iconos pequeños e incluye información adicional como tamaño, tipo y fecha de modificación del elemento.
- **Mosaicos.** Muestra simplemente los iconos, el nombre y la información de los distintos objetos, utilizando iconos de tamaño medio.
- **Contenido.** Una lista de iconos medianos con el nombre de los distintos objetos y una completa información del mismo. En el caso de archivos de imagen, esta información puede incluir aspectos tales como el tipo de imagen, sus dimensiones, su fecha de captura y su tamaño. En el caso de archivos de música, veremos su título, autor, álbum al que pertenece, género musical, duración, tamaño, etc.

El panel de navegación de las ventanas de navegación, ocupa todo el lateral izquierdo de las mismas. Como hemos visto, su presentación se puede activar o desactivar mediante el comando **Panel de navegación** del submenú **Diseño** del menú del botón **Organizar**, aunque su presencia puede ayudarnos enormemente a la hora de recorrer carpetas y navegar por el entramado de dispositivos y ubicaciones de nuestro sistema.

Como vemos en la figura 5.1, en el panel de navegación vemos varios grupos de elementos claramente diferenciados y separados físicamente entre sí:

- **Favoritos.** Incluye de forma predeterminada accesos directos a la carpeta `Descargas`, al escritorio de Windows y a la carpeta de sitios recientes. Podemos añadir a esta categoría cualquier otro elemento al que necesitemos recurrir con frecuencia.
- **Bibliotecas.** Contiene todas las bibliotecas del sistema: **Documentos, Imágenes, Música** y **Vídeos** por defecto.
- **Grupo en el hogar.** Todos los equipos y sus ubicaciones compartidas que se encuentran conectados al grupo Hogar.
- **Equipo.** De él cuelgan todas las unidades de disco y unidades extraíbles conectadas al equipo y todo su contenido correspondiente.
- **Red.** Si el ordenador se encuentra conectado a otras redes de ordenadores además del grupo Hogar, debajo

de este icono encontraremos todos los equipos de dicha red y sus contenidos compartidos.

Cuando situamos el puntero del ratón sobre el panel de navegación, apreciamos dos tipos de iconos que aparecen a la izquierda de los distintos elementos que lo componen. El icono ◢ indica un dispositivo, carpeta u objeto abierto o expandido que muestra su contenido en el propio panel de navegación debajo del elemento correspondiente, ligeramente desplazado hacia la derecha (véase, por ejemplo el icono Equipo en la figura 5.1). Un icono del tipo ▷ indica que el elemento al que pertenece tiene algún tipo de contenido en su interior que se encuentra oculto o contraído.

Para expandir un elemento contraído, haga clic sobre su icono ▷ o doble clic sobre el icono del elemento o sobre su nombre. De forma similar, para comprimir un elemento expandido, haga clic sobre su icono ◢ o doble clic sobre el icono del elemento o sobre su nombre.

Si hace clic directamente sobre el icono de la ubicación o sobre su nombre, se mostrará su contenido en el área de trabajo de la ventana.

## 5.2.1. La ventana Equipo

La ventana Equipo (véase la figura 5.1), muestra un resumen de todos los discos duros, discos extraíbles y demás tipos de dispositivos de almacenamiento conectados directamente al ordenador.

Para abrir la ventana Equipo, haga clic sobre su nombre en el panel de vínculos del menú Inicio, haga clic sobre su icono en el panel de navegación de cualquier ventana de navegación, selecciónela en la lista desplegable que aparece al hacer clic sobre el icono ▸ en el extremo izquierdo del cuadro de dirección de cualquier ventana de navegación, escriba su nombre en el propio cuadro de dirección o en cualquier cuadro de texto de búsqueda, etc.

Las formas de acceder a cualquier ubicación en el sistema de navegación de Windows, como verá, pueden ser muy variadas y diversas.

Algunos de los iconos habituales que pueden encontrarse sobre el área de trabajo de la ventana Equipo de Windows 7 son los siguientes:

▤ Unidad de disco duro. Unidad de sistema o de arranque donde se encuentra instalado Windows 7.

Unidad de disco duro que no es unidad de sistema o de arranque o una unidad de disco externa. Puede ser cualquier disco físico adicional o una partición de cualquier disco.

Unidad de almacenamiento extraíble, como por ejemplo una unidad flash USB o similar.

Unidad lectora/grabadora de DVD. Representa la unidad cuando no se ha introducido ningún disco.

Una unidad de DVD con un disco que contiene un paquete de instalación de software como Microsoft Office.

Una unidad de DVD con un disco de música. Habitualmente, cuando introducimos un disco de música en la unidad de nuestro equipo, se inicia automáticamente su reproducción en el Reproductor de Windows Media.

Una unidad de DVD con un disco en su interior que puede ser una película, un disco de datos o cualquier otro contenido similar.

Este icono representa una cámara digital o cualquier dispositivo de captura de imágenes similar conectado al equipo.

Una unidad de red. Una carpeta o dispositivo compartido en otro equipo de la red al que se ha establecido una conexión permanente o temporal mientras dure la sesión inicial de trabajo en el ordenador.

Aparte de los botones habituales que encontramos en la barra de comandos de las principales ventanas de navegación que ya describimos en la sección 5.2, la ventana Equipo nos ofrece otros botones habituales cuyo cometido es el siguiente:

- **Propiedades del sistema.** Abre la ventana Sistema del Panel de control de Windows 7, con información sobre la versión de Windows, las características del sistema, la configuración del equipo en la red, el estado de activación del equipo, etc.

- **Desinstalar o cambiar un programa.** Un acceso rápido a la ventana Programas y características del Panel de control de Windows 7, desde donde podremos desinstalar rápidamente cualquiera de las aplicaciones externas que tengamos instalada en nuestro sistema operativo, cambiar su contenido o reparar su instalación en caso de que algo no esté funcionando como debiera.

- **Conectar a unidad de red.** Permite conectar cualquier unidad de cualquiera de los equipos de la red a la que pertenece el ordenador para que aparezca en la ventana Equipo como una unidad de disco más.
- **Abrir el Panel de control.** Este botón abre la ventana del Panel de control, desde el que se puede administrar el comportamiento del sistema operativo (véase el capítulo 4).

Cuando se encuentra seleccionado algún dispositivo en el área de trabajo de la ventana Equipo, pueden aparecer nuevos botones en la barra de comandos de la ventana como, por ejemplo:

- **Propiedades.** Abre el cuadro de diálogo de propiedades del elemento donde, por ejemplo en el caso de un disco duro, tendremos acceso a determinadas operaciones de interés tal como abrir el Liberador de espacio en disco, realizar una comprobación del disco, desfragmentarlo o hacer una copia de seguridad, compartir la unidad para que esté accesible en la red de ordenadores a la que se encuentra conectada el equipo, etc.
- **Expulsar.** Permite expulsar un disco introducido en una unidad de DVD o extraer con seguridad un dispositivo USB conectado al equipo como una unidad de memoria flash USB.

*Nota: Las opciones disponibles en la barra de comandos de las ventanas de navegación varían enormemente dependiendo del elemento seleccionado en cada momento, siempre intentando facilitar al usuario las operaciones más frecuentes que puedan llevarse a cabo con dicho elemento.*

## 5.2.2. Bibliotecas

La ventana Bibliotecas (véase la figura 5.3) es un acceso a las distintas bibliotecas de documentos y archivos multimedia que se encuentran almacenadas en nuestro equipo y a las que también se podrá acceder desde otros equipos del grupo Hogar si se encuentra configurado de la forma apropiada.

La forma más habitual de abrir la ventana Bibliotecas es hacer clic sobre el icono del Explorador de Windows 🖼 que se encuentra anclado a la barra de tareas de forma predeterminada en Windows 7. También se puede acceder a ella haciendo clic sobre su icono en el panel de navegación de cualquier ventana de navegación o escribiendo su nombre en cualquier cuadro de texto de búsqueda.

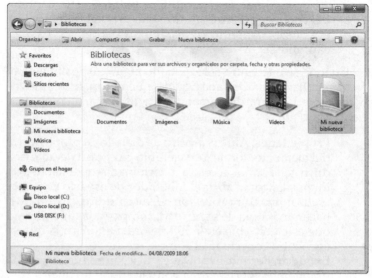

**Figura 5.3.** La ventana Bibliotecas.

Los iconos habituales que se encuentran sobre el área de trabajo de la ventana **Bibliotecas** de Windows 7 son:

**Documentos.** En esta biblioteca se almacenan los documentos con los que se trabaja en las distintas aplicaciones del equipo. Entre otros, se suelen almacenar en esta biblioteca los documentos digitalizados, faxes, documentos de tratamientos de texto, etc.

**Imágenes.** En esta biblioteca se almacenan imágenes. Por defecto, Windows incluye en esta biblioteca una carpeta de imágenes de muestra.

**Música.** En esta biblioteca se pueden almacenar todos los archivos de música del sistema. Por defecto, Windows 7 incluye una carpeta de música de muestra con varios temas musicales.

**Vídeo.** En esta biblioteca se pueden almacenar todos los archivos de vídeo del sistema. Por defecto, Windows 7 incluye una carpeta de vídeos de muestra con un breve fragmento de vídeo sobre naturaleza.

**Bibliotecas personalizadas**. En cualquier momento, podemos crear una biblioteca personalizada para almacenar nuestros propios contenidos.

Aparte del botón **Organizar** que encontramos en la barra de comandos de otras ventanas de navegación, en la ventana Bibliotecas vemos el botón **Nueva biblioteca**, cuyo objetivo es iniciar la creación de una biblioteca personalizada. Al hacer clic sobre este botón, aparece en el área de trabajo de la ventana un nuevo icono con una etiqueta de nombre lista para su edición. Escriba el nombre que desea asignar a la nueva biblioteca y pulse la tecla **Intro** para validar los cambios.

Una biblioteca nueva, carecerá de contenido hasta que le asignemos alguna carpeta donde se almacenarán los archivos personalizados de dicha biblioteca. Haga doble clic sobre el icono de la nueva biblioteca o haga clic para seleccionarlo y, a continuación, clic sobre el botón **Abrir** de la barra de comandos de la ventana (véase la figura 5.4).

Un mensaje en el borde superior del área de trabajo, indicará que la biblioteca se encuentra vacía. Haga clic sobre el botón **Incluir una carpeta** para asignar contenido a la biblioteca.

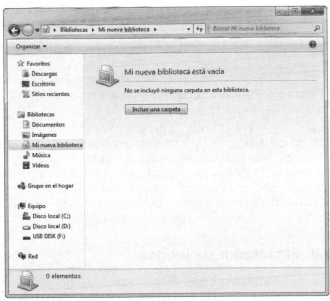

**Figura 5.4.** Una biblioteca vacía.

En el cuadro de diálogo Incluir carpeta en *nombre de biblioteca*, localice la carpeta que desea asociar a la nueva biblioteca, selecciónela y haga clic sobre el botón **Incluir carpeta**.

Una vez que la biblioteca tenga asociada alguna carpeta, cuando la abramos en una ventana de navegación, aparecerá su nombre en el borde superior del área de trabajo e, inmediatamente después, el número de ubicaciones (carpetas que contiene). Si hacemos clic sobre el vínculo que se representa en dicho número, se abrirá el cuadro de diálogo Ubicaciones de biblioteca *nombre de biblioteca* (figura 5.5) desde donde podrá gestionar la forma de recopilar contenido para la biblioteca.

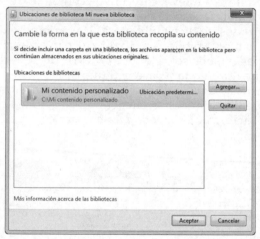

**Figura 5.5.** El cuadro de diálogo Ubicaciones de biblioteca.

Haga clic sobre el botón **Agregar** para abrir nuevamente el cuadro de diálogo Incluir carpeta en *nombre de biblioteca* y seleccione una nueva ubicación para la biblioteca. Si desea eliminar una ubicación ya existente, selecciónela en la lista del cuadro de diálogo y haga clic sobre el botón **Quitar**.

Cuando haya terminado de trabajar con el cuadro de diálogo, haga clic sobre el botón **Aceptar** para validar los cambios.

## 5.2.3. Explorador de juegos

La ventana de navegación Explorador de juegos (véase la figura 5.6) es una ventana especialmente configurada donde se recoge información y herramientas sobre los juegos del sistema.

**174**

**Figura 5.6.** La ventana del Explorador de juegos.

Habitualmente, abrirá la ventana del Explorador de juegos haciendo clic sobre el vínculo Juegos del panel de vínculos del menú Inicio de Windows, aunque también puede acceder a esta ventana escribiendo su nombre en cualquier cuadro de búsqueda del sistema.

En el área de trabajo de la ventana, podemos ver un icono para cada uno de los juegos instalados por defecto en Windows 7, con un icono adicional llamado Más juegos de Microsoft que nos ofrece un acceso directo al sitio Web de Microsoft con varios juegos *online*.

De forma predeterminada, en la ventana Explorador de juegos no se muestra el panel de navegación y sí el panel de vista previa que, en este caso, tiene una funcionalidad especialmente interesante. Para activar o desactivar la presentación del panel de vista previa en esta y cualquier otra ventana de navegación del sistema, puede hacer clic sobre el icono ▢ situado en el extremo derecho de la barra de comandos.

Como vemos en la figura 5.6, el panel de vista previa se divide en distintas fichas que recogen distintos tipos de informaciones:

🐾 Clasificación. Muestra la clasificación del juego, indicando a partir de qué edad está recomendado su uso.

■ **Rendimiento.** Permite comprobar si el juego funcionará correctamente en el equipo. Se indica la puntuación de rendimiento recomendada del juego, la puntuación básica mínima (bajo el epígrafe **Requerida**) y la puntuación actual del sistema, permitiendo de esta manera realizar las comparaciones necesarias para saber si el juego funcionará correctamente en Windows 7.

🏆 **Estadísticas.** Muestra distintos tipos de estadísticas sobre el juego, agrupándolas si corresponde según los distintos niveles disponibles en el juego. Entre las informaciones que puede mostrar esta sección pueden estar el mejor tiempo, número de juegos, juegos ganados, porcentaje de victorias, racha más larga de victorias o de derrotas, etc.*

■ **Noticias.** Cuando el icono seleccionado es **Más juegos de Microsoft**, esta ficha muestra un listado de los últimos juegos *online* disponibles en Microsoft.

Aparte de los botones habituales que encontramos en la barra de comandos de las principales ventanas de navegación que ya describimos en la sección 5.2, la ventana **Juegos** nos ofrece otros botones habituales cuyo cometido es el siguiente:

- **Opciones.** Abre un cuadro de diálogo para configurar las opciones de la ventana: búsqueda de actualizaciones y noticias sobre juegos, descarga de imágenes e información de juegos instalados, recopilación de información de los juegos jugados, etc.

- **Herramientas.** Un menú que permite acceder rápidamente a distintas ventanas del Panel de control con contenidos que pueden estar relacionados con la utilización de juegos tales como la instalación de dispositivos de juegos, el control de dispositivos de audio, el acceso al Firewall de Windows, etc.

- **Control parental.** Un acceso directo a la ventana de control parental para definir las condiciones de uso de los juegos para los distintos usuarios del sistema.

## 5.3. Operaciones básicas

Como hemos visto anteriormente, el panel de navegación de las ventanas de navegación muestra una estructura en forma de árbol de las unidades de disco, carpetas y elementos auxi-

liares de nuestro sistema, y nos permite seleccionar y acceder
a cualquier punto del mismo.

Cuando se selecciona cualquiera de los objetos representados en este panel, el programa genera una nueva lista en el
área de trabajo mediante el que nos presenta toda la información relativa al objeto en cuestión (véase la figura 5.7).

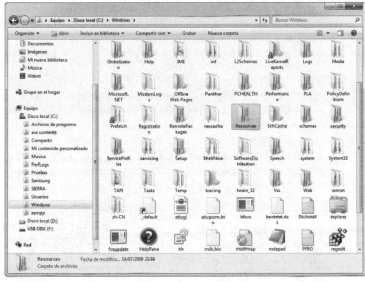

**Figura 5.7.** Carpeta seleccionada en el panel de navegación.

Como ya vimos anteriormente, para seleccionar un objeto
en particular dentro del panel de navegación, basta hacer clic
sobre él. Como la estructura de elementos de un sistema suele
ser compleja, normalmente no cabrá en el espacio de una sola
pantalla. Por tanto, frecuentemente resultará necesario utilizar
las barras de desplazamiento para poder acceder con el ratón
a un objeto determinado.

En el área de trabajo de una ventana de navegación, los
distintos objetos están representados generalmente por un
icono y una cadena de texto que describe su contenido. Para
muchos de estos elementos (carpetas, archivos de ayuda, archivos del sistema, etc.) se utilizan iconos predeterminados. Sin
embargo, también podemos encontrar archivos representados
por el icono de la aplicación a la que pertenecen o incluso por
el aspecto del elemento que contienen.

Antes de trabajar con cualquier objeto, el usuario deberá seleccionarlo. Para hacerlo, bastará con que sitúe sobre él el puntero del ratón y haga clic con el botón izquierdo. También es posible actuar sobre varios elementos de forma simultánea. Para seleccionar un grupo de elementos, es posible utilizar diferentes procedimientos:

Para seleccionar un grupo de objetos contiguos:

- Hacer clic sobre el primero de los objetos del grupo que se desee seleccionar, desplazar el puntero del ratón hacia el último de dichos objetos y hacer clic nuevamente sobre él con el botón izquierdo del ratón mientras se mantiene presionada la tecla **Mayús**.
- Seleccionar el primero de los objetos y, pulsando la combinación de teclas **Mayús-Flecha abajo**, ampliar la selección hasta el último de los elementos.
- Crear un recuadro de selección alrededor de todos los objetos. Para ello, el usuario deberá hacer clic sobre cualquiera de las esquinas de dicho recuadro y mantener presionado el botón del ratón mientras lo arrastra hasta abarcar todos los objetos que desee seleccionar.

Para seleccionar varios objetos independientes:

- Situar el puntero del ratón sobre los distintos objetos y hacer clic sobre ellos con el botón izquierdo mientras se mantiene presionada la tecla **Control**.
- Crear un rectángulo de selección alrededor de distintos grupos de objetos mientras se mantienen presionadas las teclas **Control** o **Mayús**.

## 5.3.1. Copiar y mover

Las ventanas de navegación ponen a disposición del usuario todas las ventajas de la interfaz gráfica de Windows 7 para las operaciones de movimiento y copia de archivos y carpetas.

Para copiar un elemento de una carpeta a otra en una ventana de navegación, haga clic sobre el icono correspondiente del área de trabajo y, manteniendo presionado el botón izquierdo del ratón, arrástrelo hasta soltarlo sobre la carpeta de destino en el panel de navegación, en el lateral izquierdo de la ventana. Así pues, antes de proceder a la copia, será conveniente asegurarse de que tanto el elemento que se desea copiar como la carpeta de destino se encuentran visibles dentro de la ventana.

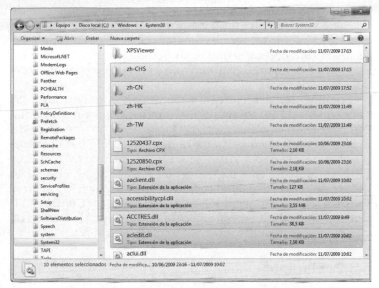

**Figura 5.8.** Un grupo de carpetas y archivos seleccionados en una ventana de navegación.

*Nota: Si no estuviera visible el panel de navegación en la ventana de navegación, ejecute el comando* Diseño>Panel de navegación *del menú del botón* **Organizar** *de la barra de comandos.*

Cuando se arrastra un icono entre carpetas de diferentes unidades de disco (o incluso entre distintos ordenadores), un pequeño símbolo + acompañado del texto "Copiar a *Nombre carpeta destino*" aparece unido al puntero del ratón, indicando que el programa está preparado para realizar la copia del elemento. Sin embargo, cuando desplazamos un icono entre carpetas de la misma unidad de disco, el Explorador de Windows asume que la operación predeterminada es el movimiento y aparece el símbolo de una flecha unido al texto "Mover a *Nombre carpeta destino*". Para conseguir la copia de un elemento dentro de una misma unidad de disco, el usuario deberá mantener presionada la tecla **Control**. Al hacerlo, aparecerán nuevamente las pistas gráficas que nos indican que se va a realizar una operación de copia.

Para mover un elemento, es decir, eliminarlo de su posición original y copiarlo sobre la carpeta de destino, se utilizará un procedimiento muy similar al de la copia. En esta ocasión, el movimiento de un elemento dentro de una misma unidad de disco no requiere ninguna operación adicional. Sin embargo, cuando se intente mover un elemento entre distintas unidades de disco, será necesario mantener pulsada la tecla **Mayús**. De esta forma, desaparecerá el símbolo y el texto que denotan una operación de copia.

Finalmente, al igual que sucede con la mayoría de las aplicaciones de Windows, el Explorador pone a nuestra disposición los comandos Cortar, Copiar y Pegar (en el menú del botón **Organizar** de la barra de comandos) para realizar operaciones de copia y movimiento de archivos y carpetas. El procedimiento es el siguiente: en primer lugar, el usuario deberá seleccionar el elemento que desea mover o copiar y ejecutar respectivamente los comandos Cortar (**Control-X**) o Copiar (**Control-C**). A continuación, seleccionará la carpeta de destino y ejecutará el comando Pegar (**Control-V**).

## 5.3.2. Eliminar

A lo largo de nuestras sesiones de trabajo delante de Windows 7, veremos cómo el número de elementos almacenados en las carpetas de nuestro ordenador va creciendo pudiendo llegar a convertirse en un problema. La solución es eliminar la información que ya no resulte de utilidad. Sin embargo, en numerosas ocasiones, nos daremos cuenta de que después de haber eliminado un archivo, volvemos a necesitarlo. Windows 7 ha previsto un mecanismo especial conocido como *Papelera de reciclaje*, que facilita enormemente la tarea de recuperación de un elemento.

Para eliminar un elemento, uno de los mecanismos posibles es enviarlo directamente sobre el icono de la Papelera de reciclaje que se encuentra situado sobre el escritorio de Windows. Para ello, tendrá que redimensionar la ventana de navegación de manera que esté visible el elemento que desea eliminar en su interior y de tal forma que el icono de la Papelera de reciclaje del escritorio también esté accesible para poder arrastrar hasta él dicho elemento.

Conseguiremos el mismo resultado ejecutando el comando Eliminar del menú del botón **Organizar** de la barra de comandos de la ventana de navegación o pulsando la tecla **Supr**.

La ventana de navegación nos pedirá confirmación antes de llevar a cabo la operación, mediante un mensaje como el de la figura 5.9. Haga clic sobre el botón **Sí** para eliminar el elemento o sobre **No** para cancelar la operación.

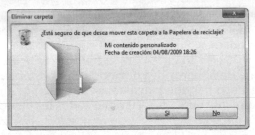

**Figura 5.9.** Confirmación para eliminar una carpeta.

Si inmediatamente después de eliminar un archivo nos damos cuenta de que hemos cometido un error, podemos utilizar el comando Deshacer del menú del botón **Organizar** de la ventana o pulsar la combinación de teclas **Control-Z** para solucionar el problema. Este comando, también es aplicable a otras operaciones de cualquier ventana de navegación, tales como la copia o el movimiento de un elemento que estudiamos en la sección anterior.

Sin embargo, lo más frecuente es que no nos demos cuenta de que necesitamos recuperar un elemento hasta algún tiempo después de haberlo eliminado. En esta ocasión, tendremos que recurrir a la Papelera de reciclaje.

Al hacer doble clic sobre el icono de la Papelera de reciclaje en el escritorio de Windows, aparecerá una ventana similar a la que se ilustra en la figura 5.10.

En el área de trabajo de la ventana, aparecerá una lista con todos los elementos eliminados desde la última vez que se vació la papelera.

Una vez localizado el elemento que deseamos recuperar, podremos copiarlo o moverlo hacia cualquiera de las carpetas del sistema, o bien hacer clic sobre el botón **Restaurar este elemento** de la barra de comandos (disponible solamente cuando tenemos seleccionado un elemento en la Papelera de reciclaje) para recuperar su ubicación original. Este botón resulta de gran utilidad cuando eliminamos una carpeta que contiene a su vez varios archivos o carpetas, ya que permite recuperar automáticamente todo su contenido.

Mantener un elemento en la Papelera de reciclaje, no libera el espacio que éste ocupa en el disco duro. Así pues, no podemos pretender que los archivos eliminados permanezcan indefinidamente en la papelera en previsión de que puedan resultar necesarios en un momento determinado. Para eliminar definitivamente un elemento de la Papelera de reciclaje, lo seleccionaremos y ejecutaremos nuevamente el comando **Eliminar** del menú del botón **Organizar** o, pulsaremos la tecla **Supr**. También podemos eliminar todo el contenido de la Papelera de reciclaje haciendo clic sobre el botón **Vaciar la Papelera de reciclaje** de la barra de comandos. No obstante, antes de ejecutar este comando, conviene asegurarse por última vez de que realmente deseamos eliminar todos los elementos que contiene la papelera.

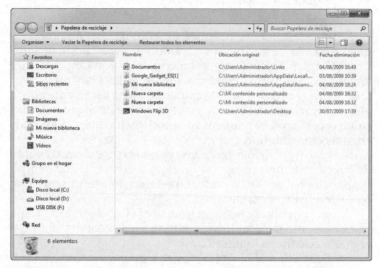

**Figura 5.10.** La ventana de la Papelera de reciclaje.

*Nota: En cualquier momento, puede eliminar directamente un archivo o carpeta (sin enviarlo a la Papelera de reciclaje) seleccionándolo y pulsando a continuación la combinación de teclas **Mayús-Supr**.*

## 5.3.3. Crear carpetas

Otra de las operaciones interesantes que nos permite realizar una ventana de navegación es la creación de nuevas carpetas en la estructura de objetos de nuestro sistema.

Para crear una nueva carpeta simplemente seleccionaremos en la ventana la carpeta o dispositivo sobre el que la deseamos colocar (puede ser el propio escritorio, una unidad de disco o cualquiera de las carpetas ya existentes en el árbol de carpetas del ordenador) y, a continuación, haremos clic sobre el botón **Nueva carpeta** de la barra de comandos. Al hacerlo, una nueva carpeta aparecerá en el área de trabajo de la ventana, con el nombre *Nueva carpeta* listo para ser editado (figura 5.11).

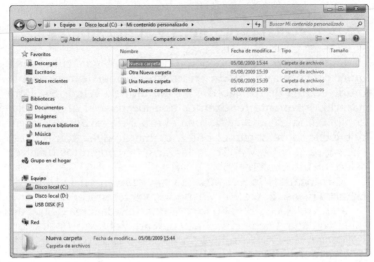

**Figura 5.11.** Creación de una nueva carpeta en una ventana de navegación.

Para modificar el nombre de la carpeta, simplemente tendremos que editar la etiqueta del nuevo elemento y, finalmente, pulsar la tecla **Intro** para validar el cambio.

## 5.3.4. Cambiar el nombre de un archivo o carpeta

Una vez creado un archivo o carpeta, no siempre resulta conveniente que conserve el mismo nombre a lo largo de toda su vida. Es posible que encontremos, después de su creación, un nombre más adecuado por el que nos gustaría identificarle, o tal vez el nombre original entre en conflicto con el de un nuevo elemento que queremos añadir al sistema.

Para cambiar el nombre de un archivo o carpeta, en primer lugar debemos seleccionarlo haciendo clic sobre él en el área de trabajo de una ventana de navegación. A continuación, haremos un segundo clic sobre su etiqueta. Ésta se convertirá en un cuadro de texto donde podremos editar el nombre a nuestro gusto. Para validar la operación, simplemente pulsaremos la tecla **Intro**.

También podemos editar el nombre de un elemento con el comando Cambiar nombre del botón **Organizar** de la barra de comandos.

### 5.3.5. Ejecutar programas y abrir carpetas

Las ventanas de navegación nos permiten ejecutar cualquier programa instalado en nuestro sistema directamente desde el área de trabajo del Explorador de Windows. Para hacerlo, solamente tendremos que localizar el archivo ejecutable de dicha aplicación en el árbol de carpetas y hacer doble clic sobre él con el botón izquierdo del ratón o hacer clic sobre el botón **Abrir** de la barra de comandos una vez seleccionado el elemento.

Si colocamos la ventana de navegación en la vista de Detalles (véase la sección .2), podremos reconocer fácilmente los archivos ejecutables en la columna Tipo del área de trabajo de la ventana. Dicha columna contendrá el texto Aplicación, Aplicación MS-DOS, Archivo por lotes MS-DOS o similar junto al icono del archivo ejecutable.

También es posible ejecutar un programa utilizando el mismo procedimiento sobre cualquier icono de documento asociado a una aplicación Windows, como por ejemplo un documento Paint o WordPad.

Hacer doble clic sobre una carpeta (o seleccionarla y hacer clic sobre el botón **Abrir** de la barra de comandos) será equivalente a abrirla en el área de trabajo de la ventana, exactamente igual que si la hubiéramos seleccionado en el panel de navegación.

## 5.4. Funciones avanzadas

Además de las posibilidades que hemos analizado en las secciones anteriores, las ventanas de navegación (como por ejemplo la ventana Equipo) permiten también el empleo de herramientas avanzadas que facilitan considerablemente la vida del usuario en el entorno de Windows 7. En los siguientes apartados veremos algunas de estas opciones adicionales de las ventanas de navegación.

## 5.4.1. Buscar archivos

Otra de las interesantes opciones que nos ofrecen las ventanas de navegación de Windows 7, es la herramienta de búsqueda ideada para localizar cualquier tipo de elemento dentro de la carpeta actualmente seleccionada.

El proceso es muy sencillo y la eficacia de la herramienta digna de reseñar. Empiece a escribir el texto que describa el tipo de elemento que desea localizar en el cuadro de texto Buscar situado en la esquina superior derecha de la ventana. A medida que vaya escribiendo nuevos caracteres, Windows iniciará la búsqueda y ésta se irá limitando a los elementos que coincidan exactamente con el criterio que se está especificando. El área de trabajo, cambiará para mostrar los archivos y carpetas resultantes. Mientras dure el proceso, la barra de dirección se convertirá en una barra de progreso, donde se mostrará el avance de la búsqueda (figura 5.12).

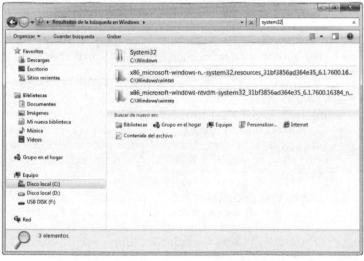

**Figura 5.12.** Progreso de una búsqueda.

Observe que al hacer clic sobre el cuadro de texto de búsqueda, aparece una lista o menú con varios filtros que dependen de la ubicación que tengamos seleccionada en cada momento y que permiten elegir uno o varios criterios para restringir los resultados de la búsqueda. Estos criterios, del tipo Clase, Fecha de modificación, Tamaño, etc. se utilizan haciendo clic directamente sobre la etiqueta correspondiente y, a continuación, escribiendo el valor que se desea asignar a dicho filtro, como por ejemplo una fecha de modificación o un tamaño de archivo.

Cuando se completa la búsqueda, aparece en el área de trabajo de la ventana una lista con todos los archivos y carpetas localizados que coinciden con los criterios especificados. Al final de dicha lista, una serie de iconos permiten repetir la búsqueda en diferentes ubicaciones:

- **Bibliotecas.** Repite la búsqueda en las bibliotecas de Windows 7.
- **Grupo en el hogar.** Repite la búsqueda en las ubicaciones compartidas de los equipos asociados al grupo Hogar.
- **Equipo.** Repite la búsqueda en todo el contenido del equipo (todos los discos duros y unidades externas conectadas al sistema).
- **Personalizar.** Permite seleccionar una serie de ubicaciones personalizadas para repetir la búsqueda. En el cuadro de diálogo Elegir ubicación de búsqueda, active o desactive las casillas de verificación correspondientes a las ubicaciones donde desee ampliar la búsqueda o escriba una ruta en el cuadro de texto correspondiente y haga clic sobre el botón **Agregar**. Cuando haya seleccionado todas las ubicaciones deseadas, haga clic sobre el botón **Aceptar**.
- **Internet.** Repetir la búsqueda *online* en Internet.
- **Contenido del archivo.** Repite la búsqueda en mismas ubicaciones ya especificadas pero busca el texto escrito en el contenido de los archivos en lugar de en su nombre.

Si observa que necesita repetir con frecuencia una misma búsqueda, puede almacenarla para recurrir a ella fácilmente cada vez que sea necesario. Una vez completada una búsqueda, haga clic sobre el botón **Guardar búsqueda** de la barra de comandos. En el cuadro de diálogo Guardar como, localice la carpeta donde desea almacenar la búsqueda (por defecto, la carpeta Búsquedas de la carpeta de documentos del usuario), escriba el nombre que desea para la búsqueda en el cuadro de texto correspondiente (o acepte el nombre por defecto) y haga clic sobre el botón **Guardar**.

Para recuperar una búsqueda existente, vaya a la carpeta de documentos del usuario abriendo el menú Inicio y haciendo clic sobre el primer vínculo del panel de vínculos a la derecha del menú, el que tiene el nombre del usuario que se está utilizando actualmente. En la ventana de navegación que aparece en pantalla, haga doble clic sobre la carpeta **Búsquedas** y, a continuación, doble clic sobre el nombre de la búsqueda que desea ejecutar (véase la figura 5.13).

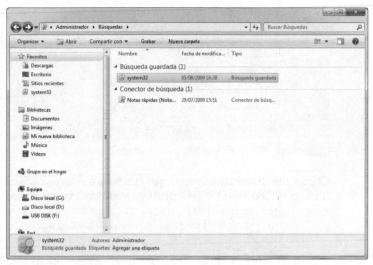

**Figura 5.13.** Recuperación de una búsqueda guardada.

## 5.4.2. Grabar un CD o DVD

Una de las opciones con las que nos encontraremos a menudo en la barra de comandos de nuestras ventanas de navegación es la de grabar un CD o DVD con el contenido de nuestro sistema. Para iniciar una grabación, simplemente seleccione las carpetas o archivos que desee grabar en el área de trabajo y haga clic a continuación sobre el botón **Grabar** de la barra de comandos. Un cuadro de diálogo le pedirá que inserte un disco grabable en la unidad correspondiente. Una vez insertado, aparecerá un nuevo cuadro donde podrá definir la forma en que desea utilizar el disco (véase la figura 5.14).

En el cuadro de texto **Título del disco**, escriba el texto que desea utilizar como título del disco. A continuación, elija la forma en que desea leer posteriormente el disco:

- Como si se tratara de una unidad flash USB de manera que pueda añadir y eliminar archivos y carpetas en cualquier momento. Esta opción es ideal por lo general cuando se utilizan discos regrabables. El disco resultante será legible en equipos con Windows XP o posterior.

**Figura 5.14.** Preparación para la grabación de un disco.

- Como un disco tradicional, preparado para reproductores de CD o DVD. No se podrá añadir nueva información al disco, pero se maximizará su compatibilidad para poder utilizarlo en distintos dispositivos y equipos.

Una vez realizada su elección, haga clic sobre el botón **Siguiente**. Si ha elegido crear un disco como unidad flash USB, el sistema se preparará para iniciar el formato del disco. Haga clic sobre el botón **Sí** para continuar.

El formato puede durar algunos minutos. Una vez completado, es posible que se extraiga el soporte y un nuevo cuadro de mensaje le pida que lo vuelva a insertar. Al hacerlo, aparecerá en pantalla una ventana de navegación con el contenido del disco y se iniciará automáticamente la copia. Una barra de nos irá indicando el progreso de la grabación y obtendremos también una indicación del tiempo restante para que se complete el proceso.

Windows 7 también se encuentra preparado para realizar directamente la copia de imágenes ISO. Cuando se selecciona una imagen ISO en una ventana de navegación, aparece un nuevo botón en la barra de comandos llamado **Grabar imagen de disco**. La acción por defecto de este botón es utilizar la grabadora de imágenes de disco de Windows. Si despliega su menú haciendo clic sobre el icono en forma de punta de flecha situado a la derecha del nombre del botón, podrá elegir otro programa de grabación para realizar la grabación de imágenes ISO como discos.

Si desea grabar la imagen con la grabadora de imágenes de Windows, haga clic simplemente sobre el botón. En el cuadro de diálogo que aparece, seleccione la unidad de disco donde desea iniciar la grabación y, si lo desea, active la casilla de verificación Comprobar disco después de grabar para realizar una comprobación una vez finalizado el proceso. Para iniciar la copia, haga clic sobre el botón **Grabar**.

**Figura 5.15.** Grabación de una imagen ISO con la grabadora de imágenes de Windows.

Introduzca un disco para grabar la imagen y el proceso comenzará automáticamente. Una vez finalizada la grabación (y, si procede, la comprobación correspondiente), se expulsará automáticamente el disco. Haga clic sobre el botón **Cerrar** para cerrar el cuadro de diálogo Grabadora de imágenes de disco de Windows.

## 5.4.3. Herramientas especiales de otras ventanas de navegación

Como podrá ir observando cuando trabaje con distintas ventanas de navegación en el entorno Windows, existen numerosas opciones de trabajo según el tipo de elementos de los que dispongamos en las distintas carpetas con las que estemos trabajando en cada momento. A continuación, detallamos algunos de los botones que puede encontrar en las barras de comandos de las distintas ventanas de navegación y su significado:

- **Grabar.** Como ya hemos visto anteriormente, este botón aparece cuando trabajamos normalmente con carpetas y nos permite realizar una grabación en una unidad de CD o DVD del contenido seleccionado en la ventana de navegación.

- **Presentación.** Cuando la carpeta que estamos examinando en nuestra ventana de navegación contiene imágenes o vídeos, este botón nos permitirá realizar una presentación en pantalla de su contenido.

- **Reproducir** y **Reproducir todo.** Al examinar una carpeta que contiene archivos de música o vídeos, estos botones nos permiten iniciar la reproducción del archivo o archivos seleccionados respectivamente.

- **Control parental.** Este botón, característico de la carpeta de juegos de nuestro sistema, nos ofrece acceso a la herramienta de control parental del Panel de control, mediante la que podremos configurar restricciones de uso para un determinado usuario del ordenador (véase el capítulo 4 para más información). En esta ventana, también encontrará un botón **Herramientas** cuyo objetivo es configurar distintas características de hardware del ordenador relacionadas con la mejora del rendimiento en la ejecución de juegos.

- **Propiedades del sistema.** Este botón es típico de la ventana Equipo, cuando muestra el componente representativo de nuestro equipo (con las unidades de disco en él instaladas). Nos ofrece acceso a una ventana de información sobre las características y rendimiento de nuestro sistema.

- **Desinstalar o cambiar este programa.** En la misma ventana del punto anterior, este botón accede a la herramienta de instalación y desinstalación de software de Windows 7.

- **Conectar a unidad de red.** También típico de la ventana Equipo, este botón permite establecer una conexión con otro ordenador ubicado en la red a la que nos encontremos conectados.

- **Abrir el panel de control.** Como su propio nombre indica, este botón abre el Panel de control de Windows 7, desde el que podremos controlar todos los aspectos de configuración de nuestro equipo. Estudiaremos en profundidad los distintos elementos de esta herramienta en el siguiente capítulo.

- **Centro de redes y recursos compartidos.** Este botón, que aparece en la ventana de navegación Red, abre la herramienta de configuración de redes de Windows 7.

- **Agregar una impresora.** También en la ventana Red, este botón permite configurar los controladores de una nueva impresora en nuestro sistema.

- **Agregar un dispositivo inalámbrico.** Permite conectar un adaptador inalámbrico para configurar una red en nuestro entorno.

- **Vaciar la Papelera de reciclaje, Restaurar este elemento** y **Restaurar todos los elementos.** Como vimos anteriormente, estos botones aparecen cuando seleccionamos la Papelera de reciclaje en una ventana de navegación. Permiten vaciar el contenido de la papelera o recuperar los elementos seleccionados en sus ubicaciones originales.

- **Compartir con.** Cuando tenemos seleccionada una carpeta o grupo de carpetas en una ventana de navegación, este botón permite compartir dichas carpetas con otros usuarios en el entorno del grupo Hogar.

Otros muchos botones responden a otras circunstancias en las que nos podemos encontrar mientras trabajamos con archivos, carpetas y demás elementos en nuestro entorno. Así, por ejemplo, veremos en la barra de comandos de nuestra ventana un botón **Abrir** cuando hayamos seleccionado algún archivo ejecutable o algún documento que se pueda abrir con alguna de las aplicaciones instaladas en nuestro ordenador, un botón **Incluir en biblioteca** para elementos susceptibles de almacenarse en cualquiera de las bibliotecas del sistema, un botón **Imprimir** para enviar a la impresora un documento seleccionado, etc.

# 6

# Accesorios de Windows

## 6.1. Introducción

Windows 7 proporciona al usuario una serie de herramientas de trabajo (la mayoría de ellas contenidas dentro de la carpeta Accesorios del menú Inicio) que tienen como fin facilitar cualquier tarea administrativa que éste necesite realizar: realizar anotaciones, cálculos, confeccionar informes o gráficos, etc.

## 6.2. Notas rápidas

Notas rápidas es una sencilla herramienta de gran utilidad que se echó de menos durante mucho tiempo en versiones antiguas de Windows (aunque existían algunas aplicaciones de terceros de gran valía) y que por fin salió a la luz en forma de gadget en la versión anterior del sistema operativo, Windows Vista. En Windows 7, ha adquirido finalmente categoría de aplicación independiente.

Notas rápidas es similar a su equivalente de papel, esas pequeñas notas adhesivas originalmente de color amarillo que, pegadas por todo nuestro escritorio, nos recuerdan la cita del dentista, el teléfono de la empresa de repartos o la lista de compras que debemos realizar antes de volver a casa.

Para localizar la herramienta Notas rápidas, abra el menú Inicio, despliegue las carpetas Todos los programas y Accesorios y haga clic sobre el icono del programa.

Una vez hecho esto, aparecerá sobre la superficie del escritorio un sencillo recuadro de color amarillo listo para introducir nuestra anotación (véase la figura 6.1). Escriba el texto que desee utilizando las técnicas habituales de edición (pulsar la tecla **Intro** para crear una nueva línea, pulsar las teclas **Supr** o **Retroceso** para eliminar caracteres a la derecha o a la izquierda del punto de edición, etc.) y, cuando haya finalizado, simplemente haga clic fuera de la superficie de la nota o siga trabajando normalmente con el sistema operativo.

**Figura 6.1.** Una nota rápida.

La nota permanecerá pegada a nuestro escritorio y se mantendrá sobre él independientemente de lo que hagamos, colocar encima nuevas aplicaciones, cerrar nuestra sesión, reiniciar o apagar el ordenador, etc.

En la barra de título de la nota (la franja de color ligeramente más oscuro) en el borde superior, aparecen los controles de la misma. El icono en forma de signo más + en el lateral izquierdo sirve para crear una nueva nota con las características de color de la actual. El icono en forma de aspa × sirve para eliminar la nota. Cuando hagamos clic sobre este icono, un cuadro de diálogo como el de la figura 6.2, pedirá confirmación. Haga clic sobre el botón **Sí** para eliminar definitivamente la nota (observe que no queda copia en la Papelera de reciclaje) o sobre **No** para cancelar la operación. Si no desea seguir recibiendo mensajes de advertencia antes de eliminar una nota, active la casilla de verificación No volver a mostrar este mensaje.

**Figura 6.2.** Mensaje de confirmación para eliminar una nota.

Otra forma de crear una nueva nota es recurrir a la *jump list* del icono de Notas rápidas en la barra de tareas. Siempre que haya una nota abierta en el escritorio, este icono nos ofrecerá a través de su *jump list* el comando **Nueva nota**, que generará una nota con las características por defecto del programa.

Entre las labores de configuración que podemos llevar a cabo con una nota, se encuentra la posibilidad de cambiar su tamaño para adaptarse a las necesidades de texto que tengamos en cada momento. En este sentido, una nota es como cualquier otra ventana del entorno Windows. Para cambiar su tamaño, sitúe el puntero del ratón sobre cualquier lateral de la nota hasta que tome la forma de una flecha de doble punta (sobre una esquina, si quiere modificar dos dimensiones a la vez). Haga clic, y, manteniendo presionado el botón izquierdo, arrastre el ratón hasta alcanzar el tamaño deseado. De forma similar, también puede cambiar la posición de una nota haciendo clic sobre su barra de título y arrastrándola hasta la posición deseada.

Si se está preguntando si las notas pueden cambiar de color, la respuesta es sí. Haga clic con el botón derecho del ratón sobre cualquier punto del área de trabajo de la nota (no sobre su barra de título) para desplegar su menú contextual. En este menú, nos encontramos por una parte los comandos habituales **Cortar**, **Copiar**, **Pegar**, **Eliminar** y **Seleccionar todo** que sirven para seleccionar texto o trabajar con el texto seleccionado en la nota realizando las operaciones de copia, corte, pegado y eliminación tradicionales. Y en la mitad inferior del menú contextual, vemos una serie de comandos correspondientes a diferentes colores que podemos aplicar a la nota seleccionada: azul, verde, rosa, etc.

Puede que eche en falta algunas funciones habituales en otras aplicaciones en las que se trabaja con texto, tales como la posibilidad de utilizar tipografías negritas, distintas fuentes o colores de texto. Notas rápidas no es en sí un tratamiento de textos, sino una herramienta sencilla ideada para proporcionar recordatorios. No obstante, si crea el texto de sus notas en una aplicación como WordPad y le asigna los formatos de fuente y tipo de letra que desee en dicha aplicación, podrá pegar este texto en la nota manteniendo sus características (véase la figura 6.3).

> **Nota:** *Si en algún momento la existencia de notas en el escritorio de Windows le molesta para realizar su trabajo, puede esconderlas rápidamente haciendo clic sobre el icono de Notas rápidas en la barra de tareas. Para volver a mostrar las notas en su posición original, haga clic nuevamente sobre el icono.*

*Fuente por defecto.*

`Courier New`

Times New Roman

**Arial Black**

*Lucida Calligraphy*

**Figura 6.3.** Una nota con distintos tipos de letra.

## 6.3. Contactos

Windows 7 pone a nuestra disposición la posibilidad de mantener un registro completo de la información de nuestros contactos de trabajo y personales. Esta herramienta, permite mantener organizada la información de nuestros contactos (nombre, apellidos, dirección, correo electrónico, onomástica y aniversarios, etc.) y utilizarla luego directamente para la creación de un mensaje de correo electrónico, realizar una llamada telefónica, enviar un fax, etc.

Los contactos se almacenan en una carpeta especial llamada `Contactos`, que depende de la carpeta personal del usuario (la carpeta que se accede a través el primer vínculo del panel de vínculos del menú Inicio).

Si lo desea, también puede localizar la carpeta `Contactos` escribiendo su nombre en el cuadro de búsqueda del menú Inicio o en cualquier cuadro de búsqueda de cualquier ventana de navegación. Una vez abierta la carpeta, verá una ventana similar a la que ilustra la figura 6.4.

En el área de trabajo de la aplicación, aparecen los iconos de todos los contactos definidos en el sistema. Para crear un nuevo contacto, haga clic sobre el botón **Nuevo contacto** de la ventana. Para editar o ver la información de un contacto ya existente, haga doble clic sobre su icono o selecciónelo en el área de trabajo de la ventana y, a continuación, haga clic sobre el botón **Modificar** en la barra de comandos. En ambos casos, se abrirá un cuadro de diálogo similar al de la figura 6.5, preparado para introducir los datos de un nuevo contacto o con los datos del contacto ya existente.

Como puede observar en la figura 6.5, la ficha de cualquier contacto se compone de siete pestañas diferentes:

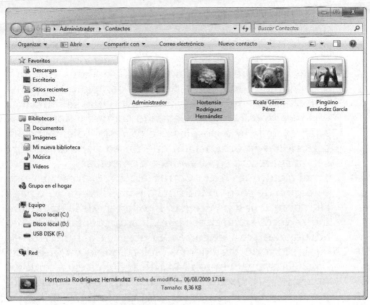

**Figura 6.4.** La ventana Contactos.

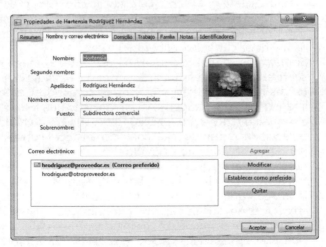

**Figura 6.5.** Ficha de un contacto.

- **Resumen.** Como su propio nombre indica, un resumen con los datos más importantes del contacto: nombre y apellidos, correo electrónico, datos de trabajo y datos personales.

- **Nombre y correo electrónico.** Es la ficha por defecto que aparece cuando se crea un nuevo contacto o cuando se abre la ficha de un contacto ya existente. Escriba en los cuadros de texto los campos de información correspondientes: nombre, segundo nombre, apellidos, puesto y sobrenombre. El campo **Nombre completo** se rellena automáticamente con la información que se introduce en los campos **Nombre**, **Segundo nombre** y **Apellidos** y, a través de la lista desplegable correspondiente, podrá seleccionar la ordenación que desea para el nombre según aparecerá en la ventana **Contactos.**

  En el cuadro de texto **Correo electrónico**, escriba una dirección de correo electrónico para el contacto y haga clic sobre el botón **Agregar.** Puede repetir la operación tantas veces como desee para añadir cuentas de correo adicionales para el correo. Si observa algún error en cualquiera de las cuentas, selecciónela en la lista y haga clic sobre el botón **Modificar.** Realice los cambios necesarios y pulse la tecla **Intro** o haga clic en cualquier punto fuera de la dirección para validar los cambios. Si quiere establecer una cuenta de correo como predeterminada, selecciónela en la lista y haga clic sobre el botón **Establecer como preferido.** Finalmente, para eliminar una dirección de correo electrónico, selecciónela en la lista y haga clic sobre el botón **Quitar.**

  Si desea asociar una fotografía al contacto, haga clic sobre el icono en la esquina superior derecha del cuadro de diálogo de la ficha y ejecute el comando **Cambiar imagen** (o **Quitar imagen** si ya ha asociado una fotografía al contacto y desea eliminarla). En el cuadro de diálogo **Seleccionar una imagen de contacto**, localice la ubicación donde se encuentra almacenado el archivo de imagen que desea utilizar para el contacto, selecciónelo en el área de trabajo y haga clic sobre el botón **Establecer.** Esta será la imagen que se muestre en la carpeta `Contactos` o, en caso de no definir ninguna fotografía, se mostrará un icono predeterminado con forma de muñeco.

- **Domicilio.** En esta ficha, deberá introducir toda la información personal del contacto: dirección postal (calle, ciudad, provincia, código postal, etc.), teléfono, fax, número de móvil y, de forma opcional, la dirección de un sitio Web personal. Si escribe una dirección en el cuadro de texto **Sitio Web**, podrá abrirlo directamente en una ventana de Internet Explorer haciendo clic sobre el botón **Ir.**

- **Trabajo.** Un conjunto de información similar al de la ficha Domicilio referida en esta ocasión a los datos laborales del contacto. La información se completa con datos tales como el nombre de la organización o empresa, el puesto que ocupa el contacto, el departamento en el que trabaja, etc.
- **Familia.** Contiene información personal sobre el contacto y su familia (figura 6.6). En la lista desplegable Sexo, seleccione el sexo del contacto. En los campos Cumpleaños y Aniversario, escriba las fechas de estas efemérides (o selecciónelas en los calendarios desplegables que aparecen al hacer clic sobre los botones situados en el lateral derecho del campo 📅. Si no dispone de esta información, desactive las casillas de verificación correspondiente.

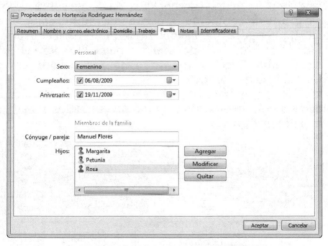

**Figura 6.6.** La pestaña Familia.

En el cuadro de texto Cónyuge/pareja, escriba el nombre de la pareja del contacto. Si conoce también los nombres de sus hijos, haga clic sobre el botón **Agregar**. Se creará un nuevo elemento en la lista Hijos listo para ser editado. Escriba el nombre y pulse la tecla **Intro** para validar los cambios o haga clic en cualquier punto fuera del campo de edición. Para modificar un nombre erróneo en la lista Hijos, selecciónelo y haga clic sobre el botón **Modificar**.

Finalmente, para eliminar un elemento de esta lista, selecciónelo y haga clic sobre el botón **Quitar**.

- **Notas**. Esta pestaña contiene solamente un cuadro de texto donde se puede introducir cualquier anotación o comentario sobre el contacto.
- **Identificadores**. Es una pestaña donde podemos asociar identificadores digitales a direcciones de correo electrónico del contacto.

Cuando haya terminado de editar el contacto, haga clic sobre el botón **Aceptar** para validar los cambios o sobre **Cancelar** para cancelar la operación.

Otra opción es crear un grupo de contactos para congregar varios contactos relacionados entre sí o con características comunes, como un grupo de contactos de trabajo o el grupo de nuestras amistades, etc.

Para crear un grupo de contactos, haga clic sobre el botón **Nuevo grupo de contactos**. Se abrirá una pantalla similar a la que ilustra la figura 6.7. Escriba un nombre para el grupo en el cuadro de texto correspondiente y haga clic sobre el botón **Agregar grupo de contactos** para empezar a añadir componentes a la lista de contactos.

Seleccione el contacto o contactos deseados en el cuadro de diálogo Agregar miembros al grupo de contactos y haga clic sobre el botón **Agregar**.

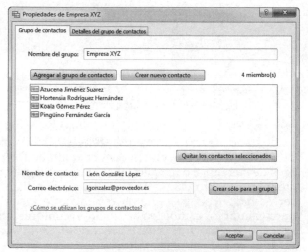

**Figura 6.7.** Creación de un grupo de contactos.

Si desea incluir en el grupo algún contacto que todavía no ha creado en la carpeta `Contactos`, puede hacerlo ahora haciendo clic sobre el botón **Crear nuevo contacto**. Esto abrirá el cuadro de diálogo habitual para la creación de un nuevo contacto.

Si desea añadir al grupo un contacto que no desea que aparezca en su ventana de contactos, escriba su nombre y su dirección de correo electrónico y haga clic sobre el botón **Crear sólo para el grupo**. Diferenciará claramente los contactos que tienen una ficha en la ventana Contactos y los contactos que se han creado de forma exclusiva para el grupo porque el icono que acompaña al nombre de estos últimos es incoloro, mientras que el icono de los usuarios del grupo con ficha de contactos, es de color azulado.

> **Nota:** *Para eliminar un contacto de un grupo, haga clic sobre su nombre en la lista del cuadro de diálogo y haga clic a continuación sobre el botón* **Quitar los contactos seleccionados**.

La ficha Detalles del grupo de contactos del cuadro de diálogo de creación del grupo, le permitirá añadir detalles adicionales sobre su grupo de contactos: una dirección común, un teléfono, un fax, una página Web o incluir una serie de anotaciones descriptivas del grupo. Cuando haya terminado de editar toda la información del grupo, haga clic sobre el botón **Aceptar**. El grupo de contactos quedará disponible en la ventana Contactos de igual manera que los restantes contactos normales.

Los iconos de los contactos de la ventana Contactos (bien sean contactos individuales o grupos de contactos), permiten realizar directamente determinadas acciones especiales de gran utilidad que le facilitarán enormemente el trabajo. Generalmente, todas estas funciones requerirán previamente la selección de un icono de contacto en la ventana. Algunas de las operaciones más comunes son las siguientes:

- Correo electrónico. Permite enviar un correo electrónico directamente al contacto. Esta función se encuentra disponible haciendo clic sobre el botón **Correo electrónico** de la barra de comandos. Para su correcto funcionamiento, el contacto seleccionado deberá incluir al menos una dirección de correo electrónico y debe haber definido previamente un perfil de correo en su programa de correo electrónico predeterminado (por ejemplo, Microsoft Outlook).

- Exportar. Mediante el botón del mismo nombre de la barra de comandos, podemos exportar la información de todos los contactos de la ventana Contactos en forma de archivos de texto CSV (valores separados por comas) o tarjetas vCard. Para crear un archivo CSV, seleccione la opción correspondiente en la lista del cuadro de diálogo Exportar a Contactos de Windows y haga clic sobre el botón **Exportar**. En el cuadro de texto Guardar el archivo exportado como del cuadro de diálogo Exportar a CSV, escriba la ruta completa y el nombre del archivo (o utilice el botón **Examinar**) y haga clic sobre el botón **Siguiente**. Seleccione los campos que desea exportar activando o desactivando las casillas de verificación correspondientes del siguiente cuadro de diálogo y haga clic sobre el botón **Finalizar**. Un mensaje de confirmación le informará de que se ha exportado la información del contacto. Haga clic sobre el botón **Aceptar** para completar el proceso.

  Para crear una tarjeta vCard, seleccione la opción correspondiente en la lista del cuadro de diálogo Exportar a Contactos de Windows y haga clic sobre el botón **Exportar**. En el cuadro de diálogo Buscar carpeta, seleccione la ubicación donde desea almacenar la tarjeta y haga clic sobre el botón **Aceptar**. Nuevamente, un mensaje de confirmación le informará del éxito de la operación. Haga clic sobre el botón **Aceptar** para completar el proceso y, finalmente, haga clic sobre el botón **Cerrar** en el cuadro de diálogo Exportar a Contactos de Windows para cerrarlo.

*Nota: Cuando una barra de comandos no dispone de espacio suficiente para mostrar todos los botones de comando que contiene, un icono en forma de doble punta de flecha » nos ofrece acceso a las opciones que no caben en la pantalla actual. Al hacer clic sobre este icono, aparecerá un menú desplegable con los comandos correspondientes a dichas opciones.*

- Importar. El botón **Importar** de la barra de comandos, permite importar a la ventana Contactos la información de un contacto almacenada en un archivo de Libreta de direcciones de Windows (contactos de Outlook Express), archivo CSV, archivo LDIF o tarjeta vCard. Haga clic sobre el botón **Importar** de la barra de comandos y, en la lista del cuadro de diálogo Importar a Contactos de Windows, seleccione el formato que desee y haga clic sobre el botón **Importar**. Localice la ubicación y el archivo que desea importar y haga clic sobre el botón **Abrir**. La información del contacto que se desea importar, aparecerá recogida en una ventana de creación de contactos como la que se ilustra en la figura 6.5. Haga clic sobre el botón **Aceptar** para cerrar el cuadro de diálogo y crear el contacto.

Seguidamente, haga clic sobre el botón **Cerrar** para cerrar el cuadro de diálogo Importar a Contactos de Windows.

- Imprimir. Imprime la información de los contactos. Seleccione si lo desea un contacto o gruo de contactos en el área de trabajo de la ventana Contactos y haga clic sobre el botón **Imprimir** de la barra de comandos. En el cuadro de diálogo Imprimir (véase la figura 6.8) seleccione la impresora a la que desea enviar el trabajo de impresión y establezca sus preferencias con el botón correspondiente. En la sección Intervalo de impresión, defina si desea imprimir todos los contactos de la ventana Contactos o solamente los contactos seleccionados. Defina el formato de impresión mediante las opciones de la sección Estilo de impresión, el número de copias que desea obtener escribiéndolo en el cuadro de texto de la sección Copias y haga clic sobre el botón **Imprimir**.

**Figura 6.8.** Imprimir un contacto o grupo de contactos.

Finalmente, si selecciona un contacto en la ventana **Contactos** y abre su menú contextual (haciendo clic sobre el icono con el botón derecho del ratón), podrá encontrar también algunas acciones complementarias de interés:

- **Soy yo.** Define el contacto seleccionado como contacto personal. Al ejecutar este comando, podrá elegir si desea cambiar la imagen de la cuenta de usuario de Windows por la imagen del contacto o cambiar la imagen del contacto por la de la cuenta de Windows para que ambas coincidan.

- **Acción>Enviar correo electrónico.** Abre una nueva ventana de mensaje de correo electrónico con el programa de e-mail predeterminado del sistema (por ejemplo Microsoft Outlook), preparada para enviar un nuevo mensaje de correo electrónico al contacto. El contacto seleccionado debe tener una dirección de correo electrónico válida.

- **Acción>Enviar correo electrónico a.** Cuando el contacto tiene definida más de una dirección de correo electrónico, este submenú muestra dichas direcciones para dirigir directamente el mensaje a la cuenta deseada.

- **Acción>Llamar a este contacto.** Permite realizar una llamada telefónica al contacto. La ficha del contacto debe tener al menos un número de teléfono definido. Si el contacto tiene más de un teléfono, podrá seleccionar el número al que desea llamar en el cuadro de diálogo **Nueva llamada** (véase la figura 6.9).

**Figura 6.9.** Llamar a un contacto.

# 6.4. Bloc de notas

Bloc de notas es una especie de tratamiento de textos, aunque no dispone de todas las posibilidades que estos programas suelen incorporar. Es algo así como un cuaderno de notas donde podemos introducir algunas informaciones de interés.

Para iniciar el Bloc de notas, podemos hacer clic sobre su nombre en la carpeta Accesorios del menú Inicio o escribir su nombre en el cuadro de búsqueda del mismo menú. Al hacerlo, aparecerá en pantalla una ventana vacía, con un cursor parpadeante que indica la posición donde se puede comenzar a insertar el texto. Algo parecido a lo que muestra la figura 6.10.

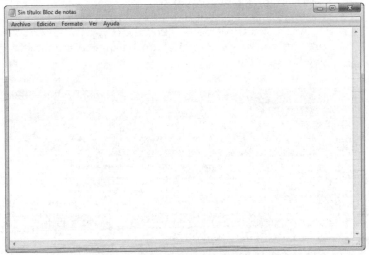

**Figura 6.10.** La ventana del Bloc de notas.

La forma de escribir un texto en el Bloc de notas es similar a la de cualquier tratamiento de textos que podamos conocer (incluido WordPad), utilizando la tecla **Retroceso** para borrar un carácter a la izquierda, **Supr** para borrar uno a la derecha, **Intro** para pasar a la siguiente línea, las teclas de dirección para moverse por la pantalla, etc.

Lógicamente, esta aplicación dispone también de la posibilidad de guardar y recuperar la información introducida en ella. Estas operaciones están encerradas en el menú Archivo, y son exactamente las mismas que las que posee cualquier otra aplicación similar del entorno Windows. Asimismo, Bloc de notas ofrece la posibilidad a través de Windows 7 de intercambiar información con otras distintas aplicaciones, mediante los comandos Cortar, Coplar y Pegar (ubicados en el menú Edición) utilizando como intermediario el Portapapeles. Para realizar estas tareas, el usuario deberá seleccionar el fragmento de texto que desea transferir, o bien utilizar la opción Seleccionar todo del mismo menú si desea transferir la totalidad del texto contenido en el Bloc de notas. Para la selección de texto (véase figura 6.11) hay dos posibilidades según el dispositivo de entrada que se utilice:

- **Teclado.** Situar el cursor parpadeante al principio del texto a seleccionar y pulsar **Mayús** junto con las teclas de dirección hasta abarcar todo el bloque.
- **Ratón.** Situar el cursor del ratón al principio del bloque de texto, pulsar el botón izquierdo y, manteniéndolo presionado, desplazar el ratón hasta seleccionar todo el texto deseado.

**Figura 6.11.** Selección de texto en el Bloc de notas.

Además, también es posible enviar la información contenida en la aplicación Bloc de notas directamente a una impresora, utilizando para ello los comandos Configurar página e Imprimir contenidos en el menú Archivo.

Otra de las posibilidades del Bloc de notas, es la de poder incluir directamente en el texto la fecha y hora que consta en el reloj interno del ordenador, utilizando para ello el comando Hora y fecha del menú Edición o pulsando directamente la tecla **F5**.

El Bloc de notas, dispone también de una opción de búsqueda y sustitución de texto, mediante los comandos Buscar, Buscar siguiente y Reemplazar del menú Edición.

Esto permite al usuario moverse rápidamente por un texto de dimensiones considerables, siempre y cuando se sepa lo que se está buscando.

Finalmente, dentro del menú Formato de la aplicación, disponemos de dos comandos que permiten configurar el formato de presentación del texto dentro del Bloc de notas:

- Ajuste de línea. Mediante este comando, definiremos si los párrafos de un documento de texto ocupan solamente una línea en el documento (comando desactivado) o si por el contrario, fluyen a lo largo de varias líneas para ajustarse al ancho de la ventana de la aplicación.

- Fuente. Este comando permite definir cualquiera de los tipos de fuente disponibles en nuestro ordenador para la representación del texto en el Bloc de notas. El tipo de letra predeterminado de la aplicación es Lucida Console.

## 6.5. Calculadora

### 6.5.1. Introducción

Esta aplicación proporciona la posibilidad de manejar una calculadora para realizar diversas operaciones matemáticas. Para iniciarla, haga clic sobre su nombre en la carpeta Accesorios del menú Inicio o, como ya es habitual, escriba su nombre en el cuadro de búsqueda del mismo menú.

Windows ofrece cuatro tipos de calculadoras pensadas para resultar de utilidad en distintos tipos de trabajos: estándar, científica, de programador y de estadísticas.

La selección de los dos tipos de calculadoras se realiza mediante los comandos Estándar, Científica, Programador o Estadísticas del menú Ver. En este menú, encontramos también el comando Historial, que muestra en la calculadora un historial de las últimas operaciones realizadas con el programa y el comando Número de dígitos en grupo, que permite activar o desactivar la presentación de grupos de dígitos en los números del visor de la aplicación. Si esta opción se encuentra activada, el valor un millón aparecerá en el visor como 1.000.000, mientras que si se encuentra desactivada, el resultado será: 1000000. Finalmente, los cuatro últimos comandos del menú

Ver, ofrecen acceso a distintas utilidades que facilitan cálculos matemáticos habituales, tales como conversión de unidades, cálculos de fechas, cálculos de hipotecas, etc. Estas opciones se analizarán con detalle más adelante.

La aplicación Calculadora ha previsto también la posibilidad de intercambiar información con el resto de aplicaciones Windows mediante los comandos Copiar y Pegar del menú Edición. El efecto y funcionamiento de estos comandos es el mismo que para el resto de las aplicaciones.

## 6.5.2. Tipos de calculadoras

La calculadora estándar se selecciona haciendo clic sobre el comando del mismo nombre del menú Ver o bien pulsando la combinación de teclas **Alt-1**. Su aspecto es el que ilustra la figura 6.12.

**Figura 6.12.** La calculadora Estándar de Windows 7.

El funcionamiento de la Calculadora es el mismo que el de cualquier calculadora de bolsillo que el usuario ya conozca. Los datos introducidos aparecerán en el visor o pantalla, que es el recuadro alargado de la parte superior de la ventana. Lo mismo sucederá con los resultados obtenidos.

Si se utiliza un ratón, el manejo de la calculadora será muy simple. Basta pulsar con el puntero sobre cualquiera de los botones de que dispone la calculadora para que se efectúe la operación correspondiente. Para el manejo con el teclado, hay una serie de combinaciones de teclas que realizarán esta misma función, y que se describen más abajo, junto a la explicación de cada comando de la calculadora.

Las opciones de las que dispone la calculadora estándar son las siguientes (entre paréntesis aparece la combinación de teclas que ejecuta el comando):

- **C** (**Esc**). Este es el botón de borrado total de una operación. Pulsando sobre él, desaparecerá cualquier cálculo que se hubiera iniciado, y la pantalla de la calculadora mostrará el valor 0. Esto no afecta no obstante, a los valores contenidos en la memoria.
- **CE** (**Supr**). Con este botón, se consigue que el último número introducido desaparezca, volviéndose a ver en la pantalla de la calculadora el valor 0. Esto permitirá al usuario que no tenga que volver a empezar un cálculo completo cuando se equivoque al teclear uno de los operandos.
- **Símbolo de retroceso** (**Retroceso**). Borra el último dígito introducido en la pantalla de la calculadora. Sirve para corregir un dato que se esté introduciendo erróneamente.
- **MC** (**Control-L**). Borra el contenido de la memoria, con lo que desaparecerá la letra M de la ventana correspondiente.
- **MR** (**Control-R**). Opción que recupera el valor contenido en la memoria y, lo escribe en la pantalla de la calculadora. Esto no modifica para nada el contenido de la memoria.
- **MS** (**Control-M**). Introduce en la memoria el valor que aparece en la pantalla de la calculadora, borrando cualquier otro valor anterior.
- **M+** (**Control-P**). Suma al valor contenido en la memoria el valor que aparece en la pantalla de la calculadora. Si este botón se utiliza en lugar de =, entonces se sumará a la memoria el resultado de la operación que se estuviera realizando.
- **M- (Control-Q).** Resta al valor contenido en la memoria el valor que aparece en la pantalla de la calculadora. Si este botón se utiliza en lugar de =, entonces se sumará a la memoria el resultado de la operación que se estuviera realizando.
- **0-9** (**0-9**). Son los dígitos mediante los que se podrán componer los números con los que se realizan los cálculos.
- **,** (**,**). Es la coma decimal que sirve para escribir un número fraccionario en la calculadora.

- **+/- (F9)**. Sirve para cambiar de signo el valor presente en la pantalla de la calculadora. Si este es positivo se volverá negativo y viceversa.
- **/ (/)**. Es el símbolo de la división.
- **\* (\*)**. Es el símbolo de la multiplicación.
- **- (-)**. Resta dos números.
- **+ (+)**. Suma dos números.
- **Símbolo de raíz cuadrada** (@). Efectúa la raíz cuadrada del último valor introducido en la pantalla de la calculadora.
- **% (%)**. Sirve para calcular porcentajes.
- **1/x (R)**. Efectúa la inversión del último número introducido en la calculadora, es decir, la división 1/número.
- **= (Intro)**. Muestra en la pantalla de la calculadora el resultado de la operación efectuada.

> *Nota: Al introducir los operadores, estos no aparecerán en la pantalla, pero la calculadora estará dispuesta inmediatamente para que se introduzca el segundo operando. Si después de escoger un operador se pulsa sobre otro, este último será el que prevalezca.*

La calculadora científica se selecciona haciendo clic sobre el comando del mismo nombre del menú Ver o bien pulsando la combinación de teclas **Alt-2**. Su aspecto es el que ilustra la figura 6.13.

**Figura 6.13.** La calculadora Científica.

En esencia, todos los tipos de calculadora funcionan de la misma forma. La diferencia, por ejemplo en que la calculadora científica, es que además de las operaciones normales de suma, multiplicación, división, etc., puede realizar otras más complejas como el cálculo de senos, cosenos, tangentes, etc. y realizar cálculos estadísticos. Además, esta calculadora dispone de la posibilidad de trabajar con paréntesis, lo que contribuye a poder realizar cálculos más complejos y emplear unidades de medida de ángulos en grados sexagesimales, radianes y grados centesimales.

Aparte de los botones de la calculadora estándar que ya conoce, los restantes botones de la calculadora científica que permiten realizar operaciones avanzadas, se describen por lo general a sí mismos. Así por ejemplo, el botón **Int** calcula la parte entera del número que se muestra en la pantalla de la calculadora, el botón **sinh** calcula el seno hiperbólico del número de la pantalla o el botón **log** calcula el logaritmo en base 10 del número de la pantalla.

La calculadora Programador se selecciona haciendo clic sobre el comando del mismo nombre del menú Ver o bien pulsando la combinación de teclas **Alt-3**. Su aspecto es el que ilustra la figura 6.14.

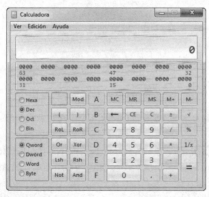

**Figura 6.14.** La calculadora Programador.

Como ve, esta calculadora está pensada para realizar cálculos y operaciones comunes en el mundo del desarrollo de software. Aparte de los botones normales de la calculadora estándar, la calculadora Programador tiene una zona pensada para trabajar con números binarios (la zona situada debajo de la pantalla en la que puede cambiar los distintos bit por 0 ó 1 haciendo clic sobre ellos), ofrece la posibilidad de trabajar con números hexadecimales, decimales, octales o binarios y de manejar cifras como conjuntos de bits (bytes, palabras (*word*),

dobles palabras (*Dword*) o cuádruples palabras (*Qword*)).
Entre los restantes botones de la calculadora Programador,
tenemos las letras **A** a **F** que permiten escribir números en
formato hexadecimal y distintas operaciones de uso común en
el desarrollo informático tales como desplazamientos de bits
a izquierda o derecha, operadores booleanos O, O exclusivo,
Y, negación, etc.

La calculadora de estadísticas se selecciona haciendo clic
sobre el comando del mismo nombre del menú Ver o bien
pulsando la combinación de teclas **Alt-4**. Su aspecto es el que
ilustra la figura 6.15.

**Figura 6.15.** La calculadora Estadísticas.

Esta calculadora está pensada para realizar cálculos estadísticos. Como puede observar en la figura 6.15, el aspecto inicial
de la calculadora es distinto de las restantes calculadoras que
hemos visto hasta el momento, ya que dispone de una zona
especial en el borde superior de la ventana pensada para mostrar una lista de valores numéricos sobre los que más adelante,
se podrán realizar diferentes cálculos estadísticos. Para añadir
un número a la lista de datos, escríbalo normalmente en la calculadora y haga clic sobre el botón **Add** en la esquina inferior
derecha. De esta forma, iremos almacenando en la memoria de
la herramienta todos los valores con los que deseemos realizar
nuestros cálculos estadísticos. El número total de datos aparece
debajo de la lista bajo el epígrafe "Recuento". Si la lista de datos
sobrepasa los límites disponibles en la calculadora, podremos
recorrerla utilizando los botones ▲ y ▼.

212

Si deseamos borrar cualquier dato de la lista, lo seleccionaremos y haremos clic sobre el botón **C**. Si deseamos borrar de un solo clic todos los datos de la lista, haremos clic sobre el botón **CAD**. Finalmente, los restantes botones de la calculadora, nos permitirán realizar cálculos estadísticos con los valores que hayamos almacenado: cálculo de promedios, varianzas, desviación estándar, etc.

*Nota: Si necesita conocer el significado o funcionamiento concreto de cualquiera de los botones de los distintos tipos de la calculadora, consulte la ayuda de la herramienta.*

## 6.5.3. Otras funciones de la calculadora

La nueva calculadora de Windows 7 incluye funciones de gran interés para el trabajo con esta herramienta tan habitualmente necesaria en nuestro día a día.

Una de las principales novedades es el historial de operaciones (no disponible en la calculadora de estadísticas). Cuando ejecutamos el comando Historial del menú Ver, aparece en la ventana de la calculadora una lista con las últimas operaciones realizadas (véase la figura 6.16). Haciendo clic sobre cualquiera de las operaciones en dicha lista, se mostrará en la pantalla de la calculadora el resultado correspondiente. En el menú Edición, vemos también un submenú Historial, gracias al cual podremos copiar el historial de operaciones de la calculadora para pegarlo en otra aplicación, editar la operación seleccionada en cada momento o borrar el contenido del historial.

*Nota: Para ocultar la lista de historial de operaciones vuelva a ejecutar su comando en el menú* Ver*. También puede ejecutar el comando pulsando la combinación de teclas* **Control-H**.

Otra interesante novedad es la incorporación en la calculadora de herramientas especializadas para la realización de cálculos frecuentes: conversiones de unidades, cálculos con fechas, cálculos de hipotecas o alquileres, etc.

Como vimos anteriormente, estas herramientas se encuentran disponibles a través de los últimos cuatro comandos del menú Ver de la calculadora. Su significado es el siguiente:

- **Básicas**. Muestra las calculadoras básicas, sin ninguno de los complementos de cálculo (conversión de unidades, cálculo de fechas, etc.) disponibles en la aplicación.

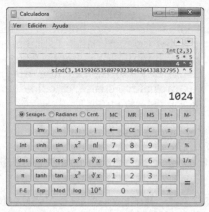

**Figura 6.16.** Historial de operaciones.

- **Conversión de unidades.** Añade un panel en el lateral derecho de la ventana de la calculadora donde se puede seleccionar el tipo de unidades que se desean convertir (ángulos, área, energía, peso o masa, temperatura, velocidad, etc.) y los valores y unidades de origen y de destino para realizar la conversión (véase la figura 6.17).

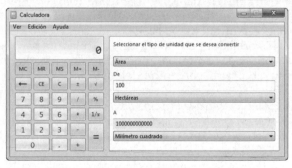

**Figura 6.17.** Conversión de unidades.

- **Cálculo de fecha.** Abre un panel en el lateral derecho de la ventana de la calculadora que permite realizar diferentes operaciones con fechas: calcular la diferencia entre dos fechas o sumar o restar días a una fecha concreta.
- **Hojas de cálculo.** Submenú en el que realizar cálculos para el estudio de hipotecas, la amortización del alquiler de vehículos o el seguimiento de consumo de combustible en millas por galón o litros por 100 kilómetros.

# 6.6. Paint

## 6.6.1. Introducción

A diferencia de otras herramientas gráficas, que trabajan con estructuras geométricas para elaborar sus diseños, Paint emplea como soporte para sus dibujos la técnica de *bitmap* (mapa de bits o mapa de puntos).

En este tipo de herramientas, la superficie de dibujo está constituida por un entramado de puntos, llamados píxeles, que el usuario puede alterar de manera independiente.

Este mecanismo permite mezclar los elementos geométricos habituales (como círculos, rectángulos, rectas, etc.) con elementos menos definidos y sin formas preestablecidas (entramados, rellenos, barridos de aerógrafo, etc.).

Por consiguiente, la flexibilidad con que el usuario puede manipular su diseño es mucho mayor y, al poder acceder a éste a nivel píxel, el control que se ejerce sobre los resultados es mucho más preciso.

Paint está basado en una paleta de colores y un repertorio de herramientas de diseño que dan al usuario la posibilidad de trabajar de una forma muy similar a como lo haría con soportes tradicionales: empleando papel y distintos tipos de útiles de dibujo (lapiceros, pinceles de diversos grosores, reglas, compases, etc.).

Pero además, Paint proporciona también ayudas adicionales que facilitan considerablemente la realización de efectos especiales muy difíciles de conseguir "a mano alzada" (es posible deformar un fragmento de dibujo, copiarlo, crear variantes simétricas, etc.).

## 6.6.2. Fundamentos de Paint

Para ejecutar Paint, haga clic sobre su nombre en la carpeta Accesorios del menú Inicio o escriba su nombre en el cuadro de búsqueda del mismo menú. Una vez ejecutado el programa, aparecerá en pantalla una ventana similar a la que muestra la figura 6.18.

En esta ventana, es posible distinguir varias secciones que contienen los distintos elementos que posibilitan el trabajo del usuario. Su estructura está pensada de forma que se simule una mesa de trabajo. El usuario debe tener encima de ella todos los útiles necesarios para realizar su labor.

**Figura 6.18.** La ventana principal de Paint.

Las secciones principales que podemos apreciar en la ventana de esta aplicación son las siguientes:

- **Cinta de opciones.** Contiene las herramientas mediante las cuales accedemos a las funciones del programa: herramientas de selección, herramientas de dibujo, pinceles, formas, paleta de colores, etc.
- **Área de dibujo.** Es una *hoja en blanco* sobre la que el usuario desarrollará sus diseños. Tiene asociadas unas barras de desplazamiento que permiten examinar partes del dibujo que queden fuera de los límites de la ventana en un momento dado.
- **Barra de estado.** Contiene información sobre la posición del puntero del ratón, las dimensiones del área de selección, las dimensiones del área de dibujo y el zoom.

- **Zoom.** Dentro de la barra de estado, es una barra deslizante que permite controlar el nivel de zoom con el que visualizamos nuestro dibujo.

## 6.6.3. Creación de un dibujo

A continuación vamos a seguir uno a uno los pasos necesarios para la realización de un dibujo sencillo. La edición de un dibujo, y su manipulación mediante procesos más sofisticados constituirán el tema de los próximos apartados.

### 6.6.3.1. Color de fondo y de trazado

Antes de empezar a dibujar, lo primero que necesitamos es elegir el color que vamos a utilizar para el fondo y los elementos de nuestro dibujo. Para ello disponemos de la paleta de colores, situada en el extremo derecho de la ficha Inicio de la cinta de opciones.

Para seleccionar el color de primer plano (el color de dibujo, es decir, el color con el que impregnaremos nuestros "pinceles"), haremos clic sobre **Color 1** en el grupo Colores de la cinta de opciones y, a continuación, haremos clic sobre el color deseado en la paleta de colores. Si el color que desea emplear no se encuentra en la paleta, haga clic sobre el botón **Editar colores** para abrir el cuadro de diálogo del mismo nombre donde podrá definir con toda exactitud cualquier color.

A continuación, buscaremos un color que nos sirva como fondo. Haremos clic sobre el botón **Color 2** y repetiremos el proceso seleccionando un color en la paleta o editándolo en el cuadro de diálogo Editar colores.

A partir de este momento, cualquier elemento que dibujemos tendrá el color de primer plano seleccionado. Pero tener como color de fondo el elegido no resulta tan inmediato. Si hemos empezado el dibujo con un cierto color de fondo, no cambiará automáticamente por el hecho de que seleccionemos uno nuevo. Sin embargo, cuando hagamos operaciones de borrado, el color que sustituirá al color de trazado sí será el color de fondo.

Para que nuestro dibujo adopte el color de fondo elegido, la única solución es consiste en emplear la herramienta **Relleno con color** que estudiaremos con más detenimiento más adelante. No obstante, resulta de vital importancia que antes de "teñir" nuestro papel de color no hayamos realizado ninguna otra operación de dibujo sobre el lienzo, ya que esto podría desvirtuar los resultados obtenidos. Simplemente, seleccione la herramienta, sitúe el puntero del ratón sobre el área de trabajo y haga clic con el botón derecho del ratón. Verá como el lienzo se colorea del color marcado como **Color 2** en el grupo Colores de la cinta de opciones. Si hiciéramos clic con el botón izquierdo del ratón en lugar de utilizar el derecho, el resultado sería teñir el lienzo del color de primer plano, es decir, **Color 1**.

### 6.6.3.2. Herramientas

El grupo Herramientas de la ficha Inicio de la cinta de opciones de Paint contiene un conjunto de iconos que representan las distintas herramientas de dibujo que podemos utilizar (figura 6.19). Para comenzar a trazar con alguna de ellas, lo único que necesitamos es llevar el ratón hasta el icono correspondiente y pulsar sobre él con el botón izquierdo. No obstante, si se trata de trabajar con pinceles, el programa nos ofrece un amplio conjunto de posibilidades. Si hacemos clic sobre el botón **Pinceles** (la parte que tiene dibujada un pincel determinado), seleccionaremos directamente la herramienta que se encuentre activada actualmente. Si queremos cambiar de pincel, haremos clic sobre la parte del icono en forma de punta de flecha, en el borde inferior del botón. De esta forma, accederemos a una paleta con diferentes formas de pincel y trazado, que podremos seleccionar con tan solo hacer clic sobre ellas. Seleccione cualquiera de estos pinceles para iniciar su dibujo.

**Figura 6.19.** Herramientas de Paint.

### 6.6.3.3. Tamaño de pincel

Al comenzar un dibujo, una de las primeras cuestiones que nos plantearemos es cuál debe ser el ancho del trazado con el que vamos a trabajar. Si pretendemos realizar un dibujo detallado y de precisión escogeremos un pincel fino, mientras que si pretendemos rellenar zonas extensas será más conveniente utilizar una brocha ancha.

El botón **Tamaño**, abre una paleta donde podremos seleccionar distintos grosores para la herramienta que tengamos actualmente seleccionada. Simplemente, haga clic sobre el grosor deseado y verá como la forma del puntero del ratón cambia para reflejar el nuevo tamaño de pincel.

### 6.6.3.4. Realización del trazado

Una vez elegidos todos los parámetros que van a intervenir en el dibujo, todo lo que nos queda por hacer es labor manual. El cursor del ratón hará las veces de punta del pincel. Podemos mover el cursor a cualquier punto del espacio de trabajo para empezar a dibujar en él. Para comenzar a trazar lo único que necesitamos hacer es pulsar el botón izquierdo, mientras esté pulsado, todos los movimientos del ratón quedarán reflejados en pantalla. Observe que si utiliza en botón derecho del ratón, se empleará como color de dibujo el color marcado en el botón **Color 2**, en lugar del color del botón **Color 1**. Si nuestro dibujo consta de varios tramos discontinuos (como es el caso más normal), después de terminado cada uno, levantaremos el dedo del botón, moveremos el cursor hasta la nueva posición deseada y realizaremos el siguiente trazado. Durante el tiempo en que el botón del ratón no se encuentra pulsado, los movimientos del ratón no quedarán reflejados en la pantalla. El botón izquierdo del ratón es el que activa la función de pintar (figura 6.20).

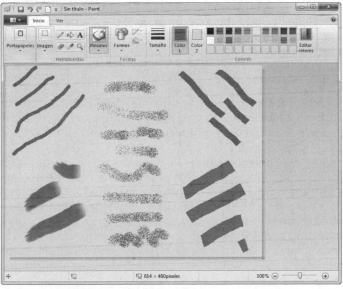

**Figura 6.20.** Creación de trazos con el pincel.

## 6.6.4. Ampliación

Ya hemos creado un dibujo sencillo en el área de trabajo, vamos a ver la forma de acercarnos a él para ajustar detalles o de alejarnos para apreciar en perspectiva su efecto global.

Hacer esto es posible gracias al zoom que encontramos en la esquina inferior derecha de la ventana (en el extremo derecho de la barra de estado) o a las herramientas del grupo Zoom que encontramos en la ficha Ver de la cinta de opciones.

Si se decide por la barra deslizante Zoom de la barra de estado, haga clic sobre los botones ⊖ o ⊕ para alejar o acercar respectivamente la vista del dibujo o simplemente desplace la barra deslizante hasta alcanzar el nivel de aproximación o alejamiento que desee. En la cinta de opciones, tenemos también las opciones de acercamiento y alejamiento mediante los botones correspondientes y, además, podemos recuperar el tamaño normal del dibujo, haciendo clic sobre el botón **100 %**.

## 6.6.5. Descripción de las herramientas

Hasta ahora hemos presentado los principios básicos a tener en cuenta para la realización de dibujos con Paint.

Sin embargo, todavía no hemos hablado de las grandes posibilidades que nos ofrece esta aplicación gracias al buen número de herramientas de dibujo que pone a disposición del usuario. En esta sección, describiremos dichas herramientas y su forma de utilización.

### 6.6.5.1. Borrador

Todo dibujante necesita un borrador. Paint ofrece una herramienta de este tipo que nos permite cambiar cualquier porción del dibujo de cualquier color al color de fondo cuando pasa por encima de ella.

Para ello, seleccionamos la herramienta **Borrador** ✐ del grupo Herramientas de la ficha Inicio de la cinta de opciones de Paint y la llevamos a la posición que queramos borrar. El solo hecho de pulsar el botón izquierdo del ratón hará que cualquier trazo que quede debajo del cursor del borrador quede convertido al color de fondo (sea éste del color que sea). Para borrar grandes superficies bastará con mantener pulsado el botón del ratón y hacer pasar el cursor del borrador por toda la superficie a eliminar. De forma similar a como se borra en una pizarra (figura 6.21).

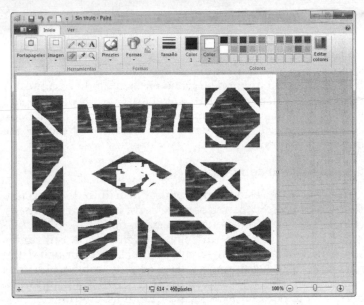

**Figura 6.21.** Borrado de un dibujo de Paint.

Ésta es una herramienta donde la elección del ancho de trabajo resulta especialmente importante, tan absurdo es intentar borrar una gran área con el grosor más reducido como hacer un trabajo de precisión (eliminar un pequeño reborde de una figura geométrica por ejemplo) con un borrador demasiado grande.

### 6.6.5.2. Selector de color

El **Selector de color** ✐ permite seleccionar como color de trazado o color de fondo cualquiera de los colores disponibles en un dibujo de Paint. Su utilización es muy sencilla. Simplemente, hacemos clic sobre su icono en la caja de herramientas y situamos el puntero del ratón sobre la zona del dibujo que contiene el color que deseamos seleccionar. Para utilizar dicho color como color de trazado, hacemos clic con el botón izquierdo del ratón. Por el contrario, si utilizamos el botón derecho, conseguiremos definir el color como color de fondo.

### 6.6.5.3. Lupa

La **Lupa** 🔍 sirve para aumentar o reducir la perspectiva de la presentación de un dibujo realizado con Paint. Sitúe la lupa sobre la zona que desea ampliar o reducir y haga clic respectivamente con los botones izquierdo o derecho del ratón.

**221**

### 6.6.5.4. Lápiz

El **Lápiz** ✏ está pensado para realizar dibujos de trazo fino a mano alzada, utilizando solamente el color de trazado seleccionado en la paleta de colores. Para utilizar esta herramienta, seleccionaremos su icono en la cinta de opciones. A continuación, haremos clic sobre el área de trabajo de Paint y desplazaremos el ratón mientras mantenemos presionado el botón izquierdo hasta definir el contorno del dibujo que queramos realizar.

### 6.6.5.5. Relleno con color

Ya conocimos esta herramienta al principio de la sección. **Relleno con color**, 🪣 nos permite derramar un determinado color dentro de cualquier zona cerrada del dibujo o de cualquier zona rellena con un color diferente. Si la utilizamos sobre un lienzo en blanco, como ya vimos anteriormente, llenará del color seleccionado toda el área de trabajo. Si hemos creado un trazado cerrado en nuestro lienzo, utilizando esta herramienta podremos rellenar de color su interior.

Así por lo tanto, esta herramienta resulta de especial interés cuando se utiliza en conjunción con las formas predefinidas que ofrece Paint y de las que hablaremos un poco más adelante.

El procedimiento para utilizar esta herramienta es el siguiente: se la selecciona en la cinta de herramientas, se sitúa el pico del icono que representa la herramienta en cualquier punto de la superficie que se pretende llenar y se pulsa el botón izquierdo del ratón (figura 6.22).

Existe un pequeño riesgo al utilizar esta herramienta cuando se pretenden llenar áreas que tal vez no están totalmente cerradas: el algoritmo de difusión trabaja de tal forma que va llenando espacio hasta que encuentra el límite de un píxel de color distinto del de fondo. Así, si en algún punto del borde del área pretendidamente cerrada existe una hendidura, aunque sólo sea de un píxel, el color escapará de sus límites pudiendo llegar a llenar toda la pantalla y estropear todo el trabajo realizado hasta ese momento.

En caso de producirse esta circunstancia, la única forma de reparación consiste en utilizar el botón **Deshacer** ↩ de la barra de herramientas de acceso rápido o pulsar la combinación de teclas **Control-Z**. Así, desharemos todos los cambios realizados en el dibujo desde que se eligió la última herramienta (**Relleno con color** en este caso).

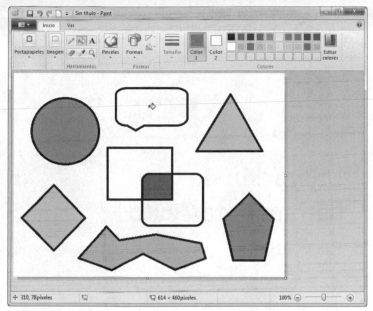

**Figura 6.22.** Utilización de la herramienta Relleno con color.

### 6.6.5.6. Texto

En la mayoría de los diseños gráficos que normalmente realizaremos sobre Paint, necesitaremos incluir texto. Tanto si se trata de un gráfico para una presentación comercial como un esquema técnico, etc. existe una gran probabilidad de que necesitemos completar la información gráfica con información escrita.

Para ser totalmente efectiva, esta información escrita deberá poder ser presentada con distintos formatos: distintos tamaños y tipos de letra, distintos colores, etc.

El procedimiento de utilización de la herramienta **Texto** **A** es sencillo. Como de costumbre, después de seleccionar la herramienta, llevaremos el cursor del ratón a la posición en la que queremos incluir el texto. Antes de nada, debemos definir el área que abarcará el texto que deseamos incluir dentro del dibujo. Para ello, hacemos clic con el botón izquierdo del ratón y lo arrastramos hasta definir un rectángulo de las dimensiones deseadas. Una vez hecho esto, aparecerá un cursor de texto (similar al que podemos encontrar en cualquier procesador de textos, WordPad por ejemplo) y una nueva ficha en la cinta de opciones llamada Texto donde podremos seleccionar el tipo de fuente que deseamos utilizar, el tamaño de la letra y otros atributos tales como la utilización de tipografía negrita, cursiva o subrayado (véase la figura 6.23).

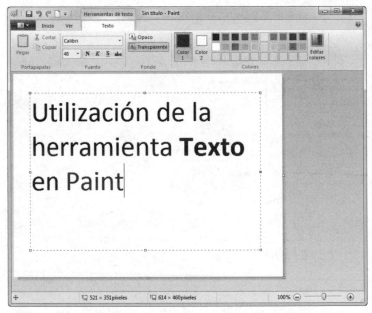

**Figura 6.23.** Utilización de la herramienta Texto.

Durante el proceso de escritura, la mayoría de las teclas ofrecen su función habitual. Así, **Intro** significará un salto de línea, **Retroceso** borrará el último carácter introducido, etc.

Para seguir escribiendo en una nueva posición, bastará con llevar el cursor del ratón a la misma y pulsar de nuevo. A partir de este momento, esta será la línea de texto activa.

Un aspecto importante a tener en cuenta es que la caja de texto seguirá estando activa hasta que hagamos clic fuera de sus límites, momento en el que se convertirá simplemente en un mapa de píxeles, por lo que ya no se podrán realizar las funciones naturales de edición sobre ella.

Mientras la caja de texto está activa, si cambia de idea sobre su ubicación en el dibujo puede desplazar el puntero del ratón hacia cualquiera de sus laterales hasta que tome la forma de una flecha de cuatro puntas. Haga clic y, manteniendo presionado el botón izquierdo del ratón, desplácelo para reubicar la caja de texto.

### 6.6.5.7. Pinceles

Pinceles (figura 6.24) es una paleta donde podemos seleccionar diferentes tipos de herramientas de tipo pincel, pluma o aerógrafo para dibujar a mano alzada sobre el lienzo de trabajo. Cuando se realizó anteriormente la descripción del proceso de dibujo, utilizamos como ejemplo esta herramienta, por lo cual no es necesario que volvamos a repetir su proceso de funcionamiento.

Experimente con los diferentes tipos de pinceles para observar el efecto que producen: pincel, pincel caligráfico, aerógrafo, pincel para óleo, crayón, marcador, lápiz natural y pincel para acuarela.

Observe que el efecto conseguido al utilizar algunos pinceles como el aerógrafo, depende del tiempo que nos encontremos presionando el botón izquierdo del ratón sobre un punto determinado del área de trabajo.

**Figura 6.24.** Pinceles.

### 6.6.5.8. Formas

La realización de formas perfectas (cuadrados, círculos, elipses, rectángulos, etc.) a mano alzada utilizando las herramientas que hemos visto hasta el momento en Paint, resulta prácticamente imposible. Por esta razón, el programa ha ideado un conjunto de herramientas que le permitirán crear diferentes tipos de formas perfectas en sus dibujos (véase la figura 6.25).

**Figura 6.25.** Formas.

El uso de la mayoría de las herramientas de la paleta Formas es muy sencillo. Una vez seleccionada la herramienta, moveremos el puntero del ratón a la posición que hayamos elegido como vértice inicial del rectángulo imaginario que circunscribe la forma (por ejemplo, en un rectángulo, cualquiera de las esquinas del rectángulo).

En dicho punto hacemos clic sobre el botón del ratón con lo que el vértice inicial del citado rectángulo imaginario queda fijo. A continuación, y sin soltar el botón pulsado, moveremos el cursor hasta lograr la forma deseada. Una vez conseguida ésta, soltaremos el botón del ratón. La forma no quedará consolidada hasta que hagamos clic fuera de los límites de su superficie, pasando entonces a convertirse simplemente en un mapa de bits.

> **Nota:** *Mantenga presionada la tecla **Mayús** durante toda la operación para crear una forma de proporciones exactas (un cuadrado en lugar de un rectángulo, un círculo en lugar de una elipse, etc.).*

Pero si observa atentamente el área de trabajo de Paint, podrá ver un recuadro punteado alrededor de la forma con una serie de recuadros diminutos llamados manejadores a su alrededor. Si sitúa el puntero del ratón sobre la forma y éste toma el aspecto de una flecha de cuatro puntas, significa que puede hacer clic y, manteniendo presionado el botón izquierdo del ratón, desplazar el ratón para desplazar la forma hacia una nueva posición.

Si coloca el puntero del ratón sobre cualquiera de los ocho manejadores del rectángulo punteado que rodea la forma, verá cómo se convierte en una flecha de doble punta. Eso significa que, igual que sucede con una ventana, se puede modificar el tamaño de la forma haciendo clic y, manteniendo presionado el botón izquierdo del ratón, arrastrarlo hasta conseguir el tamaño deseado.

Sin embargo, algunas herramientas tienen un comportamiento diferente. Las dos primeras son las que aparecen en primer lugar en la paleta de herramientas, **Línea** y **Curva**. La herramienta **Línea** nos permite trazar cualquier tipo de recta definiendo sus dos puntos extremos. Para ello, solamente tenemos que elegir el punto inicial, llevar a él el cursor y pulsar con el botón izquierdo del ratón.

A continuación, y manteniendo pulsado el botón, movemos el cursor hacia la posición final (mientras, vamos observando cuál es el efecto). Al llegar al punto de destino, soltaremos el botón del ratón con lo que la recta adquiere su forma definitiva.

Con la herramienta **Curva** es posible trazar cualquier tipo de línea curva. El procedimiento a seguir para ello es el siguiente: se selecciona la herramienta. A continuación se mueve el cursor hasta el punto donde queremos que se inicie el trazado, pulsamos con el ratón, y con el botón pulsado movemos el cursor hasta el punto que pretendemos sea el final. En este proceso, observaremos como aparece una línea flexible desde el punto inicial de la curva a la posición actual del cursor. Cuando nos encontremos sobre el punto final deseado, soltaremos el botón del ratón.

La fase siguiente consiste en curvar el elemento que acabamos de crear. Para ello pulsamos el botón izquierdo del ratón y lo movemos en torno a la recta que acabamos de crear. Como consecuencia, este se irá curvando siguiendo la dirección marcada por el cursor. Cuando la curvatura alcanzada sea la pretendida, bastara con soltar el botón del ratón.

Si ya hemos obtenido la forma final pretendida, acercaremos el cursor al punto final de la curva y pulsaremos para dar por terminado el elemento. Sin embargo, es posible que necesitemos que nuestra figura tenga dos direcciones de curvatura. En este caso, en vez de pulsar con el ratón sobre el punto final de la curva, la herramienta nos permite seguir el mismo proceso que utilizamos para curvar la figura la primera vez y, de esta forma, conseguir el resultado final pretendido. Cuando soltemos el botón del ratón esta vez, ya no podremos modificar más la curva, y ésta quedará consolidada (figura 6.26).

La otra herramienta que difiere en cuanto a su comportamiento es **Polígono**, la sexta de las herramientas de la paleta. Para empezar a trabajar con esta herramienta, después de seleccionarla comience por crear una línea, igual que lo haría con la herramienta del mismo nombre. A continuación, para seguir creando laterales del polígono, simplemente vaya haciendo clic sobre diferentes puntos del lienzo para ir conformando su diseño. Cuando vaya a colocar el último vértice de la forma, en lugar de hacer clic haga doble clic, con lo que conseguirá crear automáticamente los dos últimos laterales y obtener una forma cerrada.

Las herramientas de la paleta Formas también se pueden complementar con distintos tipos de contornos y de rellenos. Para modificar las condiciones de dibujo de la forma actualmente seleccionada, abra las paletas Contorno de forma 🖉▾ y Relleno de forma 🎨▾. Las opciones disponibles son las que se describen, a continuación:

**Figura 6.26.** Líneas y curvas.

- **Sin contorno / Sin relleno.** La forma que dibujemos no tendrá contorno en el color del primer plano o no se rellenará con el color de fondo.
- **Color sólido.** Utiliza el color de primer plano como contorno de la forma o el color de fondo como relleno.
- **Crayón, Marcador, Óleo, Lápiz natural y Acuarela.** Utiliza los colores definidos para el primer plano o el fondo y aplica al contorno o al relleno el efecto seleccionado correspondiente.

La mejor forma de conocer el funcionamiento de esta herramienta es experimentar. La figura 6.27 le orientará con algunos ejemplos.

## 6.6.6. Edición gráfica

Hasta ahora, hemos descrito el proceso de creación de un dibujo de forma primaria. Se puede decir que las herramientas y modos de trabajo tratados hasta este momento son prácticamente los mismos que se podrían conseguir trabajando de forma manual, excepto tal vez por la mayor flexibilidad y capacidad de modificación que se consigue trabajando con el ordenador.

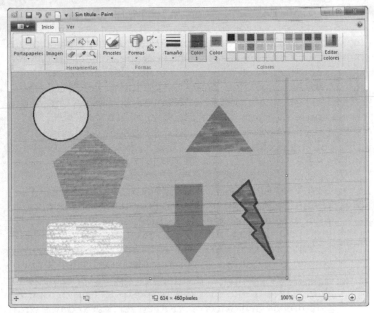

**Figura 6.27.** Distintas formas con y sin relleno y con y sin contorno.

Sin embargo, la gran fuerza que el ordenador pone en manos del diseñador gráfico es la capacidad para modificar de mil formas diferentes un dibujo realizado: agrandarlo, deformarlo, copiarlo, moverlo, etc.

A continuación, vamos a describir las posibilidades que en este sentido nos ofrece Paint y cómo se utilizan.

### 6.6.6.1. Selección

Antes de trabajar con cualquier fragmento de imagen, lo primero que tendremos que hacer es seleccionarlo, tal como sucede con otras muchas aplicaciones de Windows, donde la selección es el primer paso para la edición de cualquier elemento. Las herramientas de selección de Paint nos permiten "recortar" trozos de nuestro dibujo que luego podremos eliminar, copiar o trasladar a otra parte del mismo.

Las herramientas de selección del programa se encuentran disponibles a través del menú del botón **Imagen**, el segundo empezando por la izquierda en la cinta de opciones. Al hacer clic sobre este botón, aparece un nuevo menú bajo el botón **Seleccionar**, donde se pueden escoger las distintas herramientas y opciones de selección.

Al desplegar el menú de este botón, lo primero que nos encontramos es con los dos comandos correspondientes a las dos formas de selección: Selección rectangular y Selección de forma libre. La diferencia entre ambas es que Selección de forma libre permite definir un área de forma irregular alrededor de un dibujo complejo que nos interesa seleccionar. Por el contrario, **Selección** solamente permite definir secciones rectangulares para recortar.

El procedimiento de selección de una sección de un dibujo utilizando **Selección de forma libre** y **Selección** es bastante similar:

- Con Selección de forma libre, elegimos un punto del contorno de la superficie a seleccionar y allí llevamos el puntero del ratón. Una vez situados, hacemos clic con el botón izquierdo y, mientras lo mantenemos presionado, arrastramos el ratón por el contorno deseado. Cuando soltemos el botón, el dibujo seleccionado quedará enmarcado y podrá ser eliminado, copiado o trasladado. Si en algún momento del proceso decidimos que no estamos de acuerdo con el trazo realizado o nos equivocamos en algo, haciendo clic con el botón derecho del ratón la operación quedará anulada.

- Utilizando la herramienta Selección rectangular, sabemos que el área de selección está limitada desde un principio a ser un rectángulo. Por tanto, inicialmente llevaremos el ratón a la posición elegida como primer vértice de dicho rectángulo, hacemos clic con el botón izquierdo del ratón y, mientras lo mantenemos presionado, arrastraremos el cursor hasta que el rectángulo tenga las dimensiones adecuadas, momento en el que soltamos el botón pasando la superficie encerrada por el rectángulo a quedar seleccionada.

Una vez seleccionada una parte del dibujo mediante cualquiera de estos procedimientos, podemos moverla de posición de una forma muy simple: elegimos un punto situado dentro del área seleccionada, colocamos sobre él el ratón y, cuando veamos que toma la forma de una flecha de cuatro puntas, hacemos clic con el botón izquierdo. Con este botón pulsado, movemos el ratón a lo largo del espacio de dibujo. Cuando lo hagamos, la superficie seleccionada se moverá de manera solidaria con el ratón. Podemos de esta forma dejarla donde más nos convenga.

Dentro del menú del botón **Seleccionar**, encontramos otros comandos que modifican el comportamiento de la selección y que pueden resultar de gran interés a la hora de llevar a cabo nuestro trabajo:

- **Seleccionar todo.** Selecciona todo el lienzo de dibujo de Paint.
- **Invertir selección.** Todo lo que está seleccionado actualmente en la imagen quedará deseleccionado y todo lo que antes no estaba seleccionado ahora lo estará.
- **Eliminar.** Elimina el contenido seleccionado, dejando como fondo el color seleccionado en el botón **Color 2**.
- **Selección transparente.** Cuando esta opción no está seleccionada, al realizar una selección el color de fondo se incluye al pegarla en otra parte de la imagen. Si activa la opción **Selección transparente**, el color de fondo no se incluye en la selección, de modo que cualquier área que use ese color será transparente y dejará que el resto de la imagen aparezca en su lugar.

### 6.6.6.2. Copiar, mover y deformar

En Paint disponemos de un completo conjunto de utilidades que nos permiten desplazar y deformar secciones concretas de un dibujo que estamos realizando.

La mayoría de estas utilidades están basadas en el Portapapeles de Windows que sirve como almacenamiento temporal de información para las distintas aplicaciones de trabajo.

Las utilidades de cortado, copiado y pegado se encuentran disponibles a través del menú del botón **Pegar** de la cinta de opciones, el primero del lateral izquierdo.

Cuando desplegamos el menú de este botón, aparecen los comandos habituales Cortar y Copiar que, como cabría esperar, funcionan con las zonas que hayamos seleccionado previamente con las herramientas Selección rectangular o Selección de forma libre. Una vez hecho esto, el efecto de Cortar consistirá en almacenar la zona seleccionada en el Portapapeles y hacerla desaparecer de nuestro dibujo. El efecto de Copiar, consiste en almacenarla en el Portapapeles sin realizar ningún cambio en nuestro dibujo.

Una vez copiado o cortado un fragmento de imagen, podremos pegarlo en otro punto del dibujo con el botón **Pegar**. Este botón, encierra a su vez otros dos comandos: Pegar, que servirá para pegar sobre el lienzo el fragmento de imagen que acabamos de almacenar en el Portapapeles de Windows con los comandos **Cortar** o **Copiar** y **Pegar desde**, cuyo objetivo es permitirnos localizar un archivo de imagen que podremos pegar sobre la superficie del lienzo de nuestro dibujo Paint.

Una vez ejecutado el comando de pegado deseado, aparecerá en nuestro espacio de trabajo un área seleccionada que contiene la sección de dibujo recuperada. Esta sección estará situada en el vértice superior izquierdo del área de dibujo. Ahora nos quedará colocar el elemento en el punto deseado del dibujo. Para ello, situamos el cursor dentro del área seleccionada, hasta que tome la forma de una flecha de cuatro puntas, hacemos clic con el botón izquierdo y movemos el ratón arrastrando el área seleccionada hasta la posición pretendida. El elemento no quedará fijo hasta que hagamos clic fuera de su superficie. Mientras tanto, podremos modificar su posición tantas veces como deseemos o emplear sus manejadores para modificar su tamaño.

Por su parte, el menú del botón **Imagen**, nos ofrece algunos comandos de edición avanzada algo más sofisticados. Los comandos contenidos en este menú (aparte del botón **Seleccionar** cuyo contenido ya conocemos) pueden actuar sobre un fragmento de dibujo previamente seleccionado o sobre la totalidad del mismo.

El primero es **Recortar** y sirve para reducir un dibujo al área actualmente seleccionada, eliminando el resto del contenido del mismo.

El comando **Cambiar de tamaño**, nos permite deformar una imagen especificando un porcentaje de ampliación tanto en sentido horizontal como en sentido vertical o desplazar solamente uno de los laterales del dibujo seleccionado para conseguir un aspecto de imagen en perspectiva (véase la figura 6.28). Escriba los valores de deformación que desee y haga clic sobre el botón **Aceptar**.

Finalmente, los comandos del submenú **Girar** nos permiten rotar una sección de dibujo previamente seleccionada. Estos comandos incluyen giros predeterminados de 90 grados a derecha o izquierda, giros de 180 grados y reflejos de la imagen seleccionada en sentido vertical u horizontal.

### 6.6.6.3. Deshacer

Dada la gran potencia de acción de las herramientas de dibujo de Paint, una orden ejecutada por equivocación puede dañar gravemente un dibujo que ha costado horas de esfuerzo y que hasta hace unos segundos era perfectamente válido.

**Figura 6.28.** El cuadro de diálogo Cambiar de tamaño y sesgar.

Para enfrentar estas situaciones, Paint dispone de una herramienta **Deshacer** , situada en la barra de herramientas de acceso rápido. Hacer clic sobre este botón deshace los últimos cambios producidos en el dibujo que se está editando.

Supongamos por ejemplo, que después de realizado el complejo diseño de una pieza mecánica queremos encuadrarla con un rectángulo. De forma inadvertida, seleccionamos la herramienta Rectángulo en su formato de rectángulo relleno y superponemos el nuevo elemento al diagrama ya realizado. El resultado será que todo nuestro trabajo quedará sepultado bajo una espesa capa del color de fondo.

La única posibilidad que nos queda en una situación como la descrita es utilizar el botón **Deshacer**. El resultado de utilizar este comando, consistirá en que el rectángulo relleno generado en la última operación desaparecerá, con lo que recuperamos de nuevo trabajo que tanto esfuerzo nos había costado realizar.

Si una vez desecha una operación volvemos a cambiar de idea, podemos recurrir al botón **Rehacer** de la barra de herramientas de acceso rápido.

## 6.6.7. Otras funciones de Paint

La ficha Ver de la cinta de opciones de Paint incluye algunas ayudas de dibujo que pueden resultar de gran interés para el usuario. Dentro del grupo Mostrar u ocultar, encontramos tres casillas de verificación que podemos activar para aprovecharnos de tres ayudas de dibujo diferentes:

- **Reglas.** Muestra una regla vertical y otra horizontal que nos permitirá tomar referencias de la posición en la que nos encontramos en nuestro dibujo.
- **Cuadrícula.** Muestra una cuadrícula de fondo en el lienzo de dibujo también ideada para tomar referencias de la posición que ocupan los objetos de nuestros dibujos.
- **Barra de estado.** Muestra u oculta la barra de estado de la ventana donde, además del control de zoom, disponemos de información sobre la posición del puntero del ratón, las dimensiones de la selección y las dimensiones globales del lienzo.

Además de estas ayudas, Paint dispone lógicamente de todas las herramientas de administración habituales de cualquier programa, como son la posibilidad de almacenar dibujos o abrir dibujos ya existentes, de crear dibujos nuevos, de enviar un dibujo a una impresora, etc.

Todas estas opciones se encuentran disponibles en el menú de Paint, el icono de la esquina superior izquierda de la ventana (debajo del menú de control). Los principales comandos que encontramos en este menú son:

- **Nuevo.** Crea un nuevo dibujo en blanco.
- **Abrir.** Permite recuperar, cargándolo en el área de trabajo un dibujo previamente almacenado en disco. Al ejecutar éste comando, aparece un cuadro de diálogo mediante el que debemos introducir el nombre del archivo donde se almacena el dibujo y su posición dentro de su unidad de disco.
- **Guardar** y **Guardar como.** Es el comando opuesto al anterior, permite almacenar en un archivo el dibujo que está siendo editado en el momento de su ejecución. Cuando se salva un archivo con **Guardar como**, podemos seleccionar el formato de destino del archivo de imagen y, en el cuadro de diálogo que aparece en pantalla, podremos introducir el nombre de dicho archivo y especificar la carpeta en la que queremos que se encuentre. El comando **Guardar** es una variante del comando anterior. Una vez que un dibujo que está siendo editado se almacena en disco ya tiene asignado un nombre. Por lo tanto, la siguiente vez que necesitemos salvar nuestro trabajo podemos utilizar el comando **Guardar** directamente, lo que nos permite almacenar el dibujo en desarrollo en el archivo elegido la última vez que se salvó. Si no se hubiese ejecutado ninguna operación **Guardar como** con

anterioridad, la ejecución del comando Guardar forzaría la del comando Guardar como. La función del comando Guardar 🔲 también se encuentra accesible a través del botón del mismo nombre de la barra de herramientas de acceso rápido .

- En el submenú Imprimir, disponemos de tres comandos que sirven para configurar la impresión de un dibujo:

  - Imprimir. Abre el cuadro de diálogo general de impresión, donde se puede seleccionar la impresora a la que se desea enviar el trabajo, las preferencias de la misma, así como definir el intervalo de páginas a imprimir y el número de copias.

  - Configurar página. Permite establecer las características de la página sobre la que se imprimirá el dibujo. Esto incluye los márgenes a dejar entre el borde de la página y el área de dibujo, la selección del tipo de orientación y la definición del tamaño del papel.

  - Vista previa de impresión. Muestra una visión preliminar de cómo quedará el dibujo al imprimirlo.

- Desde escáner o cámara. Este comando permite recuperar una imagen de un escáner o una fotografía de una cámara digital directamente sobre el lienzo de Paint.

- Enviar en correo electrónico. Adjunta la imagen del dibujo Paint a un mensaje de correo electrónico.

- Establecer como fondo de escritorio. Permite convertir el dibujo actual de Paint en la imagen de fondo de escritorio, especificando también la forma en que se distribuirá el dibujo por el espacio disponible en la pantalla.

# 6.7. Recortes

Recortes es una herramienta de Windows 7 mediante la que podremos capturar fragmentos de la pantalla de nuestro ordenador y almacenarlos como imágenes para utilizarlos en nuestros documentos, enviarlos a través del correo electrónico, abrirlos en Paint, etc.

Para iniciar la utilidad Recortes, haga clic sobre su icono en la carpeta Accesorios del menú Inicio o escriba su nombre en el cuadro de búsqueda del mismo menú.

Cuando se inicie la aplicación, quedará automáticamente preparada para realizar una captura de pantalla. Simplemente, haga clic sobre un punto correspondiente a cualquiera de las esquinas del rectángulo que desee capturar y, manteniendo presionado el botón izquierdo del ratón, arrástrelo hasta la esquina opuesta. La ventana de la aplicación mostrará el fragmento de imagen capturado (véase la figura 6.29).

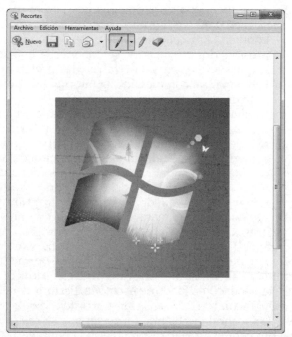

**Figura 6.29.** Recorte de una porción del escritorio de Windows.

## 6.7.1. Tipos de recortes

La ventana principal de la aplicación Recortes que se ilustra en la figura 6.29, nos ofrece varias posibilidades de trabajo. La primera de ellas es realizar una nueva captura de pantalla. Para ello, haga clic sobre el botón **Nuevo** de la barra de comandos, ejecute el comando Nuevo recorte del menú Archivo o pulse la combinación de teclas **Control-N**.

Observará que la pantalla se difumina y una pequeña ventana nos informa de las operaciones que debemos llevar a cabo para realizar nuestra captura de pantalla. Sin embargo, no estamos limitados a la realización de recortes de forma rectangular. Si observa el botón **Nuevo** de esta versión de la ventana Recortes en miniatura, verá un icono en forma de punta de flecha a su derecha que le permitirá desplegar un menú donde podrá elegir el tipo de recorte que desea realizar. Las opciones disponibles son:

- **Recorte de forma libre.** Permite realizar una captura de forma irregular. Simplemente, haga clic y arrastre el ratón manteniendo presionado el botón izquierdo del ratón hasta definir la forma deseada. Si suelta el botón del ratón sin haber completado una figura cerrada, Windows la completará automáticamente con una línea entre los puntos inicial y final del recorrido.
- **Recorte rectangular.** Sirve para definir una selección de captura de forma rectangular.
- **Recorte de ventana.** Sirve para capturar cualquiera de las ventanas abiertas en el entorno de Windows. Aparte de las ventanas de aplicaciones tradicionales, descubrirá que muchos de los elementos de la interfaz tienen también tratamiento de ventanas. Experimente para comprobar las posibilidades de esta opción.
- **Recorte de pantalla completa.** Captura el contenido de toda la pantalla del ordenador, incluyendo la barra de tareas de Windows.

## 6.7.2. Guardar, copiar y enviar recortes

Después de realizar una captura de pantalla, la aplicación Recortes nos permitirá utilizarla de diversas formas. En primer lugar, podemos almacenarla en una unidad de disco haciendo clic sobre el botón **Guardar recorte** 🔲 de la barra de comandos, ejecutando el comando Guardar como del menú Archivo o pulsando la combinación de teclas **Control-S**.

En el cuadro de diálogo Guardar como localice la carpeta donde desea almacenar el recorte. Si lo desea, puede elegir entre distintos formatos para el archivo de imagen de la captura mediante la lista desplegable Tipo (PNG, GIF, JPEG o HTML). Finalmente, escriba el nombre que desee asignar al archivo en el cuadro de texto Nombre y haga clic sobre el botón **Guardar**.

Si lo que deseamos es copiar el recorte en el Portapapeles de Windows para utilizarlo en otra aplicación, haremos clic sobre el botón **Copiar** 🔳 de la barra de comandos, ejecutaremos el comando Copiar del menú Edición o pulsaremos la combinación de teclas **Control-C**. A continuación, podremos utilizar la imagen copiada en cualquier aplicación utilizando las técnicas habituales: comando Pegar del menú Edición o similar o combinación de teclas **Control-V**.

La última opción es enviar nuestro recorte a través de un mensaje de correo electrónico. Para ello, tendremos que utilizar el botón **Enviar recorte** ⌂ ▾ ) de la barra de comandos de la aplicación. Si hacemos clic sobre el icono en forma de punta de flecha de este botón, aparecerá un menú contextual en el que podremos elegir las siguientes opciones: Destinatario de correo electrónico (para enviar la imagen dentro del cuerpo de un mensaje de correo electrónico) o Destinatario de correo electrónico (como datos adjuntos) (para enviar un correo electrónico en el que la imagen se incluya como datos adjuntos).

## 6.7.3. Edición de recortes

El programa Recortes incluye varias opciones para crear anotaciones y marcas dentro de las capturas de pantallas que podemos realizar. La primera de estas herramientas está representada por el botón **Lápiz** en la barra de comandos ✏ ▾. Esta herramienta, como su propio nombre indica, se comporta como un lapicero con el que podemos escribir y dibujar sobre nuestra imagen.

Simplemente, haga clic en el área de trabajo de la aplicación y arrastre el ratón para crear la forma deseada (figura 6.30). Si desplegamos el menú del botón haciendo clic sobre el icono en forma de punta de flecha situado a su derecha, podremos elegir tres tipos de lapiceros personalizados: Lápiz rojo, Lápiz azul y Lápiz negro o trabajar con un lapicero personalizado que podemos configurar ejecutando el comando Personalizar.

En el cuadro de diálogo Lápiz personalizado, podremos elegir el color del lapicero, su grosor y el tipo de punta deseado.

Todas las opciones de selección y configuración del lápiz se encuentran disponibles también a través del submenú Lápiz del menú Herramientas de la aplicación.

La siguiente herramienta es un rotulador o marcador de resaltado, similar a los rotuladores fosforescentes que estamos acostumbrados a utilizar. Activaremos esta herramienta haciendo clic sobre el botón **Marcador de resaltado** 🖊 de la barra de comandos o ejecutando el comando del mismo nombre del menú Herramientas.

Finalmente, la herramienta **Borrador** 🔲 que se encuentra en la barra de comandos de la ventana de Recortes, permite eliminar cualquiera anotación que hayamos realizado con las herramientas **Lápiz** o **Marcador de resaltado**. Simplemente, seleccione la herramienta y haga clic sobre el elemento que desee eliminar.

**Figura 6.30.** Anotaciones en un recorte.

# 6.8. WordPad

## 6.8.1. Introducción

WordPad es una aplicación Windows cuya utilidad es la de soportar la elaboración de documentos escritos. Un tratamiento de texto ciertamente potente, ya que dispone de algunas posibilidades específicas de un entorno operativo tan flexible como el de Windows 7.

Una de las ventajas principales que presenta es la de poder ser utilizado en conjunción con el resto de las aplicaciones Windows, siendo posible así el intercambio de información. Por ejemplo, con WordPad resulta posible confeccionar informes en los que se incluyan gráficos o diseños realizados desde Paint, anotaciones contenidas en el Bloc de notas, los resultados de cálculos realizados con la Calculadora, etc.

WordPad, dispone también de una gran variedad de tipos y tamaños de letra, que permiten realizar escritos mucho más vistosos desde un punto de vista estético.

## 6.8.2. Descripción de WordPad

Para ejecutar WordPad, haga clic sobre su icono en la carpeta `Accesorios` del menú Inicio o escriba su nombre en el cuadro de búsqueda del mismo menú. Aparecerá en la pantalla de su ordenador una ventana como la que muestra la figura 6.31.

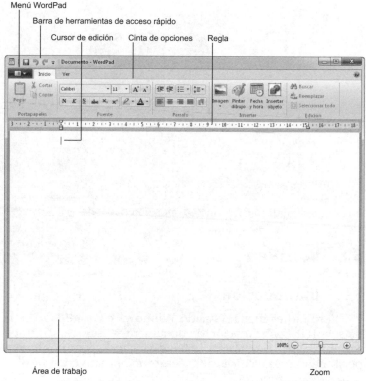

**Figura 6.31.** La ventana principal de WordPad.

En la figura 6.31, observamos un área de trabajo en blanco lista para que el usuario comience a introducir el texto. En la esquina superior izquierda, aparecerá un cursor parpadeante, representado por una barra vertical.

Si sitúa sobre la superficie de la aplicación el puntero del ratón aparecerá también un cursor en forma de "I". Este cursor nos permitirá desplazarnos rápidamente a lo largo de los documentos WordPad.

La barra de título mostrará, delante del nombre de la aplicación, el nombre del documento actualmente abierto. Cuando éste sea un documento nuevo, el nombre será Documento.

Aparte de estos elementos, y de la cinta de opciones habituales de las aplicaciones Windows modernas, podemos apreciar en la figura 6.31 una regla y una barra de estado con una barra deslizante de zoom situada en el borde inferior de la ventana.

## 6.8.3. Escribir texto

El usuario podrá empezar a introducir su texto directamente utilizando el teclado de su ordenador. La filosofía de WordPad es totalmente análoga a la de otros procesadores de texto, utilizándose para la edición las teclas habituales, es decir, las teclas del cursor para moverse a través del documento, **Retroceso** y **Supr** para eliminar caracteres, **Intro** para pasar a la siguiente línea, etc.

Como característica adicional, WordPad ofrece una forma más rápida de acceder a un determinado punto de la página que se está editando. Esta técnica consiste en utilizar el ratón, moviendo el cursor de posición hasta el punto deseado y pulsando entonces, con lo que se consigue que el cursor de edición quede en el lugar escogido.

Otra característica interesante de WordPad es la forma de recorrer un documento. Además de las técnicas tradicionales, utilizando las teclas de avance y retroceso de página y provocando el desplazamiento del documento al mover hacia arriba y abajo el cursor de texto, en WordPad existe la posibilidad de desplazarse a lo largo de un escrito utilizando las barras de desplazamiento. Esto significa una ventaja más en lo que se refiere a facilidad de manejo.

## 6.8.4. Selección

WordPad ofrece la posibilidad de trabajar con bloques de texto, para poder copiar o transferir información, para eliminar dichos bloques, o en general para realizar modificaciones que afecten a una zona completa de un documento.

Pero para definir un bloque, es necesario que se indique al programa los puntos de inicio y final del mismo. Esta operación es conocida como selección. El texto seleccionado aparecerá en la pantalla de nuestro ordenador marcado en vídeo inverso.

Para seleccionar bloques de texto independientes se deberán desarrollar los siguientes pasos:

- **Con el ratón:**
  1. Situar el cursor al principio del bloque.
  2. Hacer clic con el botón izquierdo del ratón.
  3. Desplazar el ratón manteniendo el botón presionado hasta el final del bloque.
  4. Soltar el botón del ratón.
- **Con el teclado:**
  1. Situar el cursor al principio del bloque.
  2. Pulsar simultáneamente **Mayús** y **Flecha dcha.** desplazándonos de esta forma carácter a carácter hasta abarcar todo el bloque.

Para seleccionar una o varias líneas de texto desde el teclado debemos hacer lo siguiente:

1. Situar el cursor al principio de la primera línea a seleccionar.
2. Pulsar simultáneamente **Mayús** y **Flecha abajo** tantas veces como sea necesario hasta que quede seleccionado todo el bloque de texto.

Para realizar estas operaciones con el ratón, WordPad dispone de una zona especial en su ventana, llamada área de selección, y que está situada en el borde izquierdo de la pantalla. Esta área es invisible, pero cuando se sitúe el cursor del ratón sobre ella, se observará que su forma habitual cambia, convirtiéndose en una flecha que apunta hacia la derecha en lugar de a la izquierda.

Para seleccionar una única línea del documento se situará el puntero en la zona del área de selección contigua a dicha línea, pulsando a continuación el botón izquierdo del ratón. Si se desean seleccionar varias líneas, se mantendrá pulsado dicho botón mientras se desplaza el ratón hasta abarcar todo el bloque de texto que se pretende marcar. Si lo que queremos es seleccionar la totalidad de un párrafo, procederemos haciendo doble clic con el puntero del ratón.

Finalmente, para seleccionar todo el texto contenido en un documento WordPad se coloca el cursor en la zona del área de selección y se hace triple clic (tres pulsaciones rápidas) con el botón izquierdo del ratón.

## 6.8.5. Mover bloques de texto

Una vez seleccionado un bloque de texto en el documento, es posible que el usuario necesite copiarlo en otra zona del mismo, o simplemente cambiarlo de posición.

Todas estas operaciones se consiguen utilizando el Portapapeles de Windows como intermediario. Éste permite además el intercambio de información entre las distintas aplicaciones del entorno operativo Windows. Una de las principales utilidades que puede ofrecer el Portapapeles dentro de la aplicación WordPad, es la inclusión en el texto de dibujos realizados con Paint, que se describirá en la siguiente sección.

Para mover bloques de texto de un punto a otro de un documento WordPad, utilizando el ratón, se deben realizar las siguientes operaciones:

1. Seleccionar el texto a transferir.
2. Situar el puntero del ratón sobre el texto seleccionado.
3. Pulsar el botón izquierdo del ratón y mantenerlo presionado mientras arrastramos el texto hasta su nueva posición.

También podemos copiar un fragmento de texto en lugar de moverlo. El proceso es similar con la diferencia de que, en esta ocasión, debemos mantener presionada la tecla **Control** mientras arrastramos el elemento a su nueva posición.

Si se desea realizar la operación de movimiento o copia de texto desde el teclado deberá ejecutar los siguientes pasos:

1. Seleccionar el texto.
2. Hacer clic sobre los botones **Cortar** o **Copiar** del grupo Portapapeles de la ficha Inicio de la cinta de opciones.
3. Situar el cursor en el punto de inserción del texto.
4. Hacer clic sobre la mitad superior del botón **Pegar** (la que tiene la imagen del Portapapeles) del grupo Portapapeles de la ficha Inicio de la cinta de opciones. Si hace clic sobre la mitad inferior de este botón, la que incluye el texto "Pegar" y un icono en forma de punta de flecha, aparecerá un menú donde podrá elegir entre el comando Pegar, para realizar exactamente la misma función que el botón y el comando Pegado especial, que le permitirá elegir el formato en el que se encuentra el texto contenido actualmente en el portapapeles de Windows, en el caso de que esté intentando pegar en su documento WordPad un objeto procedente de una aplicación externa.

Es fácil adivinar que si quisiéramos simplemente eliminar un bloque de texto seleccionado deberíamos utilizar solamente el botón **Cortar**, sin recurrir posteriormente a **Pegar**. La copia del texto sigue permaneciendo en el Portapapeles, lo que permite además la recuperación del mismo en un momento dado.

Si lo que deseamos es eliminar de forma permanente un fragmento de texto (sin almacenarlo en el Portapapeles), lo seleccionaremos y pulsaremos la tecla **Supr**.

Cuando no estemos conformes con la última operación realizada (movimiento de un bloque de texto, eliminación del mismo, escritura de un texto, etc.) podemos hacer clic sobre el botón **Deshacer** de la barra de herramientas de acceso rápido o pulsar la combinación de teclas **Control-Z**. Esto puede evitar pérdidas accidentales de información o un trabajo innecesario.

El botón **Deshacer** sirve para deshacer el efecto de muchos de los comandos y acciones que se pueden realizar con WordPad. Si después de deshacer una operación cambia nuevamente de idea, podrá rehacerla con el botón **Rehacer** de la barra de herramientas de acceso rápido.

## 6.8.6. Copiar y vincular figuras

También es posible introducir en un documento WordPad dibujos que el mismo usuario puede haber creado utilizando la herramienta Paint. Para ello, Windows 7 ha previsto dos métodos distintos que son: *copiar* y *vincular*.

El procedimiento a seguir para *copiar* una imagen creada con Paint en un documento WordPad, es el siguiente:

1. Ejecutar la aplicación Paint.
2. Realizar cualquier dibujo simple con Paint o escoger alguno de los diseños ya incluidos en Windows (véase la figura 6.32).
3. Seleccionar el dibujo realizado (por ejemplo, ejecutando el comando Seleccionar todo del menú del botón **Seleccionar**).
4. Hacer clic sobre los botones **Cortar** o **Copiar** del grupo Portapapeles de la ficha Inicio de la cinta de opciones de Paint. El dibujo se almacenará en el Portapapeles.
5. Cambiar a la aplicación WordPad.
6. Situar el cursor en la posición en la que se desee incorporar el dibujo y hacer clic sobre la mitad superior del botón **Pegar** del grupo Portapapeles de la ficha Inicio de la cinta de opciones de WordPad. El resultado se ilustra en la figura 6.33.

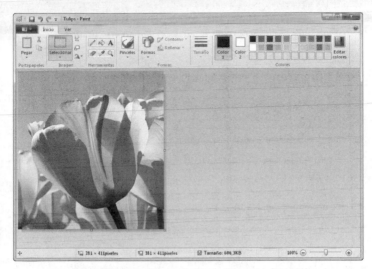

**Figura 6.32.** Dibujo en la aplicación Paint.

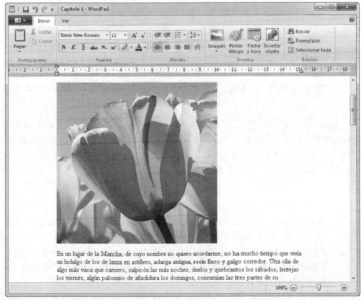

**Figura 6.33.** Imagen Paint pegada sobre un documento WordPad.

Si se emplean programas de terceros, también disponemos de la opción de elegir el formato en el que deseamos insertar una imagen en nuestro documento Word. Una vez seleccionada la imagen en el programa de origen, haga lo siguiente:

1. Ejecutar WordPad.
2. Seleccionar el punto de inserción de la imagen dentro del documento.
3. Hacer clic sobre la mitad inferior del botón **Pegar** del grupo Portapapeles de la ficha Inicio de la cinta de opciones de WordPad para abrir el menú correspondiente. Ejecutar el comando Pegado especial. Aparecerá en pantalla un cuadro de diálogo muy parecido al de la figura 6.34.

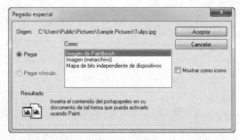

**Figura 6.34.** El cuadro de diálogo Pegado especial.

4. Seleccionar en el cuadro de lista Como la opción correspondiente al formato de imagen deseado y hacer clic sobre el botón **Aceptar**.

A partir de ahora, WordPad reconocerá la figura incrustada como un dibujo Paint, y será posible editarla y modificarla, simplemente haciendo doble clic sobre ella. Para *vincular* imágenes creadas con Paint u otros programas de dibujo en un documento WordPad, debemos completar los siguientes pasos:

1. Ejecutar WordPad.
2. Seleccionar el punto de inserción dentro del documento WordPad donde se desee introducir la imagen.
3. Hacer clic sobre el botón **Insertar objeto** del grupo Insertar de la ficha Inicio de la cinta de opciones de WordPad.
4. En el cuadro de diálogo Insertar objeto, seleccionar la opción Crear desde archivo.
5. Introducir el nombre del archivo que deseamos vincular al documento WordPad en el cuadro de texto Archivo y activar la casilla de verificación Vincular.

6. Finalmente, hacer clic sobre el botón **Aceptar** para cerrar el cuadro de diálogo y vincular la imagen al documento.

A partir de ahora, cualquier modificación del archivo vinculado al documento WordPad, tendrá repercusión sobre este último. Si se desea efectuar desde WordPad cualquier cambio sobre el dibujo, bastará con hacer doble clic sobre él.

Una vez introducido un dibujo en un documento WordPad disponemos de la posibilidad de moverlo y cambiarlo de tamaño.

Para realizar cualquiera de estas operaciones, primero se deberá seleccionar el dibujo. Esto se consigue desplazando el cursor hasta la zona en la que se encuentra éste, o bien pulsando sobre él con el ratón. El movimiento de un dibujo se realiza de forma completamente análoga al movimiento de un fragmento de texto.

Otra posibilidad para cambiar de posición un dibujo es la de utilizar los botones **Alinear texto a la izquierda**, **Centrar** o **Alinear texto a la derecha** del grupo Párrafo de la ficha Inicio de la cinta de opciones, produciéndose un efecto similar al obtenido cuando se utiliza para texto. Esta operación será descrita más adelante.

También es posible utilizar los botones **Cortar** y **Copiar** del grupo Portapapeles de la ficha Inicio para cambiar de posición un dibujo, lo que nos permite situarlo en cualquier lugar dentro del documento.

Para cambiar el tamaño de un dibujo incluido en WordPad podemos utilizar los manejadores que aparecen alrededor de dicho dibujo cuando lo seleccionamos con el ratón. Al situar el puntero sobre cualquiera de estos manejadores, se convertirá en una flecha de doble punta. Para cambiar el tamaño, simplemente haremos clic con el botón izquierdo y arrastraremos el ratón en la dirección deseada.

## 6.8.7. Buscar texto

Cuando un documento tiene una longitud considerable, puede resultar una tarea casi imposible el localizar un fragmento de texto dentro del mismo, sobre todo, si el usuario no tiene una idea muy concreta de dónde puede estar. Con el fin de solventar este problema, WordPad dispone de algunas funciones de búsqueda y sustitución que agilizan este proceso en un documento extenso.

Todas las opciones de búsqueda y sustitución de texto están encerradas en el grupo Edición de la ficha Inicio de la cinta de opciones. Para localizar un bloque de texto en el documento se deben seguir los siguientes pasos:

1. Situar el cursor en el punto a partir del cual se quiera comenzar la búsqueda.
2. Hacer clic sobre el botón **Buscar** del grupo Edición.
3. En el cuadro de texto Buscar del cuadro de diálogo del mismo nombre, introducir el fragmento de texto que se desea localizar (véase la figura 6.35).

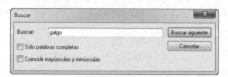

**Figura 6.35.** El cuadro de diálogo Buscar.

Hay que señalar además, que las opciones de búsqueda y sustitución de WordPad no se limitan a las palabras que se corresponden exactamente con la especificada (a no ser que se indique lo contrario). De esta forma, si se introduce como texto a localizar la palabra *mar*, WordPad podrá localizar las palabras *mar*, *marea*, *martes*, etc. Para evitar esta circunstancia, existe la opción Sólo palabras completas en el cuadro de diálogo Buscar, cuyo efecto es la localización de los bloques de texto (separados por espacios o signos de puntuación) que coinciden exactamente con el especificado.

Asimismo, al realizarse una búsqueda de texto, WordPad ignorará si éste contiene caracteres en mayúsculas y minúsculas, y localizará todas las coincidencias de cualquier tipo. Por ejemplo, la búsqueda de *Estrella*, podrá servir para localizar tanto el nombre propio *Estrella*, como el nombre común *estrella*. Esto se puede evitar seleccionando la opción Coincidir mayúsculas y minúsculas en el cuadro de diálogo.

4. Hacer clic sobre el botón **Buscar siguiente** en el cuadro de diálogo para comenzar la búsqueda.

El texto localizado se marcará en pantalla mediante vídeo inverso. Una vez así seleccionado, se podrá realizar sobre él cualquier operación, tal como cambiar el tipo de letra, copiar en el Portapapeles, etc.

Para buscar la siguiente aparición del mismo fragmento en el documento se deberá hacer clic de nuevo sobre el botón **Buscar siguiente**, o bien cerrar el cuadro de diálogo Buscar (se puede hacer mediante haciendo clic sobre su botón **Cerrar** en la esquina superior derecha del cuadro de diálogo y pulsar la tecla de función **F3**.

Cuando ya no exista en el documento ningún bloque de texto igual al buscado, el programa avisará mediante el mensaje "WordPad ha terminado de buscar en el documento".

## 6.8.8. Buscar y reemplazar

WordPad dispone de la posibilidad de sustituir automáticamente unos fragmentos de texto por otros. Por ejemplo, en el caso de que se deba redactar una carta común a varios destinatarios, se puede utilizar esta opción para efectuar el cambio de los nombres antiguos por los nuevos.

Las reglas de búsqueda son exactamente las mismas que para la búsqueda de texto descrita en el apartado anterior.

Para realizar una operación de sustitución se deben ejecutar los siguientes pasos:

1. Situar el cursor en la posición del documento en la que se pretenda iniciar la búsqueda del texto.
2. Hacer clic sobre el botón **Reemplazar** del grupo Edición de la ficha Inicio de la cinta de opciones para abrir el cuadro de diálogo de la figura 6.36.

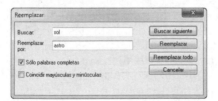

**Figura 6.36.** El cuadro de diálogo Reemplazar.

3. Introducir el texto que debe ser reemplazado en la casilla Buscar, y el que lo sustituye en la casilla Reemplazar por.
4. Seguidamente, hacer clic sobre los botones **Buscar siguiente**, **Reemplazar** o **Reemplazar todo** para localizar

la siguiente aparición de la palabra buscada, reemplazar la palabra actualmente seleccionada o realizar todos los cambios en el documento respectivamente.

## 6.8.9. Tipos de letra

Otra de las características que diferencia a WordPad de otros procesadores de texto, es su gran variedad en cuanto a tipos y tamaños de letra se refiere. Y su gran facilidad de utilizar plenamente todas estas capacidades.

El usuario puede utilizar las distintas opciones de las que dispone para conseguir una mayor claridad o una mejora en la presentación de sus documentos. Asimismo, puede probar sobre el mismo texto los distintos tipos y tamaños de letra hasta conseguir el efecto deseado.

Además de todo esto, WordPad también dispone de la clásica tipografía en negrita, cursiva, subrayado.

Para introducir por ejemplo, texto en cursiva se debe hacer clic sobre el botón **Cursiva** del grupo Fuente de la ficha Inicio de la cinta de opciones. Todo el texto introducido a partir de ese momento aparecerá en la pantalla en tipografía cursiva. Para volver al modo de escritura normal, haremos clic nuevamente sobre dicho botón.

Los distintos tipos de letra se encuentran reflejados en la lista desplegable Familia de fuentes en la esquina superior izquierda del grupo Fuente. A continuación, la lista desplegable Tamaño de fuente, permite seleccionar un tamaño de letra para el texto que se introduzca a continuación o el texto ya seleccionado.

Los botones **Agrandar fuente** y **Reducir fuente** situados a la derecha de esta última lista desplegable, sirven para ir seleccionando automáticamente los tamaños superior o inferior respectivamente de dicha lista.

La segunda fila de botones del grupo Fuente comienza con los botones que nos permitirán definir el estilo de letra que deseamos aplicar en cada momento. De izquierda a derecha son: negrita, cursiva, subrayado, efecto tachado, subíndice y superíndice.

El siguiente botón incluye una paleta desplegable que nos permitirá elegir un color para resaltar un fragmento de texto seleccionado. Su efecto es análogo al de los rotuladores fosforescentes que estamos acostumbrados a utilizar para resaltar fragmentos de un documento.

Finalmente, el botón situado en la esquina inferior derecha del grupo sirve para cambiar el color del texto que se encuentre seleccionado o del que escribamos después de utilizar la herramienta.

## 6.8.10. Características especiales del texto

Aparte de cómo introducir el texto, el usuario necesitará conocer cómo realizar otras tareas de formato tales como fijar los márgenes o utilizar el tabulador. Además, WordPad dispone también de varias posibilidades para alinear el texto a la izquierda, a la derecha o centrado.

Existen dos formas de establecer un tabulador, así como de especificar muchas de las características que se describen en este apartado. WordPad dispone de una utilidad llamada *Regla* desde la cual se pueden controlar fácilmente todos estos elementos. Activando o desactivando la casilla de verificación Regla del grupo Mostrar u ocultar de la ficha Ver de la cinta de opciones, podremos habilitar o deshabilitar la presentación de la regla en la ventana de WordPad.

Como su propio nombre indica, la regla es una guía que puede dar al usuario una idea de en qué posición dentro del espacio de trabajo colocar todos los elementos de un texto. Con la regla activada aparecerán en pantalla las marcas establecidas para los tabuladores, resultando visibles para el usuario en todo momento.

Para especificar la posición de un tabulador utilizando la regla, basta pulsar con el puntero del ratón sobre la regla en la posición en la que se quiera insertar el tabulador. De esta forma, aparecerá sobre ésta un pequeño símbolo en forma de escuadra. Al pulsar la tecla **Tab** WordPad obligará a que cualquier texto introducido sea alineado con la posición del tabulador establecido.

Cuando se está utilizando la regla se puede eliminar un tabulador pulsando sobre él con el cursor del ratón, y desplazándolo hasta que quede fuera de los límites de ésta.

También es posible fijar tabuladores de forma manual, siguiendo los pasos que se describen a continuación:

1. Hacer clic sobre el botón **Párrafo** del grupo del mismo nombre de la ficha Inicio de la cinta de opciones de WordPad (el botón de la esquina inferior derecha). Hacer clic sobre el botón **Tabulaciones**. En la pantalla del ordenador aparecerá un cuadro de diálogo similar al de la figura 6.37.

**Figura 6.37.** El cuadro de diálogo Tabulaciones.

En él, se pueden observar una lista que incluye los tabuladores previamente definidos y un cuadro de texto que nos permitirá añadir nuevos tabuladores al documento.

- El usuario deberá introducir en el cuadro de texto la situación del tabulador y hacer clic sobre el botón **Establecer** para incorporarlo a la lista.
- Para eliminar la marca de un tabulador hay que seleccionarlo en la lista y hacer clic a continuación sobre el botón **Borrar**. Además, se dispone de la posibilidad de borrar todos los tabuladores existentes utilizando el botón **Borrar todo**.

Para establecer el sangrado de un documento, vuelva nuevamente a hacer clic sobre el botón **Párrafo** del grupo del mismo nombre de la ficha Inicio de la cinta de opciones de WordPad (recuerde, el botón de la esquina inferior derecha). Repare ahora en las opciones disponibles en el cuadro de diálogo Párrafo (figura 6.38).

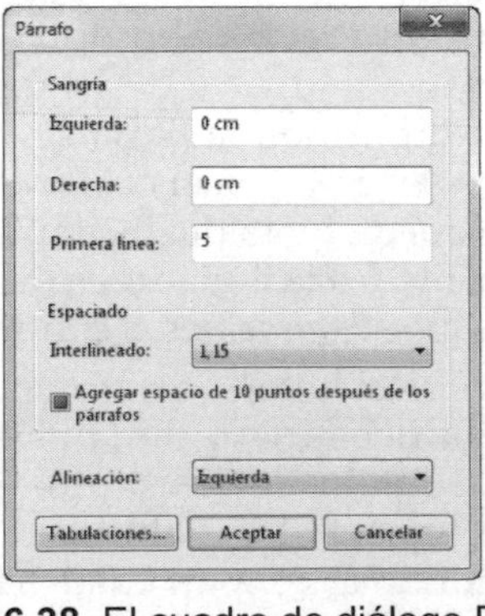

**Figura 6.38.** El cuadro de diálogo Párrafo.

Con el sangrado, se pretende fijar la distancia relativa de una línea o párrafo a los márgenes izquierdo y derecho del resto del texto. Esta distancia podrá ser distinta en cada caso concreto, según las necesidades del usuario.

Existe la posibilidad de seleccionar distintos sangrados para distintas zonas del documento, evitando así tener que desplazarse con el cursor cada vez.

En la regla, los sangrados están simbolizados por tres pequeños triángulos del mismo color que la ventana de la aplicación. Para desplazarlos basta pulsar sobre ellos con el puntero del ratón y moverse a lo largo de la regla hasta alcanzar la posición deseada.

Los triángulos situados en el borde inferior de la regla, nos permiten definir los márgenes izquierdo y derecho del párrafo seleccionado. Por su parte, el triángulo situado en el borde superior, sirve para definir la posición de la primera línea de un párrafo, que no tiene porqué coincidir necesariamente con el margen izquierdo. Finalmente, el pequeño rectángulo situado junto a la marca de margen izquierdo de la regla, nos permite desplazar simultáneamente la posición de la sangría izquierda y de la primera línea de párrafo.

El cuadro de diálogo Párrafo también nos permite especificar el tipo de alineación de los párrafos mediante el cuadro de lista desplegable Alineación.

Existen cuatro posibilidades para la alineación de texto: a izquierda, centrado, a derecha y justificado. Estas opciones ayudan a mejorar la presentación de un documento, motivo por el cual, todos los tratamientos de texto las incluyen.

Para seleccionar el tipo de alineación deseado, podemos utilizar las opciones del cuadro de diálogo Párrafo que acabamos de describir o los botones **Alinear texto a la izquierda**, **Centrar**, **Alinear a la derecha** y **Justificar** del grupo Párrafo (los botones de la izquierda en la línea de botones inferior del grupo).

## 6.8.11. Gestión de archivos

Al igual que cualquier otro programa de tratamiento de textos, WordPad dispone de la posibilidad de almacenar en disco y recuperar la información en él introducida.

Cuando el usuario desee salvar en disco el resultado de su trabajo con WordPad, deberá tener en cuenta en primer lugar el formato en el que quiere que su archivo de texto sea almacenado. Abra el menú de WordPad (en la esquina superior izquierda de la ventana, debajo del icono de control de la aplicación), sitúe el puntero del ratón sobre la opción Guardar como y verá los formatos de archivo por defecto para guardar su documento. Si no se decide por ninguno de los formatos disponibles en la lista, haga clic sobre la opción Otros formatos.

La lista desplegable Tipo del cuadro de diálogo Guardar como, le ofrecerá las siguientes posibilidades:

- Formato de texto enriquecido (RTF).
- Documento XML abierto de Office.
- Texto de OpenDocument.
- Documento de texto.
- Documento de texto - formato MS-DOS.
- Documento de texto Unicode.

A continuación, localice la carpeta donde desea almacenar el documento y escriba su nombre en el cuadro de texto Nombre. Finalmente, haga clic sobre el botón **Guardar**.

Una vez almacenado un documento utilizando el comando Guardar como, ya tendrá asociado un nombre (que podremos leer en la barra de título situada en la parte superior de la ventana de la aplicación). Para salvar posteriores versiones del documento sobre el mismo archivo, podremos utilizar el comando Guardar del menú de WordPad o hacer clic directamente sobre el botón **Guardar** 🖫 de la barra de herramientas de acceso rápido.

Finalmente, para recuperar un documento ya almacenado en el disco duro, el usuario deberá utilizar el comando Abrir del menú de WordPad.

## 6.8.12. Opciones de impresión

Cuando el usuario tenga la intención de dar salida a sus documentos realizados con WordPad a través de una impresora, podrá utilizar los comandos Configurar página e Imprimir del menú de WordPad Archivo.

El primero de estos comandos nos permite especificar los márgenes generales del documento impreso, la orientación y el tipo de papel que deseamos emplear. Mediante el comando Imprimir, podremos especificar la impresora que vamos a utilizar, el rango de páginas que vamos a imprimir, y el número de copias que deseamos obtener.

## 6.9. Panel de entrada matemática

Panel de entrada matemática es una herramienta nueva en Windows 7 pensada para dibujar expresiones matemáticas que luego podremos copiar en aplicaciones tales como Microsoft Word (del paquete de Office) para utilizarlas en nuestros escritos.

La herramienta se encuentra disponible en la carpeta Accesorios del menú Inicio. Al hacer clic sobre su icono, se abrirá una ventana similar a la que ilustra la figura 6.39.

**Figura 6.39.** Panel de entrada matemática.

Sitúe el puntero del ratón sobre el área de trabajo del programa (la zona cuadriculada central de la ventana donde aparece el texto "Escriba aquí la expresión matemática". Haga clic con el botón izquierdo del ratón y, manteniendo presionado dicho botón, arrastre el ratón para dibujar la fórmula matemática que desee.

A medida que vaya dibujando su ecuación verá que el programa intenta interpretarla en un cuadro de texto que aparece en el borde superior de la pantalla. No se preocupe si Panel de entrada matemática no reconoce desde el principio cada símbolo. Termine en primer lugar de dibujar la expresión, ya que más adelante podrá editarla si fuera necesario.

Cuando escribimos una expresión en Panel de entrada matemática, observamos también otros cambios en la interfaz del programa (véase la figura 6.40).

- Como ya vimos anteriormente, una especie de cuadro de texto aparece en el borde superior de la pantalla, encima del área de trabajo, a modo de zona de muestra donde se irá mostrando el resultado de la interpretación de nuestros trazos

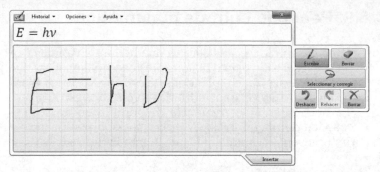

**Figura 6.40.** Panel de entrada matemática
mientras se escribe una expresión.

- El botón **Insertar** en la esquina inferior derecha de
la ventana de Panel de entrada matemática, copia la
expresión actualmente dibujada en el Portapapeles de
Windows. Al hacer clic sobre este botón, la herramienta
volverá a su estado original (como se ve en la figura 6.39)
y quedará lista para editar una nueva ecuación.
Una vez que disponga de la expresión almacenada en
el Portapapeles de Windows, podrá pegarla en otras
aplicaciones como, por ejemplo, Microsoft Word. Haga
clic sobre el botón **Pegar** del grupo Portapapeles, ejecute
el comando Pegar del menú Edición de la aplicación,
pulse la combinación de teclas **Control-V** o utilice
cualquier método necesario para pegar el contenido del
portapapeles en su programa. El resultado será similar
al que ilustra la figura 6.41.
- En el panel que aparece en el lateral derecho de la ventana de la aplicación, se encuentran recogidas todas las
herramientas necesarias para editar una expresión ya
escrita en Panel de entrada matemática. El significado
de los distintos botones (de arriba a abajo y de izquierda
a derecha) es el siguiente:
  - **Escribir.** Haga clic sobre este botón para regresar
  al modo de escritura después de utilizar cualquiera
  de las opciones de edición disponibles a través de
  los botones del panel. El puntero del ratón volverá
  a estar representado por un pequeño punto y podrá
  seguir añadiendo símbolos a su expresión.
  - **Borrar.** Borra un trazo. Una vez seleccionada la
  herramienta, vaya al área de trabajo de la aplicación.

Verá que el puntero del ratón toma la forma de un pequeño borrador. Sitúe dicho puntero encima del trazo que desee borrar y haga clic.

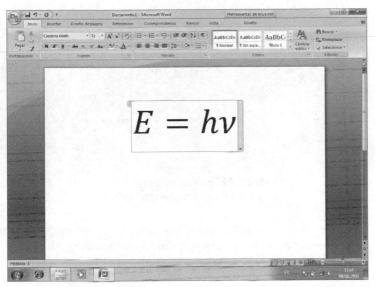

**Figura 6.41.** Expresión de Panel de entrada matemática pegada en un documento Microsoft Word.

- **Seleccionar y corregir.** Esta herramienta sire para seleccionar símbolos en la ecuación y modificarlos según nuestras necesidades. Al seleccionar la herramienta, el puntero del ratón toma la forma habitual de flecha. Haga clic sobre un símbolo para modificarlo. Verá que el símbolo seleccionado aparece recuadrado por un marco de línea discontinua y la etiqueta "Volver a escribir" aparece encima de dicho marco. Esto le permitirá utilizar nuevamente la herramienta de escritura para "reescribir" el símbolo. Pero sin llegar a esos extremos, puede que sea suficiente con una reinterpretación del símbolo que hemos dibujado. Si el significado de su símbolo se encuentra reflejado en la lista desplegable que aparece debajo del rectángulo de selección, simplemente haga clic sobre su entrada (véase a continuación, la figura 6.42).

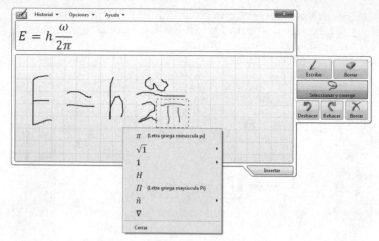

**Figura 6.42.** Edición de un símbolo
en Panel de entrada matemática.

Si lo desea, también puede mover el símbolo de
lugar mientras se encuentra seleccionado. Mueva el
puntero del ratón hacia cualquiera de los laterales
de rectángulo de selección y verá cómo se convierte
en una flecha de cuatro puntas. Haga clic y, manteniendo presionado el botón izquierdo, desplace el
ratón hasta situar el símbolo en su nueva posición.

- **Deshacer.** Este botón deshace la última operación
realizada.
- **Rehacer.** Si nos equivocamos al deshacer el último
cambio, podemos hacer clic sobre el botón **Rehacer**
para volver a recuperarlo.
- **Borrar.** Este botón borra por completo la expresión
recogida actualmente en Panel de entrada matemática y deja la aplicación lista para empezar a escribir
una nueva ecuación. No confunda este botón con
el botón del mismo nombre situado en la esquina
superior derecha del panel.

Junto a todos estos botones y herramientas, Panel de entrada matemática pone a nuestra disposición tres menús en
la barra de título de la herramienta con distintas opciones de
utilidad:

- Historial. Abre una lista con las expresiones dibujadas en
la sesión de trabajo actual del programa. Elija cualquiera

de las expresiones para volver a mostrarla en el área de trabajo de la aplicación o haga clic sobre el comando **Cerrar** para cerrar el menú.

- **Opciones.** Sirve para configurar diferentes aspectos del programa:

  - **Borrar área de escritura después de la inserción.** Define el comportamiento del botón **Insertar** en la esquina inferior derecha de la ventana del programa. Si está activada esta opción, después de copiar el contenido actual en el Portapapeles de Windows, se vaciará el área de trabajo y el programa quedará preparado para que el usuario comience a escribir una nueva expresión.

  - **Botones laterales del lado izquierdo del área de escritura** y **Botones laterales del lado derecho del área de escritura.** Definen la posición del panel de botones de la herramienta, en el lateral derecho o izquierdo del área de trabajo.

  - **Mostrar botones del teclado en pantalla.** Muestra los botones **Supr** y **Entrar** del teclado en pantalla para realizar operaciones de borrado y validación.

  - **Mostrar cuadrícula.** Muestra u oculta la cuadrícula que sirve como guía para el dibujo de expresiones en el área de trabajo de la herramienta.

# 7

# Herramientas multimedia

## 7.1. Introducción

La tecnología multimedia ha permitido acercar a los ordenadores al atractivo mundo de la imagen y el sonido. Para disfrutar de esta tecnología, simplemente habremos de instalar diferentes componentes multimedia en nuestro ordenador. Entre otros posibles elementos, se encuentra una unidad de CD o DVD, una tarjeta de sonido, una tarjeta de vídeo tal vez con capacidades para captura de imágenes y sintonización de radio y televisión y una serie de controladores *software* que permiten gestionar el funcionamiento de estos elementos *hardware* en nuestro ordenador.

Windows 7 dispone de una serie de aplicaciones que nos permitirán sacar el máximo rendimiento de las capacidades multimedia del ordenador, tales como el mezclador de volumen, la Grabadora de sonidos, el Reproductor de Windows Media, Windows Media Center o Windows DVD Maker. Dichas aplicaciones se encuentran distribuidas en las carpetas `Todos los programas` y `Accesorios` del menú Inicio.

## 7.2. Mezclador de volumen

El mezclador de volumen de Windows 7 permite ajustar el volumen de los sonidos que emite nuestro ordenador a través de sus dispositivos multimedia (o de los sonidos que grabamos con aplicaciones tales como la Grabadora de sonidos).

En el área de notificación de la barra de tareas del entorno, podemos ver un icono que nos muestra el estado actual de nuestros dispositivos de sonido (figura 7.1).

**Figura 7.1.** Icono de los dispositivos de sonido en el área de notificación de la barra de tareas.

Al situar el puntero del ratón sobre dicho icono, el sistema muestra información sobre el nivel actual de volumen y el dispositivo de sonido seleccionado.

Si hacemos clic sobre el icono, aparecerá un panel desplegable donde podremos modificar el nivel de volumen desplazando en el sentido deseado la barra deslizante correspondiente o silenciar totalmente los dispositivos de sonido haciendo clic sobre el icono 🔊 .

Si desea disponer de un mayor control en el ajuste de los dispositivos de volumen de su equipo, haga clic sobre el vínculo **Mezclador** en el panel de control de volumen. De esta forma, se abrirá la ventana del **Mezclador de volumen** similar a la que se ilustra en la figura 7.2.

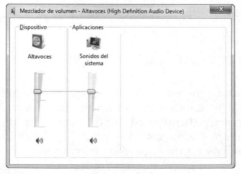

**Figura 7.2.** Mezclador de volumen de Windows 7.

La ventana del Mezclador de volumen se divide en dos secciones que nos permiten respectivamente controlar el volumen global del dispositivo seleccionado en cada momento y el de las aplicaciones asociadas a dicho dispositivo.

Para cambiar las propiedades del dispositivo, haga clic sobre su icono en el cuadro de diálogo. Se abrirá un nuevo cuadro de diálogo donde podrá configurar, entre otros aspectos, el nombre del dispositivo, las propiedades de su controladora, sus niveles de sonido o establecer distintas mejoras de audio.

Para silenciar o recuperar el sonido del dispositivo, haga clic sobre el icono 🔊 situado bajo la barra deslizante de volumen de la sección correspondiente.

## 7.3. Grabadora de sonidos

La Grabadora de sonidos es una de las aplicaciones que Windows 7 pone a disposición del usuario para controlar desde su sistema los dispositivos multimedia del ordenador. Cuando se ejecuta la aplicación Grabadora de sonidos (desde la carpeta Todos los programas>Accesorios del menú Inicio o escribiendo su nombre en el cuadro de búsqueda), aparece en la pantalla del ordenador una ventana como la que muestra la figura 7.3.

**Figura 7.3.** Ventana de la Grabadora de sonidos.

La aplicación es sumamente sencilla. En el lateral izquierdo de la ventana, un botón nos permite iniciar y detener la grabación de un archivo de sonido a través del micrófono conectado a nuestro sistema. A continuación, un contador nos indica la duración total de la grabación y una zona de muestra que simula la forma de un ecualizador, indica el volumen actual de la grabación. En el lateral derecho de la ventana, un icono con un menú desplegable nos permite acceder a la ayuda de la aplicación.

Para iniciar la grabación de un nuevo archivo de sonido, haga clic sobre el botón **Iniciar grabación** y empiece a emitir sonidos a través del micrófono.

Cuando haya finalizado la grabación, haga clic sobre el botón **Detener grabación**. Aparecerá en pantalla un cuadro de diálogo de nombre Guardar como similar al de la figura 7.4.

**Figura 7.4.** Guardar el archivo de sonido grabado.

En el cuadro de texto Nombre, escriba el nombre que desea asignar al nuevo archivo de sonido y en la lista desplegable Tipo, escoja el tipo de archivo de sonido que desea generar.

Si es necesario, haga clic sobre el vínculo Examinar carpetas para mostrar la lista de carpetas del sistema. Seleccione la carpeta donde desea almacenar el nuevo archivo de sonido y haga clic sobre el botón **Guardar** para almacenar el archivo.

Si opta por abortar la creación del nuevo archivo de sonido haciendo clic sobre **Cancelar** en el cuadro de diálogo Guardar como, volverá a la ventana de la Grabadora de sonido, donde permanecerá almacenado el fragmento de audio grabado con anterioridad. Si desea añadir más contenido al archivo de audio, haga clic sobre el botón **Reanudar grabación** para continuar con la grabación de sonidos. Cuando haya terminado, repita el proceso anterior para almacenar definitivamente el archivo.

## 7.4. Reproductor de Windows Media

El Reproductor de Windows Media permite catalogar y reproducir diferentes formatos de archivos multimedia. Con el Reproductor de Windows Media, podrá reproducir y copiar CD de música, visualizar películas de vídeo, reproducir archivos de sonido, etc.

Para abrir la ventana principal de la aplicación, escriba su nombre en el cuadro de búsqueda del menú Inicio o haga clic sobre su icono en la carpeta `Todos los programas` del mismo menú. Una ventana similar a la que ilustra la figura 7.5, aparecerá en la pantalla de su ordenador.

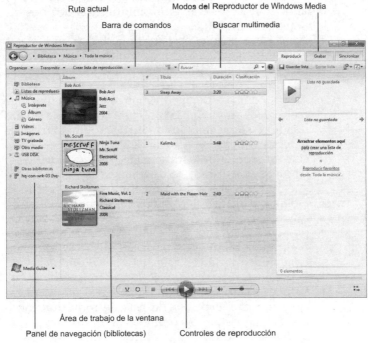

**Figura 7.5.** La ventana del Reproductor de Windows Media.

De forma similar a como sucede en la barra de dirección de las ventanas de navegación (véase el capítulo 5), la ruta que se muestra en la esquina superior izquierda del Reproductor de Windows Media permite recorrer fácilmente el árbol de bibliotecas y carpetas multimedia del equipo haciendo clic sobre los iconos en forma de punta de flecha situados a la izquierda del nombre de cada subcarpeta correspondiente. Si hace clic con el botón derecho del ratón sobre esta zona (o si pulsa la tecla **Alt**) aparecerá un menú desplegable con todos los comandos disponibles en el programa.

A menudo que vayamos recorriendo distintas carpetas durante nuestro trabajo con la aplicación, los botones ⊖⊕ permitirán regresar a la carpeta anterior o volver nuevamente a la siguiente respectivamente.

Debajo de esta ruta, encontramos la Barra de comandos, desde donde se controla el acceso a distintas herramientas disponibles en el Reproductor de Windows Media:

- **Organizar.** Comandos referentes a la administración y organización de los elementos multimedia de nuestras bibliotecas:
  - Administrar bibliotecas: permite gestionar las carpetas que contienen los archivos multimedia para cada una de las categorías disponibles: música, vídeos, imágenes y televisión guardada.
  - Aplicar cambios de información multimedia: una vez realizados cambios en la configuración de las carpetas donde se almacenan los archivos multimedia de las bibliotecas del Reproductor de Windows Media, ejecute este comando para actualizar dichos cambios.
  - Ordenar por: establece distintos criterios de ordenación de los archivos multimedia dentro de la biblioteca: título, intérprete, álbum, fecha de captura, nombre de archivo, etc.
  - Personalizar panel de navegación: permite añadir o eliminar elementos para organizar la información multimedia en las distintas bibliotecas del Reproductor de Windows Media.
  - Diseño: establece el formato genérico de la aplicación: mostrar u ocultar la lista de reproducción o grabación, elegir las columnas de información que se desean visualizar y mostrar u ocultar la barra de menús del programa.
  - Opciones: incluye todas las opciones de configuración y administración del programa.
- **Transmitir.** A través de este botón, se puede controlar la compartición de los archivos multimedia del equipo con otros equipos del grupo Hogar.
- **Crear lista de reproducción.** Sirve para generar listas de reproducción con nuestros temas de música, vídeo o imágenes favoritos.

A continuación, el icono **Opciones de vista** indica al programa cómo debe mostrar en el área de trabajo los archivos multimedia correspondientes a la categoría seleccionada en cada momento: en forma de iconos, en mosaico o mostrando los detalles del archivo. Luego, el cuadro de búsqueda sirve para escribir un criterio de búsqueda para localizar archivos multimedia en la categoría seleccionada. Finalmente, el botón **Ayuda** ❓ abre la ventana de ayuda del programa.

En el lateral izquierdo del Reproductor de Windows Media, vemos el panel de navegación del programa, un panel cuyo funcionamiento es totalmente análogo al panel de navegación de las ventanas de navegación del Explorador de Windows que estudiamos en el capítulo 5. En este panel, la información se organiza por bibliotecas y categorías que, como acabamos de ver, se pueden configurar a través del menú desplegable del botón **Organizar** del programa.

La parte central de la ventana, es el área de trabajo de la aplicación. En ella, al igual que en cualquier ventana de navegación, se muestran los elementos disponibles en la categoría o biblioteca actualmente seleccionada y haciendo doble clic sobre los distintos iconos podremos ir recorriendo las distintas carpetas o iniciando la reproducción de los archivos correspondientes.

El lateral derecho de la ventana del Reproductor de Windows Media lo ocupa un panel en forma de pestañas que controla los distintos modos de funcionamiento de la aplicación: reproducción, grabación y sincronización.

Si activamos la ficha **Reproducir** haciendo clic sobre su etiqueta, podremos confeccionar diferentes listas de reproducción para agrupar nuestros elementos multimedia favoritos. La ficha **Grabar**, sirve para crear una lista de grabación de un CD de audio con nuestras canciones favoritas. Finalmente, la pestaña **Sincronizar** tiene como objetivo facilitar la sincronización de nuestro contenido multimedia con un reproductor MP3 externo o un dispositivo de almacenamiento similar.

Finalmente, en el extremo inferior de la ventana del Reproductor de Windows Media, se encuentran los controles de reproducción de un archivo multimedia. Dichos controles, son similares a los de cualquier otro dispositivo físico y permiten iniciar la reproducción, hacer una pausa, avanzar o retroceder la posición de reproducción, etc.

## 7.4.1. Opciones de presentación

Una de las características más vistosas del Reproductor de Windows Media es su versatilidad en cuanto a formatos de presentación y opciones de configuración.

Para cambiar el formato de presentación del Reproductor de Windows Media, ejecute el comando Selector de máscara del menú Ver (recuerde que puede acceder a los menús del programa pulsando la tecla **Alt** o haciendo clic con el botón derecho del ratón sobre la zona de ruta de la esquina superior izquierda de la ventana o bien puede mostrar de forma permanente los menús clásicos de la aplicación ejecutando el comando Diseño>Mostrar barra de menús del menú desplegable del botón **Organizar**). En el área de trabajo de la aplicación, aparecerá una lista con todas las presentaciones disponibles en el programa. Para activar cualquiera de ellas, haga clic sobre su entrada en el panel izquierdo de la ventana de la aplicación. El panel derecho le mostrará la imagen de la nueva máscara y una breve explicación sobre su contenido (título, autor, información de copyright, etc.) Una vez seleccionada la máscara deseada, haga clic sobre el botón **Aplicar máscara** para activar la nueva presentación (véase figura 7.6).

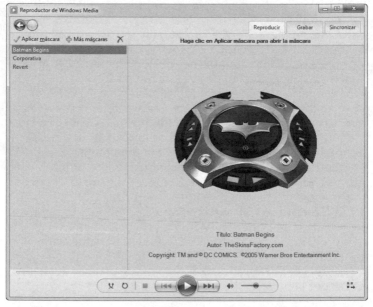

**Figura 7.6.** Máscaras del Reproductor de Windows Media.

Para recuperar el formato original del Reproductor de Windows Media, haga clic sobre el botón **Cambiar a biblioteca** o **Cambiar a modo completo**.

Si lo desea, puede ampliar su colección de máscaras en Internet, haciendo clic sobre el botón **Más máscaras** de la ventana de la aplicación.

Al hacer clic sobre este botón, se abrirá una ventana de Internet Explorer con la página de descarga de máscaras de Microsoft (en inglés). Las distintas máscaras disponibles están organizadas alfabéticamente. Para acceder a las distintas páginas del sitio Web, haga clic sobre el vínculo correspondiente al rango de letras que desea visitar. Una vez localizada la máscara que desea descargar, haga clic sobre su vínculo Download (Descargar). Cuando finalice la descarga, la máscara quedará preparada para su utilización en la aplicación.

## 7.4.2. Biblioteca multimedia

La biblioteca multimedia es un catálogo de todos los archivos multimedia disponibles en nuestro ordenador. El contenido de dicha biblioteca se muestra en el panel de navegación del Reproductor de Windows Media, junto con el de otras posibles bibliotecas de dispositivos conectados al grupo Hogar del equipo.

Por defecto, bajo la biblioteca multimedia de nuestro ordenador encontramos en el panel de navegación un acceso directo a todas las listas de reproducción definidas en el sistema y una serie de carpetas donde se categorizan los archivos multimedia de nuestro sistema por tipos (música, vídeos, imágenes, televisión grabada y otros medios) y por subcategorías tales como intérprete, álbum, género, etc. Para seleccionar los distintos grupos de organización, simplemente haga clic sobre su nombre en el panel de navegación, igual que en el panel de navegación de la ventana del Explorador de Windows. Cuando un elemento muestra un icono en forma de punta de flecha de color transparente que apunta hacia la derecha a la derecha del nombre, significa que existen nuevos subelementos que se pueden desplegar haciendo clic sobre dicho icono. Una vez hecho esto, el icono se vuelve de color negro y la punta de flecha apunta hacia la esquina inferior derecha, lo que significa que si hacemos clic sobre él se volverán a replegar los elementos que contiene.

El área de trabajo, muestra el contenido de la categoría seleccionada en cada momento, con distintos tipos de información según la categoría escogida. Para reproducir cualquiera de los archivos multimedia que muestra la ventana de la biblioteca, simplemente haga doble clic sobre su icono o selecciónelo y haga clic sobre el botón **Reproducir** en el borde inferior de la aplicación.

La herramienta también nos proporciona una opción de búsqueda ideada para localizar cualquier archivo multimedia entre todas las fuentes configuradas en la biblioteca. En el cuadro de texto buscar, escriba el texto que define la búsqueda que desea realizar (álbum, nombre del intérprete, título de la canción, etc.). A medida que vaya escribiendo el texto, la herramienta irá mostrando solamente los archivos que coinciden con el criterio especificado (véase la figura 7.7).

**Figura 7.7.** Búsqueda de un archivo multimedia.

## 7.4.3. Listas de reproducción

Una lista de reproducción permite almacenar un inventario de archivos multimedia que podremos reproducir en conjunto. Una lista de reproducción puede estar formada por diferentes tipos de medios: archivos de audio, vídeos, etc.

Para crear una nueva lista de reproducción, haga clic sobre la ficha Reproducir en el lateral derecho de la ventana del Reproductor de Windows Media. A continuación, localice los archivos multimedia que desea añadir a la lista de reproducción en la biblioteca del sistema y arrástrelos hacia la superficie del panel derecho de la herramienta, sobre el epígrafe "Arrastrar elementos aquí". Siga arrastrando tantos elementos como desee a la lista (puede combinar música, vídeos, imágenes, programas grabados de televisión, etc.).

> **Nota:** *Puede seleccionar varios archivos de forma simultánea utilizando el procedimiento habitual de pulsar las teclas* **Mayús** *o* **Control** *mientras hace clic sobre los distintos elementos.*

Para eliminar cualquiera de los archivos que haya incorporado a la lista de reproducción, simplemente haga clic sobre su etiqueta y pulse la tecla **Supr**.

Una vez confeccionada la lista de reproducción deseada, haga clic sobre el botón **Guardar lista de reproducción** en la esquina superior izquierda del panel. Escriba el nombre que desea asignar a la lista de reproducción y pulse la tecla **Intro** para validar los cambios. Su nombre aparecerá automáticamente bajo la categoría Listas de reproducción en el panel de navegación del programa.

Para seleccionar una lista de reproducción, haga clic sobre su nombre en el panel de navegación y, a continuación, haga clic sobre el botón **Reproducir** situado en el borde inferior de la ventana de aplicación para iniciar la reproducción de la lista.

## 7.4.4. Reproducir archivos

El Reproductor de Windows Media pone a disposición del usuario diferentes procedimientos para iniciar la reproducción de un archivo multimedia, tanto si se encuentra reflejado o no en la biblioteca multimedia del programa:

- Si conocemos la ubicación exacta de un archivo multimedia en el disco duro de nuestro ordenador, ejecutaremos el comando Abrir del menú Archivo de la aplicación. En el cuadro de diálogo Abrir, localizaremos la carpeta donde se encuentra el archivo que deseamos reproducir, seleccionaremos su nombre o su icono en la lista central y haremos clic sobre el botón **Abrir**. La reproducción dará comienzo de forma automática. Al utilizar este procedimiento, el Reproductor de Windows Media crea una lista de reproducción temporal.
- Si el archivo multimedia que deseamos reproducir se encuentra catalogado dentro de la biblioteca multimedia del Reproductor de Windows Media, podremos iniciar

su ejecución seleccionando su nombre en el área de trabajo de la ventana de la herramienta. A continuación, haremos clic sobre el botón **Reproducir**. Una vez finalizada la reproducción del archivo, el programa continuará se detendrá.

- Si hemos activado la característica de notificación de inserción de nuestra unidad de CD o DVD, el sistema iniciará automáticamente la reproducción del disco con el Reproductor de Windows Media. El programa se conectará directamente a Internet en busca de la información del disco (incluida su portada o carátula) y permitirá seleccionar las pistas del disco que se desean escuchar mediante casillas de verificación situadas junto al nombre de cada elemento ( seguidamente, véase la figura 7.8).

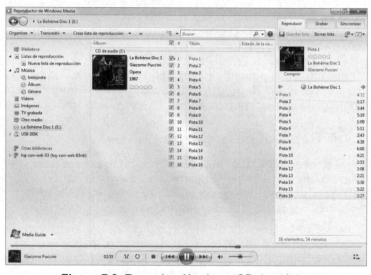

**Figura 7.8.** Reproducción de un CD de música
en el Reproductor de Windows Media.

El Reproductor de Windows Media nos permite controlar la reproducción de archivos multimedia utilizando una serie de mandos similares a los de cualquier otro reproductor físico. Dichos mandos se encuentran ubicados en el borde inferior de la ventana de la aplicación. Su significado es el siguiente (de izquierda a derecha):

- **Activar/Desactivar orden aleatorio.** Activa o desactiva la reproducción de los archivos de la lista de reproducción en orden aleatorio.
- **Activar/Desactivar repetición.** Activa o desactiva la repetición automática de los archivos de la lista de reproducción actual. Es decir, una vez finalizada la reproducción del último archivo de la lista, comenzará nuevamente la reproducción del primer archivo.
- **Detener.** Interrumpe definitivamente la reproducción del archivo.
- **Anterior.** Inicia la reproducción de la pista o medio anterior al actualmente seleccionado.
- **Reproducir/Pausa.** Permite iniciar la reproducción del archivo actualmente seleccionado o interrumpir temporalmente la misma.
- **Siguiente.** Inicia la reproducción de la pista o medio siguiente al actualmente seleccionado.
- **Silencio/Sonido.** Activa o desactiva la salida de sonido por los altavoces de nuestro sistema. El archivo multimedia sigue reproduciéndose, pero no se escuchará ningún sonido.
- **Volumen.** Mediante la barra deslizante incluida en este control, podrá aumentar o reducir el volumen del sonido.

Sobre los controles de reproducción distinguimos una barra deslizante que permite recorrer a voluntad la reproducción de un archivo multimedia o pista de CD de audio. Simplemente, haga clic sobre ella y arrastre el puntero del ratón en la dirección deseada o haga clic sobre el punto de la barra que represente el fragmento de archivo que desee reproducir.

## 7.4.5. Copiar el contenido de un CD

El Reproductor de Windows Media nos permite copiar las pistas de un CD en el disco duro de nuestro ordenador, para así poder reproducirlas rápidamente incorporándolas a nuestra biblioteca de medios. Una vez que haya insertado en la unidad correspondiente el disco que desea copiar, haga clic sobre el botón **Copiar desde CD** de la barra de comandos de la aplicación. (Es posible que este botón permanezca oculto por falta de espacio en la ventana del programa. Para acceder a las opciones ocultas de la barra de comandos, haga clic sobre el icono ⟩⟩ situado a la derecha de la barra.)

> **Nota:** *Para seleccionar las pistas que desea copiar en su disco, active o desactive la casilla de verificación situada a la izquierda del nombre en la lista de pistas.*

Las pistas empezarán a copiarse por orden en el disco duro del ordenador (véase la figura 7.9).

Si lo desea, puede interrumpir en cualquier momento la copia del disco haciendo clic sobre el botón **Detener copia desde el CD**.

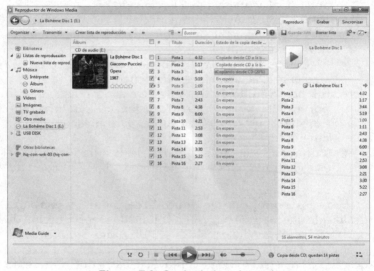

**Figura 7.9.** Copia de las pistas de un CD en el disco duro del ordenador.

Una vez finalizada la copia, los nuevos archivos multimedia estarán disponibles en la biblioteca del Reproductor de Windows Media.

Si lo desea, puede controlar el formato de la copia de archivos mediante las opciones del menú desplegable del botón **Configuración de copia desde CD** de la barra de comandos. Por ejemplo, en el submenú Formato, seleccione el tipo de archivo que desea crear (audio de Windows Media, audio de Windows Media Pro, MP3, WAV, etc.) y, en el submenú Calidad de audio, seleccione la frecuencia de muestreo del archivo resultante.

## 7.4.6. Grabar un CD de audio

Al igual que el Reproductor de Windows Media nos permite copiar las pistas de un CD de audio en el disco duro del ordenador, también nos ofrece la posibilidad de recopilar las pistas deseadas en la biblioteca del programa y grabarlas en un CD para poder escucharlas en cualquier dispositivo. Para hacerlo, haga clic sobre la ficha Grabar del panel derecho de la ventana de la aplicación. De forma similar a como creamos anteriormente una lista de reproducción, en este panel podremos arrastrar las pistas de audio que deseamos grabar en nuestro disco.

Una vez completada la lista de grabación, haga clic sobre el botón **Iniciar grabación** situado en la esquina superior izquierda del panel (véase la figura 7.10). En cualquier momento, puede hacer clic sobre el botón **Cancelar grabación** para detener la grabación del disco.

**Figura 7.10.** Grabación de un CD de audio.

> *Advertencia: Si cancela la grabación de un CD antes de finalizar, el disco quedará inutilizable.*

Una vez completada la grabación, se expulsará el disco y quedará preparado para su reproducción en cualquier dispositivo tradicional.

> *Nota: El menú desplegable del botón* **Opciones de grabación** *(en la esquina superior derecha del panel), permite seleccionar el tipo de dispositivo en el que deseamos grabar nuestros archivos multimedia:* CD de audio *o* CD o DVD de datos.

### 7.4.7. Sincronización

Generalmente, cuando conectamos a nuestro ordenador un dispositivo con el que podemos sincronizar nuestros archivos multimedia (tal como un reproductor MP3 o una unidad de memoria flash USB), éste aparece como una categoría más dentro de la biblioteca multimedia de nuestro sistema, en el panel de navegación del Reproductor de Windows Media. De esta manera, podremos acceder directamente en la aplicación a los archivos multimedia que contenga, como si se encontrasen instalados en el propio disco duro de nuestro ordenador.

Pero de igual forma, el dispositivo nos servirá para realizar una copia de los archivos multimedia contenidos en nuestro ordenador para poder disfrutar de ellos en cualquier parte. Para copiar una serie de archivos multimedia desde su biblioteca a su dispositivo externo, haga clic sobre la ficha Sincronizar del panel derecho de la ventana de la aplicación.

Una vez activada esta ficha, proceda de la manera habitual, arrastrando los elementos multimedia que desee hacia la sección con la etiqueta "Arrastrar elementos aquí". A continuación, haga clic sobre el botón **Iniciar sincronización** para iniciar la copia de los archivos deseados en el dispositivo extraíble.

### 7.4.8. Buscar contenidos en Internet

El Reproductor de Windows Media pone a nuestra disposición una completa guía en Internet donde podremos localizar contenidos multimedia de actualidad (música, vídeos, etc.) Para acceder a esta herramienta, haga clic sobre el botón **Media Guide** situado en la esquina inferior izquierda de la ventana de la aplicación. El área de trabajo del Reproductor de Windows Media se convertirá en un explorador Web (véase la figura 7.11). Las técnicas de navegación son similares a las de Internet Explorer que tratamos en el capítulo 5. En el sitio Web de Windowsmedia.com, encontrará las últimas novedades en música, cine, radio y todas las tecnologías relacionadas.

## 7.5. Windows Media Center

Windows Media Center es una aplicación que engloba en nuestro ordenador todas las características necesarias para disfrutar de los dispositivos multimedia que nos rodean hoy en día: reproducción de CD y DVD, televisión digital, radio, juegos, presentaciones de imágenes, etc. Para iniciar Windows Media Center, escriba el nombre de la aplicación en el cuadro de búsqueda del menú Inicio o haga clic sobre su icono en la carpeta `Todos los programas` del mismo menú.

**Figura 7.11.** La ventana de Windows Media Guide.

La primera vez que ejecute esta herramienta, tendrá que configurar su funcionamiento. Para ello, haga clic sobre el botón **Continuar** que aparece en la parte central del borde inferior de la ventana. La forma más sencilla de empezar a trabajar con Windows Media Center es realizar una configuración rápida del programa. Haga clic sobre el icono correspondiente en la pantalla del ordenador y en pocos segundos la aplicación estará preparada para empezar a disfrutar del contenido multimedia de su ordenador (véase seguidamente, la figura 7.12).

En la ventana principal de Windows Media Center, podemos distinguir, entre otros, los siguientes elementos:

- **Botón Atrás.** Sirve para acceder a la pantalla de Windows Media Center anterior a la pantalla actualmente activa.

- **Inicio.** Accede a la pantalla inicial de Windows Media Center.

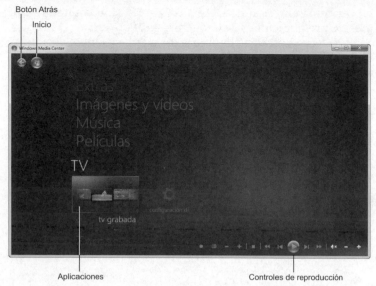

Botón Atrás

Inicio

Aplicaciones

Controles de reproducción

**Figura 7.12.** La ventana inicial de Windows Media Center.

- **Aplicaciones.** En esta sección, podemos seleccionar las distintas aplicaciones disponibles en Windows Media Center y acceder a las opciones de configuración del programa.
- **Controles de reproducción.** Su función varía dependiendo de la función que se esté utilizando en cada momento en la ventana de Windows Media Center. De forma genérica, controlan la reproducción de los distintos medios a los que podemos acceder desde el programa.

El funcionamiento de Windows Media Center es muy sencillo e intuitivo. En la zona central de la pantalla, podemos observar las distintas categorías de funciones disponibles en el programa: Extras, Imágenes y vídeos, Música, Reproducción en curso, Películas, TV, Tareas. Para seleccionar cualquiera de estas categorías basta con hacer clic sobre su nombre, pulsar las teclas **Flecha arriba** y **Flecha abajo** para desplazar la categoría activa en cada momento.

Una vez seleccionada la categoría deseada, podemos recorrer sus distintas funciones utilizando procedimientos equivalente, es decir, haciendo clic sobre sus nombres para acceder directamente a su contenido o pulsando las teclas **Flecha izda.**

y **Flecha dcha.** hasta activar la función y pulsar seguidamente la tecla **Intro** para activar su contenido.

## 7.5.1. Imágenes y vídeos

En esta sección, encontramos todas las funciones relacionadas con la presentación de imágenes y vídeos almacenados en la biblioteca de nuestro ordenador. Las funciones disponibles en esta sección son:

- **Biblioteca imágenes.** Muestra todas las imágenes contenidas en la biblioteca organizadas por diferentes categorías: por carpetas, por etiquetas y por fechas de captura. Esta opción también permite realizar una presentación de las imágenes seleccionadas (véase la figura 7.13).
- **Reproducir favoritos.** Inicia una presentación de las imágenes y vídeos marcadas como favoritos en la biblioteca.
- **Biblioteca vídeo.** Igual que la biblioteca de imágenes pero recopilando todos los vídeos almacenados en el sistema.

**Figura 7.13.** Presentación de fotografías
en la biblioteca de imágenes.

## 7.5.2. Música

La sección Música de Windows Media Center, contiene todas las opciones de reproducción de música y radio digital. La sección incluye las siguientes funciones:

- **Biblioteca música.** Nos permite acceder a todos los archivos de música almacenados en la biblioteca de Windows. Esta biblioteca es totalmente análoga a la biblioteca de música disponible en la aplicación Reproductor de Windows Media, que estudiamos anteriormente en este capítulo. Los distintos archivos de música se pueden clasificar en la aplicación por álbumes, intérpretes, géneros, canciones, listas de reproducción, etc.
- **Reproducir favoritos.** Inicia la reproducción de todos los archivos de música marcados como favoritos biblioteca de Windows Media Center.
- **Radio.** Contiene los servicios y sintonías de radio disponibles en el programa. En la actualidad, no existen servicios de radiodifusión compatibles con Windows Media Center.
- **Buscar.** Permite realizar una búsqueda entre los archivos de música disponibles en la biblioteca del programa. Simplemente, empiece a escribir el criterio de búsqueda que desee y el programa mostrará los recursos multimedia que coincidan con dichos criterios.

Desde la función **biblioteca música**, podrá controlar la reproducción de cualquiera de los recursos de música de su biblioteca.

Dependiendo del tipo de clasificación que elija (álbumes, intérpretes, canciones, etc.) tendrá que ir recorriendo diferentes listas hasta localizar la canción que desea escuchar. Una vez localizada la fuente deseada, el programa le ofrecerá las siguientes opciones de trabajo:

- **Agregar a la Reproducción en curso.** Agregar las fuentes de música seleccionadas a la lista de reproducción actual.
- **Reproducir álbum.** Reproducir el archivo o archivos de música actualmente seleccionados.
- **Editar información.** Modificar la información de título, intérprete, género, clasificación, etc. del archivo de música seleccionado.
- **Grabar un CD o DVD.** Grabar los archivos de música seleccionados en un CD de audio o en un DVD de datos.
- **Eliminar álbum.** Borrar la fuente de música seleccionada de la biblioteca de música de Windows Media Center.

## 7.5.3. Películas

Esta categoría contiene todas las opciones disponibles para la reproducción de vídeos y DVD de vídeo en el ordenador. Dispone de dos funciones:

- **Biblioteca de películas.** De forma similar a las bibliotecas de imágenes o de música, esta función recoge todas las películas almacenadas en el ordenador categorizadas por título, género, año, clasificación parental, etc.
- **Reproducir DVD.** Cuando introducimos un DVD de vídeo en la unidad de reproducción de nuestro equipo, desde esta función podemos controlar la reproducción de la película correspondiente. Controlaremos el menú del disco con el ratón, podremos avanzar, retroceder o pausar la reproducción con los controles de la esquina inferior derecha de la ventana del programa, etc. (Véase la figura 7.14).

**Figura 7.14.** Reproducción de un DVD de vídeo en Windows Media Center.

Los principales controles de reproducción de películas de Windows Media Center son los siguientes:

■ Detiene la reproducción de la película que se está visualizando actualmente.

◄◄ Retrocede rápidamente en la reproducción de la película.

■ Salta a la pista o título anterior en la reproducción de la película.

▶ Reanuda la reproducción de la película cuando ésta se ha detenido temporalmente.

⏸ Detiene de forma temporal la reproducción de la película.

▶❙ Salta a la pista o título siguiente en la reproducción de la película.

⏩ Avanza muy rápidamente en la reproducción de la película.

◀❙ Silencia el audio de la película que se está visualizando actualmente.

◀x Una vez silenciado el audio de la película, este botón permite volver a recuperar el sonido.

– Disminuye el volumen del audio de la película que se está reproduciendo.

+ Aumenta el volumen del audio de la película que se está reproduciendo.

## 7.5.4. TV

La categoría de funciones TV de Windows Media Center, contiene todas las herramientas del programa para el control de la televisión. Para ver la televisión en Windows Media Center, deberá disponer de una tarjeta sintonizadora adecuada y de una toma de televisión tradicional. Simplemente, seleccione la función tv en vivo haciendo clic sobre su nombre.

Algunos servicios de televisión, incluyen una guía que podemos utilizar para conocer la parrilla de programación de los distintos canales. Para acceder a esta parrilla de programación, utilice la función Guía de la sección TV de Windows Media Center.

Para recorrer la guía de programación, utilice las teclas del cursor (**Flecha dcha.**, **Flecha izda.**, **Flecha arriba** y **Flecha abajo**) o los botones de dirección que aparecen en la esquina inferior derecha de la pantalla.

Si hace clic sobre cualquiera de las retransmisiones que aparecen en la parrilla de programación que se estén emitiendo actualmente, comenzará automáticamente su reproducción. Si elige cualquiera de los programas de la parrilla que no se estén emitiendo actualmente, accederá a la pantalla de grabación.

Haga clic sobre el botón **Grabar** para programar automáticamente la grabación de la retransmisión seleccionada.

Las grabaciones de programas de televisión quedan almacenadas en la sección tv grabada de la categoría de funciones TV y películas (véase la figura 7.15).

**Figura 7.15.** Televisión grabada.

Si hace clic sobre cualquiera de las grabaciones ya almacenadas en la biblioteca de Windows Media Center, accederá a su pantalla de configuración. Desde esta pantalla, podrá iniciar la reproducción del programa grabado, eliminarlo de la biblioteca o grabar un CD o DVD con el contenido grabado.

## 7.5.5. Tareas

En la sección de Tareas de Windows Media Center, se encuentran las diferentes opciones de configuración del programa. Las funciones disponibles en esta sección son:

- **Configuración.** Todas las opciones de ajuste y configuración del programa: comportamiento inicial, efectos visuales y de sonido, control parental, configuración de televisión, presentación de imágenes, visualizaciones de música, DVD, bibliotecas, etc.
- **Más información.** Información sobre las funciones y fundamentos básicos de Windows Media Center
- **Grabar CD o DVD.** Permite realizar una grabación de CD o DVD con las fuentes multimedia disponibles en Windows Media Center.

- **Sincronizar.** Sincroniza el contenido de Windows Media Center con otros dispositivos externos.
- **Agregar extender.** Permite agregar dispositivos *extender* para la utilización de dispositivos multimedia en el hogar.
- **Sólo Media Center.** Mediante esta opción, la utilización del ordenador quedará limitada a la aplicación Windows Media Center. Los botones **Minimizar**, **Maximizar/Restaurar** y **Cerrar** desaparecerán de la aplicación y sólo se podrán realizar tareas relacionadas con el programa.

## 7.5.6. Extras

La sección Extras de Windows Media Center nos ofrece acceso a distintos programas y servicios relacionados con la utilización de nuestro ordenador como centro de ocio en el hogar. En la actualidad, no hay servicios en línea disponibles para la aplicación y solamente podremos acceder desde ella a los juegos instalados en nuestro ordenador (véase la figura 7.16).

**Figura 7.16.** Juegos en la biblioteca de extras.

Para iniciar cualquier juego, simplemente haga clic sobre su icono en la pantalla de la aplicación.

## 7.5.7. Configuración

Las opciones de configuración de Windows Media Center se controlan desde la categoría de funciones Tareas. Una vez activada esta categoría, haga clic sobre la función

Configuración. Aparecerá una nueva pantalla que nos permitirá configurar el comportamiento de diferentes características del programa:

- **General.** Controla el comportamiento de inicio del programa, efectos visuales y sonido, opciones de la biblioteca de programas, la configuración general de Windows Media Center, la configuración de control parental, las opciones de descarga automática, la optimización de la aplicación y opciones de configuración de privacidad.

- **TV.** Incluye todas las configuraciones relacionadas con la reproducción y captura de señales de televisión: opciones de grabación, guía de programación, configuración de la señal de televisión, detección de servicios y configuración de la televisión o el monitor.

- **Imágenes.** Opciones de configuración para la presentación de imágenes: orden aleatorio de presentaciones, mostrar las imágenes de subcarpetas, subtítulos, transiciones, color de fondo, etc.

- **Música.** Controla las opciones de presentación de reproducción de música en el programa: visualizaciones y opciones de visualización.

- **DVD.** Controla las opciones de reproducción de vídeos y DVD en el programa: idioma predeterminado, subtítulos y opciones de control remoto.

- **Menú Inicio y Extras.** Controla el menú Inicio de Windows Media Center y opciones de la biblioteca de extras tales como el acceso a la información multimedia, la ocultación de advertencias de seguridad en Internet o la selección de los elementos que se desean mostrar en la biblioteca de extras.

- **Extender.** Permite agregar dispositivos *extender* para la utilización de dispositivos multimedia en el hogar.

- **Bibliotecas multimedia.** Permite configurar la supervisión de carpetas para las bibliotecas multimedia de Windows Media Center.

Siga las instrucciones de las distintas secciones para configurar las características del programa.

# 7.6. Windows DVD Maker

Windows 7 incluye entre sus potentes herramientas una aplicación destinada a la confección de DVD de vídeo que incorporan un completo menú de selección para la navegación por sus distintos capítulos. Para abrir el programa Windows DVD Maker, haga clic sobre su nombre en la carpeta `Todos los programas` del menú Inicio o escriba su nombre en el cuadro de búsqueda del mismo menú. Aparecerá en pantalla la primera ventana del asistente que nos guiará paso a paso a través del proceso de creación de nuestro DVD de vídeo (figura 7.17).

**Figura 7.17.** Primera ventana del programa Windows DVD Maker.

Si no desea mostrar esta ventana al inicio de la aplicación, mantenga activada la casilla de verificación No volver a mostrar esta página.

## 7.6.1. Elegir imágenes y vídeos

En la primera ventana de Windows DVD Maker, haga clic sobre el botón **Elegir imágenes y vídeos** para seleccionar el material que desea incorporar a su nuevo DVD de vídeo.

Para incorporar nuevas imágenes o vídeos al diseño de su DVD, haga clic sobre el botón **Agregar elementos**. Localice la carpeta que contiene el material que desea incorporar a su proyecto y seleccione los archivos correspondientes haciendo clic sobre sus iconos. Recuerde que puede elegir más de un archivo a la vez utilizando cualquiera de las técnicas habituales de selección (crear un marco de selección o mantener presio-

nadas las teclas **Control** o **Mayús**). Haga clic sobre el botón
**Agregar** para incorporar los vídeos o imágenes seleccionadas
al proyecto (véase la figura 7.18).

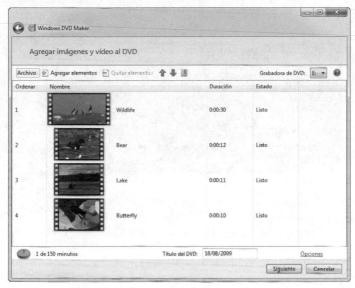

**Figura 7.18.** Inclusión de cuatro archivos
de vídeo en el diseño de un nuevo DVD de vídeo.

Es posible modificar el orden relativo de los clips de vídeo
en la estructura del DVD seleccionándolos en la lista central
de la ventana y haciendo clic sobre los botones **Subir** ⬆ o
**Bajar** ⬇. Si cambia de opinión sobre la inclusión de cualquier
elemento en la estructura del DVD, selecciónelo en la lista y
haga clic sobre el botón **Quitar elementos**.

Finalmente, otras de las opciones que nos ofrece esta ventana
son la selección de la unidad de DVD donde deseamos realizar
la grabación del disco (en la lista desplegable Grabadora de DVD
situada en la esquina superior derecha de la ventana) y establecer
un título para el disco (en el cuadro de texto Título del DVD).

## 7.6.2. Menús

El próximo paso de la herramienta Windows DVD Maker,
nos permitirá configurar las características del menú de nuestro
DVD. Haga clic sobre el botón **Siguiente** para acceder a una
ventana similar a la que ilustra la figura 7.19.

**Figura 7.19.** Configuración del menú del nuevo DVD.

En el panel derecho de la ventana, podrá seleccionar cualquiera de los estilos de menú disponibles en la aplicación. La lista situada sobre dicho panel, le permitirá mostrar los diferentes estilos predeterminados del programa o acceder a los estilos de menús personalizados que haya generado anteriormente. Haga clic sobre el estilo de menú que desea aplicar y observe los resultados en el área de muestra de la aplicación.

En la barra de comandos del programa, el botón **Texto del menú**, nos permitirá cambiar las características de los elementos de texto del menú de nuestro DVD. Al hacer clic sobre dicho botón, podremos cambiar la tipografía (fuente) y el estilo (negrita, cursiva y subrayado) del texto, así como modificar el título que deseamos mostrar para el disco y el contenido de texto de los botones de reproducción, escenas y notas. Finalmente, también podremos introducir cualquier anotación que deseemos para el menú del DVD.

Una vez establecida la configuración deseada, haga clic sobre el botón **Cambiar texto** para validar los cambios o sobre el botón **No cambiar** para salir de la pantalla sin realizar ningún cambio.

De vuelta en la ventana de configuración de menús de Windows DVD Maker, haga clic sobre el botón **Personalizar menú** para personalizar el aspecto del menú de su DVD. En esta ventana (véase la figura 7.20), podrá especificar un tipo y estilo de letra predeterminado, así como un vídeo o imagen que aparecerá en primer plano en la presentación del menú y un vídeo o imagen de fondo, además de una banda sonora que se repetirá durante la aparición del menú en pantalla en el reproductor. Finalmente, esta ventana también permite seleccionar distintos estilos de botones para la selección de escenas en el menú.

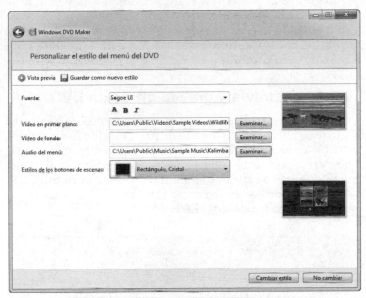

**Figura 7.20.** Personalización del estilo de un menú de disco.

Si desea utilizar el nuevo estilo de menú para la grabación de otros DVD de vídeo, haga clic sobre el botón **Guardar como nuevo estilo**, escriba el nombre que desea asignar al estilo en el cuadro de texto correspondiente del cuadro de diálogo que aparece en pantalla y haga clic sobre el botón **Aceptar**.

Una vez completados todos los cambios, haga clic sobre el botón **Cambiar estilo** para modificar el estilo del menú del DVD actual o sobre el botón **No cambiar** para abandonar la ventana sin realizar ningún cambio en el menú.

El botón **Presentación** de la barra de comandos de la pantalla de configuración de menús de Windows DVD Maker, permite realizar distintos ajustes en el caso de que hayamos escogido un conjunto de imágenes para realizar una presentación en nuestro DVD de vídeo. En la pantalla correspondiente del programa, podrá seleccionar distintas pistas de audio para acompañar musicalmente a la presentación (haciendo clic sobre el botón **Agregar música** y utilizando los botones **Subir**, **Bajar** y **Quitar** para cambiar su orden relativo en la presentación), ajustar la duración de la presentación de imágenes a la duración de la música o establecer una duración predeterminada para la presentación de cada imagen, definir el tipo de transición deseada entre la presentación de dos imágenes y activar la utilización de efectos panorámicos para las imágenes. Cuando haya finalizado la configuración de sus presentaciones, haga clic sobre el botón **Cambiar presentación** para validar los cambios o sobre **No cambiar** para cancelar la operación.

## 7.6.3. Vista previa y grabación de un DVD

Siempre que realice cualquier cambio en el formato del menú de su DVD o en el formato de presentación de imágenes, podrá observar los resultados obtenidos haciendo clic sobre el botón **Vista previa** de la barra de comandos de la aplicación. La ventana que aparecerá en pantalla (véase la figura 7.21), le ofrecerá todos los controles necesarios para navegar por el menú y la reproducción del DVD.

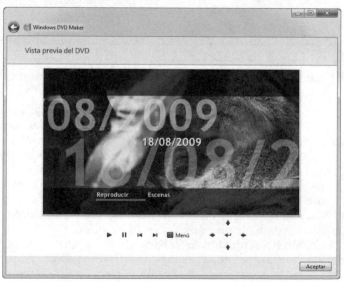

**Figura 7.21.** Vista previa del DVD.

El visor de la ventana ofrece las mismas capacidades de las que dispondremos en nuestro reproductor de DVD una vez grabado el disco: reproducción del contenido y navegación por las escenas del mismo.

En el borde inferior de la ventana, una serie de botones controlan las restantes operaciones de reproducción del disco:

- **Reproducir** ▶. Inicia la reproducción del DVD o de la sección de selección de escenas.
- **Pausa** ⏸. Detiene temporalmente la reproducción del DVD.
- **Pasar al capítulo anterior** ⏮. Activa la reproducción del capítulo anterior al capítulo que se está reproduciendo actualmente.
- **Pasar al capítulo siguiente** ⏭. Activa la reproducción del capítulo siguiente al capítulo que se está reproduciendo actualmente.
- **Mostrar el menú del DVD** ▦ Menú. Muestra el menú del DVD.
- **Mover a la izquierda** ◀, **Mover a la derecha** ▶, **Bajar** ▼ y **Subir** ▲. Controlan el movimiento por los elementos del menú.
- **Entrar** ↵. Es equivalente a pulsar o hacer clic sobre el elemento del menú actualmente seleccionado.

Para dar por finalizada la presentación preliminar del contenido de su DVD, haga clic sobre el botón **Aceptar**.

Una vez esté satisfecho con el contenido y formato de su DVD, haga clic sobre el botón **Grabar** para iniciar la grabación del disco.

# Redes

## 8.1. Introducción

Las redes de ordenadores son uno de los mecanismos básicos que soportan las telecomunicaciones. Hoy en día, resulta difícil imaginar la utilización de herramientas informáticas en cualquier organización de un cierto tamaño sin interconectarlas mediante una red. Una red de ordenadores es un grupo de máquinas conectadas físicamente mediante cables y unas tarjetas controladoras especiales, y que utilizan un determinado software para soportar la transferencia de datos (o en general, cualquier tipo de comunicación). De esta forma, desde nuestra máquina podemos acceder a información o recursos que se encuentran físicamente instalados en otro ordenador de la red, o comunicarnos con la persona que lo utiliza.

Existen redes de muy diversos tipos, dimensiones y alcances: desde la sencilla red que conecta dos o tres ordenadores situados en la misma sala de una oficina hasta las grandes redes de ámbito mundial que utilizan las líneas telefónicas y otras vías especializadas para intercambiar información entre ordenadores situados a miles de kilómetros.

Por su parte, los elementos electrónicos (el hardware) que podemos utilizar para conectar los ordenadores de una red son también muy diferentes: placas de muy diversos fabricantes y características, distintos tipos de conectores, cables o líneas telefónicas (incluso ondas de radio o vía satélite), etc.

Sin embargo, toda la diversidad y complejidad que presenta el mundo de las redes pasará inadvertida para el usuario si éste utiliza el software de red adecuado. El software de red es el sistema operativo que se encarga de gestionar todas las operaciones que se realizan sobre el complejo hardware de la red, dando al mismo tiempo al usuario la capacidad de expresar sus necesidades y conseguir resultados fácilmente. En este sentido, Windows 7 representa una herramienta clara, intuitiva y sencilla que le permite utilizar todos los recursos y toda la potencia del sistema con el que está trabajando.

## 8.2. Centro de redes y recursos compartidos

El Centro de redes y recursos compartidos de Windows 7 es el lugar desde el que podemos gestionar todas nuestras necesidades relacionadas con Internet y las redes de ordenadores a las que se encuentre conectado nuestro ordenador. Como es habitual, existen varios métodos disponibles en Windows 7 para acceder a esta herramienta.

En primer lugar podemos desplegar el menú Inicio y, en el cuadro de búsqueda, escribir el nombre de la herramienta: "Centro de redes y recursos compartidos". Una vez localizada la aplicación, podremos pulsar la tecla **Intro** o hacer clic sobre su nombre en la lista de accesos directos del menú.

Otra opción es desplegar el menú Inicio y hacer clic sobre el vínculo Panel de control. En la ventana del Panel de control, haremos clic sobre el vínculo Redes e Internet y, a continuación, sobre el vínculo Centro de redes y recursos compartidos.

De esta forma, se abrirá la ventana de la herramienta, con un aspecto similar al que ilustra la figura 8.1.

En el panel de tareas del Centro de redes y recursos compartidos (en el lateral izquierdo de la ventana), tenemos acceso a las acciones más frecuentes que podemos necesitar relacionadas con la gestión de redes: administración de redes inalámbricas, configuración de adaptadores, uso compartido, acceso al cortafuegos de Windows, opciones de configuración del grupo Hogar, etc.

En la cabecera del área de trabajo de la ventana, una serie de iconos nos muestran el esquema actual de nuestra red, tal como se ilustra en la figura 8.2. Los elementos con los que nos encontramos comúnmente en este esquema son nuestro propio ordenador, la red de ordenadores a la que estamos conectados y la red de Internet. Haciendo clic sobre cualquiera de estos iconos, accederemos al recurso correspondiente.

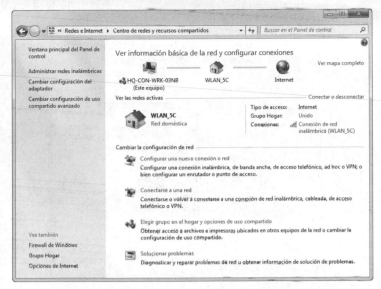

**Figura 8.1.** El Centro de redes y recursos compartidos.

**Figura 8.2.** Esquema de la red actual.

A continuación, dentro de la sección Ver las redes activas, nos encontramos nuevamente con el icono de nuestra red, junto con un vínculo que indica el tipo de red al que nos encontramos conectados (red doméstica, de trabajo o pública) y que nos permite cambiar este tipo haciendo clic sobre él. Esta sección también nos muestra información sobre el tipo de acceso que nos proporciona la red, nos indica si estamos unidos al grupo Hogar y nos indica el tipo de conexiones de nuestro equipo (en la figura 8.1, por ejemplo, una conexión de red inalámbrica). Las funciones disponibles en esta sección son las siguientes:

- Haciendo clic sobre el vínculo Conectar o desconectar en la esquina superior derecha de la sección, podemos desconectarnos de la red en la que nos encontramos actualmente o volvernos a conectar.

- Haciendo clic sobre el icono de la red (situado a la izquierda de su nombre) se abre el cuadro de diálogo Configurar propiedades de red, desde donde podremos asignar un nombre personalizado para nuestra red y cambiar su icono haciendo clic sobre el botón **Cambiar** (figura 8.3). Cuando haya terminado de configurar su red, haga clic sobre el botón **Aceptar**.

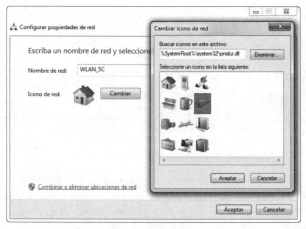

**Figura 8.3.** Nombre e icono de la red.

- Haciendo clic sobre el vínculo con el nombre del tipo de red que se encuentra actualmente configurada (Red doméstica en la figura 8.1), podremos cambiar entre los tres tipos de redes disponibles:
  - Red doméstica. Una red de ordenadores en el hogar donde todos los equipos son de confianza.
  - Red de trabajo. Similar a las redes domésticas, este tipo de red define una serie de ordenadores de confianza situados en el mismo entorno de la oficina en la que nos encontramos trabajando.
  - Red pública. Una red en la que se desconoce la procedencia de uno o varios equipos, como es el caso de una red abierta de una cafetería o aeropuerto.

  Haga clic sobre el tipo de red que desee aplicar y siga las instrucciones correspondientes de cada asistente.
- Junto al epígrafe "Grupo Hogar", en el lateral derecho de la sección, aparece el estado de nuestro ordenador respecto al grupo Hogar (en el caso de la figura 8.1, el equipo se encuentra unido al grupo Hogar). Haciendo clic sobre este vínculo, aparecerá una pantalla donde podrá configurar las características de su ordenador para

compartir información en el grupo Hogar: elegir los elementos que se desean compartir, generar una contraseña para el grupo, abandonar el grupo Hogar, cambiar la configuración de uso compartido o solucionar problemas de funcionamiento del grupo Hogar. Ampliaremos con detalles estas funciones en la sección 8.2.2.

- Finalmente, en la esquina inferior derecha de la sección, junto al epígrafe "Conexiones", aparece el nombre de la conexión de red (dispositivo hardware) mediante el que se realiza nuestra conexión a la red. Haciendo clic sobre este vínculo, accederemos al cuadro de diálogo de estado de nuestra conexión, donde podremos conocer detalles específicos de la conexión, acceder a las propiedades de una conexión inalámbrica en caso de que dispongamos de este tipo de hardware de conexión en nuestro equipo, deshabilitar el hardware o diagnosticar cualquier problema de conexión (véase la figura 8.4).

**Figura 8.4.** Estado de la conexión.

Finalmente, la sección **Cambiar la configuración de red** de la ventana del Centro de redes y recursos compartidos de Windows 7, nos ofrece un acceso rápido a algunas de las funciones de configuración de redes más habituales en el sistema:

- **Configurar una nueva conexión o red.** Configurar el hardware de nuestro ordenador para establecer una conexión con una red de ordenadores.

- **Conectarse a una red.** Realizar una conexión a una red de ordenadores existente al alcance de nuestro ordenador.

- **Elegir grupo en el hogar y opciones de uso compartido.** Configuración de uso compartido y opciones del grupo Hogar al que se encuentra conectado el equipo (véase la sección 8.8.2).

- **Solucionar problemas.** Permite solucionar algunos problemas de conexión a redes y diagnosticar posibles problemas existentes.

## 8.2.1. Conectarse a una red

Windows 7 se encarga automáticamente de detectar las redes a las que se encuentra conectado nuestro equipo aunque, en ocasiones, puede ser necesario que iniciemos la búsqueda de nuevas redes de forma manual. Para ello, utilizaremos el vínculo Conectarse a una red de la sección Cambiar la configuración de red del Centro de redes y recursos compartidos.

Al hacer clic sobre este vínculo, aparecerá en pantalla una ventana (véase la figura 8.5) informándonos de las redes con conectividad disponible que están a nuestro alcance. Si es necesario, podremos hacer clic sobre el botón situado en la esquina superior derecha de la ventana 🔄 para realizar una nueva búsqueda y actualizar los nombres de las redes a nuestro alcance.

Haga clic sobre el nombre de la red a la que se desea conectar y, a continuación, sobre el botón **Conectar** para iniciar los procesos necesarios para establecer el contacto.

**Figura 8.5.** Conexión a una nueva red.

Según el tipo y características de la red a la que queramos conectarnos en cada momento, el sistema nos pedirá que introduzcamos una clave de seguridad o que insertemos una unidad flash USB donde hayamos almacenado los datos de configuración de la red.

Una vez configurada la nueva red, ésta aparecerá en la ventana del Centro de redes y recursos compartidos, desde donde podremos llevar a cabo las labores de gestión y administración habituales.

## 8.2.2. Administración de conexiones de red

Normalmente, cuando trabajamos con Windows 7 no necesitamos preocuparnos por cómo instalar o configurar un entorno de red para que funcione correctamente. El sistema se encarga automáticamente de detectar el tipo de tarjeta y el tipo de red que tenemos conectada a nuestro ordenador y configura todas las opciones necesarias para obtener un rendimiento óptimo.

Si Windows 7 no es capaz de detectar las características correctas de su entorno de red, deberá recurrir a la herramienta de administración de conexiones del Centro de redes y recursos compartidos. Para ello, haga clic sobre el vínculo **Cambiar configuración del adaptador** del panel de tareas de la ventana para acceder a la ventana **Conexiones de red** (figura 8.6). Recuerde que esta ventana puede presentar un aspecto diferente según la configuración de su propio equipo.

**Figura 8.6.** La ventana Conexiones de red.

Para mostrar la configuración actual de una conexión de red, haga doble clic sobre su icono en la ventana **Conexiones**

**de red.** Un cuadro de diálogo le mostrará información sobre la conexión seleccionada, que dependerá según se trate de una conexión de área local, una conexión inalámbrica, etc.

En el caso de una conexión inalámbrica, el cuadro de diálogo resultante será el de la figura 8.4, que nos muestra el estado de la conexión y todos los detalles de la misma, permitiéndonos además deshabilitar el hardware de red inalámbrica o diagnosticar problemas con este tipo de conexiones.

Si hacemos doble clic sobre el icono de una conexión de área local, aparecerá en pantalla un cuadro de diálogo con las propiedades del dispositivo, desde el que podremos acceder a la configuración de la conexión de red.

En la ficha **Funciones de red** del cuadro de diálogo de propiedades, el sistema nos permite agregar o configurar los siguientes tipos de elementos:

- **Adaptadores.** Tipos de hardware (tarjetas de red) que podemos conectar a nuestro ordenador. Mediante el botón **Configurar** de la sección **Conectar usando** es posible controlar la configuración del adaptador de red instalado en nuestro sistema. Generalmente, Windows 7 nos permite realizar operaciones tales como habilitar o deshabilitar el dispositivo, actualizar los controladores de la tarjeta, etc.

- **Clientes.** Son los distintos tipos de redes a los que podemos conectar nuestro ordenador: cliente para redes Microsoft, cliente para redes NetWare, etc.

- **Servicios.** Programadores de paquetes, servicios para la compartición de archivos, impresoras y diferentes recursos con otros ordenadores de la red.

- **Protocolos.** Distintos tipos de protocolos (lenguajes) de comunicaciones de un entorno de red, tales como las distintas versiones de protocolos TCP/IP.

Para agregar un nuevo componente al entorno de red, haga clic sobre el botón **Instalar** del cuadro de diálogo de propiedades. Un nuevo cuadro nos mostrará las distintas categorías de componentes que podemos instalar (véase figura 8.7): clientes, servicios y protocolos.

Seguidamente, seleccione la categoría deseada y haga clic sobre el botón **Agregar**. A continuación, seleccione el tipo de elemento que desea instalar o utilice los discos proporcionados por el fabricante y haga clic sobre **Aceptar** para completar el proceso.

Si lo que desea es modificar la configuración de alguno de los elementos de red ya instalados en su ordenador, selecciónelo en la lista del cuadro de diálogo de propiedades y haga clic sobre el botón **Propiedades**. Las propiedades disponibles dependerán del tipo de elemento seleccionado.

**Figura 8.7.** El cuadro de diálogo
Seleccionar tipo de característica de red.

Finalmente, para desinstalar cualquiera de los componentes de red disponibles en el entorno, selecciónelo en la lista y haga clic sobre el botón **Desinstalar**.

## 8.2.3. Equipos y dispositivos

Cuando nuestro ordenador se encuentra conectado a una red, podemos disponer de los recursos compartidos por los distintos usuarios como si se tratara de los propios recursos incluidos en nuestro equipo.

Una de las herramientas que nos proporciona Windows 7 para poder acceder a los recursos compartidos de la red, es la ventana Red (véase figura 8.8) a la que podemos acceder desde cualquier ventana de navegación del sistema (por ejemplo, desde la ventana Equipo), haciendo clic sobre el vínculo del mismo nombre en el extremo inferior del panel de navegación.

El área de trabajo de la ventana, muestra un icono por cada uno de los recursos de red disponibles en nuestro entorno de trabajo. En el ejemplo de la figura 8.8, podemos observar dos dispositivos multimedia (bibliotecas multimedia al alcance del equipo), y tres equipos diferentes bajo el epígrafe PC. Para mostrar el contenido de cualquiera de estos elementos, basta con hacer doble clic sobre él.

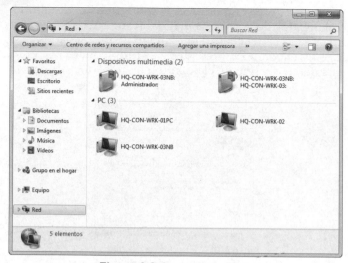

**Figura 8.8.** La ventana Red.

## 8.2.4. Grupo Hogar

La función principal de cualquier red de ordenadores es la compartición de archivos y recursos. En Windows 7, gracias a la incorporación del concepto de grupo Hogar, la labor de compartición de información y recursos se convierte en un proceso extremadamente sencillo.

Como vimos anteriormente, podemos saber si nos encontramos o no unidos al grupo Hogar en nuestro equipo observando la sección Ver las redes activas de la ventana del Centro de redes y recursos compartidos. En la figura 8.1, podemos observar el vínculo Unido junto al epígrafe "Grupo Hogar", lo que significa que el equipo se encuentra adherido al grupo Hogar, aunque no necesariamente, que se encuentre actualmente compartiendo información con él. Todas las opciones de configuración del grupo Hogar se encuentran accesibles a través de este vínculo, o bien a través del vínculo Elegir grupo en el hogar y opciones de uso compartido. Haciendo clic sobre cualquiera de estos dos enlaces, veremos una pantalla similar a la que ilustra la figura 8.9.

Como vemos en la figura 8.9, después de instalar el sistema operativo en nuestro equipo, se crea automáticamente una conexión con el grupo Hogar, pero no existe ningún contenido compartido de forma predeterminada. Haga clic sobre el vínculo Elegir lo que desea compartir y ver la contraseña del grupo en el hogar. Una ventana como la que ilustra la figura 8.10 le permitirá seleccionar los componentes que desea compartir en su equipo activando o desactivando las casillas de verificación correspondientes. Una vez haya elegido los elementos que desea compartir, haga clic sobre el botón **Siguiente**.

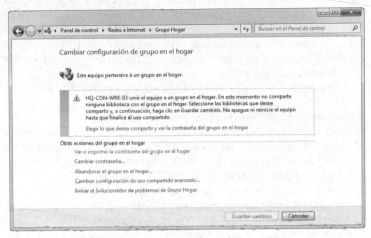

**Figura 8.9.** Configuración del grupo Hogar.

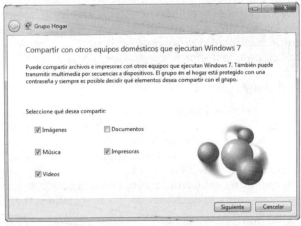

**Figura 8.10.** Seleccione los elementos que desea compartir.

A continuación, se generará una contraseña que permitirá que otros equipos se puedan unir al grupo Hogar donde estamos compartiendo nuestro contenido. Es de vital importancia que anote esta contraseña o, si lo prefiere, haga clic sobre el vínculo **Imprimir contraseña e instrucciones** para obtener una copia impresa de dicha contraseña junto con las instrucciones que necesitará para dar de alta el grupo Hogar en otros equipos para compartir información. Una vez anotada la contraseña, haga clic sobre el botón **Finalizar** para regresar a la ventana del grupo Hogar. Observe como ahora la advertencia sobre el hecho de que no existía ningún tipo de información compartida, ahora se ha sustituido por una serie de casillas de verificación donde podrá cambiar de opinión sobre los elementos que desea o no compartir.

Otra de las opciones de configuración que permite el grupo Hogar es la compartición de material multimedia con otros dispositivos a través de la transmisión por secuencias. Esta opción se activa mediante la casilla de verificación **Transmitir por secuencias imágenes, música y vídeos a todos los dispositivos de la red doméstica** de la sección **Compartir multimedia con dispositivos**. En pocas palabras, lo que se consigue con esta opción es que los elementos multimedia de nuestra biblioteca estén disponibles para cualquier otro ordenador de la red como si se tratara de los propios archivos multimedia de sus discos duros. Observe sin embargo que, como recuerda la propia ventana del grupo Hogar, al compartir nuestros recursos multimedia de esta manera, no existe ningún tipo de protección, por lo que cualquier equipo conectado a la red podrá utilizar esta información.

Si desea modificar la configuración de la compartición de elementos multimedia de su equipo, haga clic sobre el vínculo **Elegir opciones de transmisión por secuencias de multimedia**. Se abrirá una ventana donde podrá establecer las siguientes configuraciones principales:

- Nombre de la biblioteca multimedia compartida.
- Elegir la configuración predeterminada respecto a la clasificación de los elementos multimedia que se desean compartir (en lo que atañe tanto a su clasificación de calidad por estrellas como a la clasificación parental del contenido) o especificar para cada dispositivo una clasificación personalizada para los elementos a compartir.

Una vez que haya finalizado, haga clic sobre el botón **Aceptar** para regresar a la ventana de configuración del grupo Hogar.

Finalmente, la última sección de la ventana, **Otras acciones del grupo en el hogar** permite, como su propio nombre indica, establecer otros tipos de configuraciones adicionales del grupo Hogar al que se encuentra asociado nuestro equipo:

- Ver o imprimir la contraseña del grupo en el hogar. Si olvida o extravía la contraseña y las instrucciones para configurar el grupo Hogar en otros equipos de la red, haga clic sobre este vínculo para recuperar dicha información.

- Cambiar contraseña. Si piensa que la contraseña de su grupo Hogar se puede haber visto comprometida, haga clic sobre este vínculo. Asegúrese de que todos los equipos pertenecientes al grupo Hogar se encuentran encendidos para poder introducir en ellos la nueva contraseña.

- Abandonar el grupo en el hogar. Hace que el equipo abandone el grupo Hogar. Cuando el equipo no está asociado a un grupo Hogar, la ventana de configuración nos ofrece un botón llamado **Crear un grupo en el hogar** para la generación de un nuevo grupo. Al hacer clic sobre este botón, tendrá que elegir los elementos que desea compartir (como en la figura 8.10) y dispondrá nuevamente de la posibilidad de anotar o imprimir la contraseña del nuevo grupo.

- Cambiar la configuración de uso compartido avanzado. Para los distintos tipos de perfiles de red disponibles en Windows 7 (redes domésticas o de trabajo por una parte y redes públicas por otro), podemos definir en detalle la configuración de uso compartido del equipo:

  - Activación o desactivación de detección de redes.

  - Activación o desactivación de uso compartido de archivos e impresoras.

  - Activación o desactivación de suco compartido de carpetas públicas

  - Opciones de transmisión por secuencias de multimedia.

  - Tipo de cifrado para uso compartido de archivos (cifrado de 128 bits de Windows 7 o cifrados de 40 o 56 bits de otros sistemas).

  - Activación o desactivación del uso compartido con protección por contraseña.

  - Administración de conexiones a otros equipos del grupo Hogar.

- Iniciar el Solucionador de problemas de Grupo Hogar. Si el grupo Hogar no se está comportando de forma apropiada, puede hacer clic sobre este vínculo para iniciar el solucionador de problemas correspondiente.

Cuando haya terminado de configurar el comportamiento de su grupo Hogar, haga clic sobre el botón **Guardar cambios** para regresar al Centro de redes y recursos compartidos.

# 8.3. Internet

La nueva versión de Internet Explorer 8 disponible en el sistema operativo de Windows 7, incluye varias características mejoradas para facilitar el trabajo con la aplicación y para reforzar la seguridad de la navegación por Internet, que se suman a las ya disponibles en versiones anteriores tales como la protección contra ataques de suplantación de identidad (*phishing*), modos de trabajo protegidos, bloqueo de programas malintencionados, soporte para fuentes de información RSS, etc.

## 8.3.1. Internet Explorer

Para ejecutar Internet Explorer, haga clic sobre su icono en la barra de tareas o en la carpeta `Todos los programas` del menú Inicio.

Cuando finalice la carga de Internet Explorer, aparecerá en la pantalla de su ordenador una ventana similar a la que ilustra la figura 8.11.

**Figura 8.11.** La ventana principal de Internet Explorer.

La zona central de la ventana de Internet Explorer está dedicada a la presentación de la página Web seleccionada en cada momento. La navegación a través de un servidor o un sitio Web se realiza mediante un mecanismo de enlaces o vínculos que permiten iniciar la carga de una nueva página relacionada con la página actual. Por lo general, dichos enlaces vienen representados por una imagen o un fragmento de texto subrayado y destacado en un color distinto al color general. Cuando el puntero del ratón se sitúa sobre estos enlaces, toma la forma de una mano con el dedo índice extendido 🖑. Para poder acceder al contenido de un enlace, haga clic sobre cualquier punto de su superficie con el botón izquierdo del ratón.

Encima de la representación de la página Web actual, la ventana de Internet Explorer muestra una serie de herramientas y barras de comandos, así como las fichas de todas las páginas Web abiertas en un momento dado en la aplicación.

En la primera fila de comandos, en la esquina superior izquierda, los botones **Atrás** y **Adelante** 🔵🔵 permiten acceder a la página visitada con anterioridad a la página actualmente seleccionada o a la página siguiente en el historial de páginas visitadas (después de utilizar el botón **Atrás**) respectivamente.

Junto a estos botones, el icono **Páginas recientes** 🔽 muestra una lista con las páginas Web que hemos visitado recientemente.

A continuación, se encuentra la barra de direcciones, que es el lugar donde podemos escribir, si la conocemos, la dirección URL de la página Web que deseamos visitar. A la derecha de ésta, un cuadro de texto nos permite especificar un fragmento de texto para realizar una búsqueda directa en el motor de búsqueda de Bing.

En la segunda fila de comandos, a la izquierda nos encontramos con el botón **Favoritos** al que también podemos acceder pulsando la combinación de teclas **Alt-C**. Este botón nos muestra un panel donde se almacenan todos los vínculos favoritos que hemos almacenado en el programa, las fuentes de información RSS a las que estamos suscritos y un historial con las páginas Web visitadas recientemente.

Seguidamente, el botón **Agregar a la Barra de favoritos** ⭐ añade la página Web actual a la barra donde se encuentra el propio botón en forma de acceso directo. De esta manera, podrá abrir las páginas que visite con mayor frecuencia con sólo hacer un clic sobre su botón.

Finalmente, encontramos los botones **Sitios sugeridos** y **Galería de Web Slice**, mediante los que podremos suscribirnos al servicio de sugerencia de vínculos de Web Slices.

Bajo estos botones, se encuentran las fichas que representan las distintas páginas Web abiertas en cada momento en la aplicación. Estas fichas, se identifican mediante el título de la página Web. Para activarlas, bastará con hacer clic sobre su etiqueta.

Finalmente, en el lateral derecho de las fichas de páginas, se encuentra un grupo de botones mediante los que podemos controlar el trabajo con la aplicación:

- **Página principal** . Permite acceder a cualquiera de las páginas de inicio definidas en el programa o incorporar la página actual a la lista de páginas de inicio.
- **Agregar Web Slices** . Permite añadir un botón a la barra de favoritos que permita el acceso directo a una página Web de interés.
- **Leer correo** . Abre la aplicación predeterminada en el sistema de correo electrónico (por ejemplo, Outlook Express) para consultar el correo electrónico recibido.
- **Imprimir** . Permite imprimir, configurar la impresión o realizar una visión preliminar de la impresión de la página Web actualmente seleccionada.
- **Página.** Despliega un menú que contiene todos los comandos relacionados con las distintas operaciones que se pueden realizar con la página actual: abrir en una nueva ventana, copiar, cortar y pegar objetos, traducir la página con Bing, guardar la página o enviarla por correo electrónico, ampliarla, definir el tamaño y el estilo de texto, ver su código fuente, etc.
- **Seguridad.** Contiene los comandos relacionados con la seguridad en la navegación: borrar la información del historial de exploración, iniciar una exploración InPrivate, establecer las directivas de privacidad de páginas Web, etc.
- **Herramientas.** Despliega un menú que contiene las herramientas más comunes de configuración de la aplicación: diagnóstico de problemas de conexión, abrir la última sesión de exploración, bloquear elementos emergentes, etc.

Aparte de estas barras de comandos que aparecen de forma predeterminada en el programa, también podemos mostrar u ocultar otras barras de herramientas según las necesidades que tengamos en cada momento, así como incluir una barra de menús con todos los comandos disponibles en el programa. La configuración de las barras de herramientas de Internet Explorer se controla mediante los comandos del submenú **Barras de herramientas** del botón **Herramientas**. Para mostrar u ocultar las distintas barras de herramientas en la ventana del programa, basta con activar o desactivar la marca de verificación situada a la izquierda del nombre del comando correspondiente. Las opciones disponibles son las siguientes:

- **Barra de menús.** Muestra la barra de menús clásica de las aplicaciones Windows tradicionales, donde se recogen todos los comandos disponibles en el programa.

- **Barra de favoritos.** La barra de botones donde se encuentra situado el botón **Favoritos** y donde se colocan los accesos directos que generamos a las páginas que necesitamos visitar con mayor frecuencia y los accesos directos Web Slices.

- **Barra de comandos.** La barra que contiene los botones **Página principal**, **Agregar Web Slices**, e incluso el propio botón **Herramientas**.

- **Barra de estado.** Permite mostrar u ocultar la barra de estado de Internet Explorer, que contiene información sobre el estado de la página actualmente cargada en el programa.

- **Bloquear las barras de herramientas.** Permite bloquear o desbloquear las barras de herramientas para poder moverlas por la pantalla o cambiar su tamaño.

- **Personalizar.** Permite personalizar el contenido de una barra de herramientas añadiendo nuevos comandos o eliminando los ya existentes.

## 8.3.2. Favoritos

El panel Favoritos de Internet Explorer, nos permite acceder rápidamente a las páginas Web que utilizamos con mayor frecuencia durante nuestras sesiones de trabajo con la aplicación.

Como vimos anteriormente, el panel Favoritos se abre haciendo clic sobre el botón del mismo nombre situado en la esquina superior izquierda de la ventana de la aplicación o pulsando la combinación de teclas **Alt-C**. Para acceder al contenido de una página Web del panel Favoritos, simplemente haga clic sobre el nombre de la carpeta donde se encuentra almacenada dicha página y, a continuación, haga clic sobre el nombre de la página en sí (véase la figura 8.12).

**Figura 8.12.** El panel Favoritos de Internet Explorer.

Para incorporar al panel Favoritos la página actualmente seleccionada en Internet Explorer, haga clic sobre el botón **Agregar a favoritos** de la esquina superior izquierda del panel (no confundir con el botón **Agregar a la Barra de favoritos** de la barra de herramientas Barra de favoritos). Para almacenar el enlace a la página actual, el programa ofrece por defecto el nombre almacenado en la propia página Web. Si lo desea, puede cambiar dicho nombre escribiéndolo en el cuadro de texto correspondiente.

La lista desplegable Crear en, permite almacenar los distintos enlaces a páginas Web en una estructura de subcarpetas. Al hacer clic sobre el control, aparecerá una lista donde podremos seleccionar cualquiera de las subcarpetas existentes en el panel Favoritos. También podremos crear una nueva carpeta haciendo clic sobre el botón **Nueva carpeta**. La figura 8.13, muestra un ejemplo de creación de un enlace a una página Web en una subcarpeta del ya existente del panel Favoritos.

Una vez seleccionados el nombre y la subcarpeta donde desea almacenar el nuevo enlace, simplemente haga clic sobre el botón **Agregar**.

Desde el panel Favoritos, también se pueden controlar la lista de fuentes RSS suscritas en el programa y el historial de navegación de páginas Web de la aplicación.

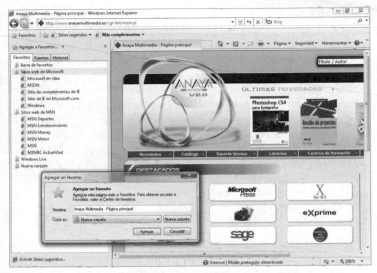

**Figura 8.13.** Creación de un enlace a una
página Web en una subcarpeta del panel Favoritos.

Generalmente, la suscripción a una determinada fuente de
información RSS de una página Web se realiza mediante un
enlace del tipo "Suscribirse a esta fuente" (figura 8.14).

**Figura 8.14.** Suscripción de una fuente de información RSS.

En el cuadro de texto **Nombre**, escriba el nombre que identifique la fuente RSS y haga clic sobre el botón **Suscribirse**. Si lo desea, también puede organizar sus fuentes de información RSS en subcarpetas de forma similar a como se organizan los enlaces favoritos de Internet Explorer.

Finalmente, si hacemos clic sobre el botón **Historial** del panel **Favoritos**, obtendremos una lista ordenada de las últimas páginas Web visitadas en la aplicación. Según el tipo de ordenación que hayamos especificado, bastará con hacer clic sobre la categoría de páginas deseada, hacer clic sobre el nombre del sitio Web para desplegar su contenido y, a continuación, hacer clic sobre el título de la página que deseamos abrir.

## 8.3.3. Opciones de Internet

Internet Explorer dispone de una amplia gama de opciones de configuración que permiten definir el comportamiento del programa. Estas opciones de configuración se encuentran dentro del cuadro de diálogo Opciones de Internet, que podemos abrir ejecutando el comando del mismo nombre del botón **Herramientas** de la barra de comandos de la aplicación.

Dentro del cuadro de diálogo Opciones de Internet, podemos encontrar diversas categorías de opciones de configuración organizadas por fichas:

- General. Sus opciones permiten configurar la página de inicio predeterminada de la aplicación, borrar o configurar el historial de exploración, configurar las opciones de búsqueda del programa, especificar el comportamiento de las pestañas que muestran las distintas páginas Web abiertas en la aplicación y cambiar el aspecto de Internet Explorer.
- Seguridad. Permite la definición del nivel de protección de distintas zonas de seguridad: Internet, una intranet local, sitios de confianza y sitios restringidos.
- Privacidad. Permite configurar las opciones de restricción de *cookies* y la herramienta de bloqueo de elementos emergentes de Internet Explorer.
- Contenido. Opciones de configuración del contenido que se puede mostrar en las páginas Web que visitemos: control parental, utilización de certificados, opciones de autocompletar y actualización de fuentes RSS.
- Conexiones. Permite configurar el tipo de conexión a Internet (acceso telefónico a redes, redes privadas vir-

tuales, *proxy* y redes de área local) para la navegación con Internet Explorer.

- **Programas.** Define las aplicaciones que se utilizan para las distintas funciones de trabajo con páginas y sitios Web: explorador predeterminado, complementos del explorador, edición HTML y otros servicios de Internet.
- **Opciones avanzadas.** Engloba una serie de configuraciones de accesibilidad, búsqueda, configuración de protocolos, impresión, multimedia, seguridad, etc. Para activar o desactivar las distintas opciones, active o desactive la casilla de verificación situada junto a su nombre.

## 8.3.4. Exploración InPrivate

En ocasiones, puede ser conveniente que Internet Explorer no guarde ninguna traza de sus sesiones de navegación, permitiendo de esta manera realizar un trabajo totalmente privado que no pueda estar al alcance de otros usuarios que tengan acceso al ordenador. Estos datos incluyen la creación de *cookies*, archivos temporales de Internet, historial de páginas visitadas, etc.

Para llevar a cabo este tipo de sesiones de exploración, abra el menú del botón **Seguridad** de la barra de comandos y ejecute el comando Exploración de InPrivate (o pulse la combinación de teclas **Control-Mayús-P**).

Cuando se inicie una sesión InPrivate (figura 8.15), un icono con dicho nombre aparecerá en el lateral izquierdo de la barra de direcciones, recordándonos en todo momento el tipo de trabajo que estamos realizando. La nueva sesión de trabajo se inicia en una ventana de Internet Explorer independiente, por lo que para regresar al modo normal de navegación, sólo tendrá que activar la ventana inicial del programa.

**Figura 8.15.** Navegación InPrivate.

# Teclas de método abreviado

## A.1. Teclas de uso general

Mediante estas combinaciones de teclas, podrá realizar gran parte de las operaciones que habitualmente ejecuta mediante pulsaciones del ratón. Son aplicables a la mayoría de los componentes del entorno de Windows.

**Tabla A.1.** Teclas de uso general.

| Combinación | Descripción |
| --- | --- |
| Control-C | Copia el elemento actualmente seleccionado. |
| Control-X | Corta el elemento actualmente seleccionado. |
| Control-V | Pega el elemento actualmente seleccionado. |
| Control-Z | Deshacer la última acción. |
| Supr | Eliminar el elemento seleccionado y moverlo a la Papelera de reciclaje. |
| Mayús-Supr | Eliminar el elemento seleccionado sin moverlo a la Papelera de reciclaje. |
| F2 | Cambiar el nombre de un elemento. |
| Control-Flecha dcha. | Mover el cursor al principio de la siguiente palabra. |
| Control-Flecha izda. | Mover el cursor al principio de la palabra anterior. |
| Control-Flecha abajo | Mover el cursor hasta situarlo al principio del siguiente párrafo. |
| Control-Flecha arriba | Mover el cursor hasta situarlo al principio del párrafo anterior. |

| Combinación | Descripción |
|---|---|
| **Control-Mayús-** *Tecla dirección* | Seleccionar un bloque de texto. |
| **Mayús-***Tecla de dirección* | Seleccionar varios elementos en una ventana o en el escritorio o seleccionar texto en un documento. |
| **Control-E** | Seleccionar todos los elementos de un documento o ventana. |
| **F3** | Buscar un archivo o una carpeta. |
| **Alt-Intro** | Ver las propiedades de un elemento. |
| **Alt-F4** | Cerrar el elemento activo o salir del programa activo. |
| **Alt-Barra espaciadora** | Abrir el menú contextual de la ventana actualmente activa. |
| **Control-F4** | Cerrar el documento activo en programas que permitan tener abiertos varios documentos. |
| **Alt-Tab** | Cambiar de un elemento abierto a otro. |
| **Control-Alt-Tab** | Utilizar las teclas de dirección para cambiar de un elemento abierto a otro. |
| **Windows-Tab** | Desplazarse por los programas de la barra de tareas con Windows Flip. |
| **Control-Windows-Tab** | Utilizar las teclas de dirección para desplazarse por los programas de la barra de tareas con Windows Flip. |
| **Alt-Esc** | Desplazarse por los elementos en el orden en que se abrieron. |
| **F6** | Desplazarse por los elementos de pantalla de una ventana o del escritorio. |
| **F4** | Mostrar la lista de la barra de direcciones de una ventana de navegación. |
| **Mayús-F10** | Mostrar el menú contextual del elemento seleccionado. |
| **Control-Esc** | Abrir el menú Inicio. |
| **Alt-***Letra subrayada* | Mostrar el menú correspondiente a la letra. |
| **Alt-***Letra subrayada* | Ejecutar un comando de menú (u otro comando subrayado). |
| **F10** | Activar la barra de menús en el programa activo. |

| Combinación | Descripción |
|---|---|
| Flecha dcha. | Abrir el siguiente menú de la derecha o abrir un submenú. |
| Flecha izda. | Abrir el siguiente menú de la izquierda o cerrar un submenú. |
| F5 | Actualizar la ventana activa. |
| Alt-Flecha arriba | Ver la carpeta de un nivel superior en una ventana de navegación. |
| Esc | Cancelar la tarea actual, |
| Control-Mayús-Esc | Abrir el Administrador de tareas. |
| Mayús al insertar un CD | Evitar que el CD se reproduzca automáticamente. |

# A.2. La tecla Windows

La tecla **Windows** (la tecla con un logotipo de Windows) permite abreviar varias de las operaciones que realizamos con mayor frecuencia en nuestro sistema operativo. Esta tecla no se encuentra disponible en todos los teclados y, generalmente, la podemos encontrar situada entre las teclas **Control** y **Alt**.

**Tabla A.2.** Métodos abreviados con la tecla Windows.

| Combinación | Descripción |
|---|---|
| Windows | Abrir o cerrar el menú Inicio. |
| Windows-Pausa | Abrir el cuadro de diálogo Propiedades del sistema. |
| Windows-D | Mostrar el escritorio de Windows. |
| Windows-M | Minimizar todas las ventanas abiertas. |
| Windows-Mayús-M | Restaurar las ventanas minimizadas en el escritorio. |
| Windows-E | Abrir la ventana Equipo. |
| Windows-F | Buscar un archivo o carpeta. |
| Control-Windows-F | Buscar equipos en un entorno de red. |
| Windows-L | Bloquear el equipo (si está conectado a un dominio de red) o cambiar de usuario (si no está conectado). |

| Combinación | Descripción |
|---|---|
| **Windows-R** | Abrir el cuadro de diálogo Ejecutar. |
| **Windows-T** | Desplazarse por los programas disponibles en la barra de tareas. |
| **Windows-*número*** | Inicia el programa anclado en la barra de tareas cuya posición ocupa el número presionado. Si el programa está ejecutándose ya, cambia a dicho programa. |
| **Mayús-Windows-*número*** | Inicia una nueva instancia del programa anclado en la barra de tareas cuya posición ocupa el número presionado. |
| **Control-Windows-*número*** | Cambia a la última ventana activa del programa anclado en la barra de tareas cuya posición ocupa el número que se ha presionado. |
| **Alt-Windows-*número*** | Abre la *jump list* del programa anclado en la barra de tareas cuya posición ocupa el número presionado. |
| **Windows-Tab** | Desplazarse por los programas disponibles en la barra de tareas con Windows Flip. |
| **Control-Windows-Tab** | Utilizar las teclas de dirección para desplazarse por los programas disponibles en la barra de tareas con Windows Flip. |
| **Control-Windows-B** | Cambia al programa que está mostrando un mensaje en el área de notificación. |
| **Windows-Barra espaciadora** | Vista previa del escritorio. |
| **Windows-Flecha arriba** | Maximiza la ventana actual. |
| **Windows-. Flecha izda** | Maximiza la ventana actual en el lateral izquierdo de la pantalla. |
| **Windows-. Flecha dcha** | Maximiza la ventana actual en el lateral derecho de la pantalla. |
| **Windows-Flecha abajo** | Minimiza la ventana actual. |
| **Windows-Inicio** | Minimiza todas las ventanas excepto la ventana actualmente activa. |
| **Windows-Mayús-Flecha arriba** | Ampliar la ventana en altura hasta alcanzar la parte superior e inferior de la pantalla. |

| Combinación | Descripción |
| --- | --- |
| Windows-Mayús-Flecha izda. y Windows-Mayús-Flecha dcha. | Mueve una ventana de un monitor a otro. |
| Windows-P | Seleccionar un modo de presentación |
| Windows-G | Desplazarse por los gadgets disponibles. |
| Windows-U | Abrir la ventana Centro de accesibilidad. |
| Windows-X | Abrir la ventana Centro de movilidad de Windows. |

# A.3. Teclas para trabajar con cuadros de diálogo

Estas combinaciones de teclas permiten realizar distintos tipos de operaciones dentro de un cuadro de diálogo: seleccionar elementos, desplazarse entre los distintos elementos, etc.

**Tabla A.3.** Teclas para cuadros de diálogo.

| Combinación | Descripción |
| --- | --- |
| Control-Tab | Avanzar a través de las fichas de un cuadro de diálogo. |
| Control-Mayús-Tab | Retroceder a través de las fichas de un cuadro de diálogo. |
| Tab | Avanzar a través de las opciones. |
| Mayús-Tab | Retroceder a través de las opciones. |
| Alt-*Letra subrayada* | Ejecutar el comando (o seleccionar la opción) correspondiente a la letra. |
| Intro | Reemplaza el clic del ratón para muchos comandos seleccionados |
| Barra espaciadora | Si la opción activa es una casilla de verificación, activarla o desactivarla. |
| Teclas de dirección | Si la opción activa es un grupo de botones de opción, seleccionar un botón. |
| F1 | Mostrar la Ayuda. |
| F4 | Mostrar los elementos de la lista activa. |

| Combinación | Descripción |
|---|---|
| Retroceso | Abrir una carpeta de un nivel superior si hay una carpeta seleccionada en un cuadro de diálogo Guardar como o Abrir. |

# A.4. Ventanas de navegación

Estas combinaciones de teclas permiten realizar la mayoría de las operaciones disponibles en las ventanas de navegación y exploración de Windows 7.

Tabla A.4. Teclas para ventanas de navegación.

| Combinación | Descripción |
|---|---|
| Control-N | Abre una nueva ventana. |
| Control-Mayús-N | Crea una nueva carpeta. |
| Fin | Mostrar la parte inferior de la ventana activa. |
| Inicio | Mostrar la parte superior de la ventana activa. |
| F11 | Maximiza o minimiza la ventana activa. |
| BloqNúm-* (asterisco en teclado numérico) | Mostrar todas las subcarpetas de la carpeta actualmente seleccionada. |
| BloqNúm-+ (signo más en el teclado numérico) | Mostrar el contenido de la carpeta actualmente seleccionada. |
| BloqNúm-- (signo menos en el teclado numérico) | Contraer la carpeta que se encuentra actualmente seleccionada. |
| Flecha izda. | Contraer la selección actual si está expandida o seleccionar la carpeta principal. |
| Alt-Intro | Abre el cuadro de diálogo de propiedades del elemento actualmente seleccionado. |
| Alt-P | Muestra el panel de vista previa. |
| Alt-Flecha izda. | Abrir la carpeta anterior. |
| Flecha dcha. | Mostrar la selección actual si está contraída o seleccionar la primera subcarpeta. |

| Combinación | Descripción |
|---|---|
| Alt-Flecha dcha. | Ver la siguiente carpeta. |
| Alt-Flecha arriba | Ver la carpeta principal. |
| Alt-*rueda del ratón* | Cambia el tamaño y el aspecto de los iconos de archivos y carpetas de la ventana. |
| Alt-D | Seleccionar el cuadro de dirección. |
| Control-E | Seleccionar el cuadro de búsqueda. |

# A.5. Métodos abreviados para gadgets

Estas combinaciones de teclas permiten trabajar con gadgets en el escritorio de Windows 7.

**Tabla A.5.** Combinaciones de teclas para gadgets.

| Combinación | Descripción |
|---|---|
| Windows-Barra espaciadora | Muestra el escritorio de Windows con sus gadgets, mostrando cualquier ventana abierta solamente mediante un recuadro esquemático. |
| Windows-G | Desplazarse por los gadgets. |
| Tab | Cuando se encuentra seleccionado un gadget, desplazarse por sus controles. |

# A.6. Teclas para Internet Explorer

Estas combinaciones de teclas, permiten realizar operaciones de control en Internet Explorer y navegar a través de páginas Web.

**Tabla A.6.** Teclas para ver y explorar páginas Web.

| Combinación | Descripción |
|---|---|
| F1 | Mostrar la ayuda. |
| F11 | Cambiar entre las vistas de pantalla completa y normal de la ventana de Internet Explorer. |

| Combinación | Descripción |
|---|---|
| Tab | Avanzar a través de los elementos de una página Web, la barra de direcciones y la barra de vínculos |
| Mayús-Tab | Retroceder a través de los elementos de una página Web, la barra de direcciones y la barra de vínculos |
| Alt-Inicio | Ir a la página principal. |
| Alt-Flecha dcha. | Ir a la página siguiente. |
| Alt-Flecha izda. | Ir a la página anterior. |
| Mayús-F10 | Mostrar el menú contextual de un vínculo. |
| Control-Tab ó F6 | Avanzar a través de los marcos y los elementos de Internet Explorer (sólo funciona si se ha deshabilitado la navegación por fichas) |
| Control-Mayús-Tab | Retroceder entre los marcos (sólo funciona si se ha deshabilitado la navegación por fichas) |
| Flecha arriba | Desplazarse hacia el principio de un documento. |
| Flecha abajo | Desplazarse al final de un documento. |
| RePág | Desplazarse hacia el principio de un documento en incrementos mayores. |
| AvPág | Desplazarse hacia el final de un documento en incrementos mayores. |
| Inicio | Ir al principio de un documento. |
| Fin | Ir al final de un documento. |
| Control-F | Buscar en la página Web actual. |
| F5 | Actualizar la página Web actual. |
| Control-F5 | Actualizar la página Web actual, aunque la marca de tiempo de la versión Web y de la versión almacenada localmente sean la misma. |
| Esc | Detener la descarga de una página Web. |
| Control-O | Abrir una nueva página o sitio Web. |
| Control-N | Abrir una nueva ventana. |
| Control-W | Cerrar la ventana actual (si sólo hay una ficha abierta). |

| Combinación | Descripción |
| --- | --- |
| Control-S | Guardar la página Web actual. |
| Control-P | Imprimir la página o el marco activo. |
| Intro | Activar un vínculo seleccionado. |
| Control-I | Abrir el panel de favoritos. |
| Control-H | Abrir el historial. |
| Control-J | Abrir las fuentes RSS. |
| Alt-P | Abrir el menú Página. |
| Alt-H | Abrir el menú Herramientas. |
| Alt-U | Abrir el menú Ayuda. |

**Tabla A.7.** Teclas para trabajar con fichas en Internet Explorer.

| Combinación | Descripción |
| --- | --- |
| Control-clic | Abrir en una nueva ficha en segundo plano. |
| Control-Mayús-clic | Abrir en una nueva ficha en primer plano. |
| Control-T | Abrir una nueva ficha en primer plano. |
| Control-Tab o Control-Mayús-Tab | Cambiar entre fichas. |
| Control-W | Cerrar la ficha actualmente seleccionada (o la ventana actual si la exploración por fichas está deshabilitada). |
| Alt-Intro | Abrir una nueva ficha en primer plano desde la barra de direcciones. |
| Control-$n$ ($n$ entre 1 y 8) | Cambiar al número de ficha que se ha especificado. |
| Control-9 | Cambiar a la última ficha. |
| Control-Alt-F4 | Cerrar las otras fichas. |

**Tabla A.8.** Teclas para manejar la función de zoom.

| Combinación | Descripción |
| --- | --- |
| Control-+ (signo más) | Aumentar el zoom un 10 por ciento. |
| Control-- (signo menos) | Disminuir el zoom un 10 por ciento. |
| Control-0 | Ajustar el zoom al 100 por ciento. |

**Tabla A.9.** Teclas para la vista previa de impresión.

| Combinación | Descripción |
|---|---|
| **Alt-I** | Configurar las opciones de impresión e imprimir la página. |
| **Alt-N** | Cambiar el papel, los encabezados y pies de página, la orientación y los márgenes de la página. |
| **Alt-Inicio** | Mostrar la primera página que se va a imprimir. |
| **Alt-Flecha izda.** | Mostrar la página anterior que se va a imprimir. |
| **Alt-A** | Escribir el número de la página que desea mostrar. |
| **Alt-Flecha dcha.** | Mostrar la página siguiente que se va a imprimir. |
| **Alt-Fin** | Mostrar la última página que se va a imprimir. |
| **Alt-C** | Cerrar la vista previa de impresión de Internet Explorer. |

**Tabla A.10.** Teclas para la barra de direcciones de Internet Explorer.

| Combinación | Descripción |
|---|---|
| **Alt-D** | Seleccionar el texto escrito en la barra de direcciones. |
| **F4** | Mostrar una lista de las direcciones que se han escrito. |
| **Control-Flecha izda.** | Desde la barra de direcciones, mover el cursor a la izquierda hasta la siguiente sección lógica de la dirección (punto o barra inclinada). |
| **Control-Flecha dcha.** | Desde la barra de direcciones, mover el cursor a la derecha hasta la siguiente sección lógica de la dirección (punto o barra inclinada). |
| **Control-Intro** | Agregar "www." al principio y ".com" al final del texto que se ha escrito en la barra de direcciones. |

| Combinación | Descripción |
|---|---|
| Flecha arriba | Avanzar por la lista de coincidencias de Autocompletar. |
| Flecha abajo | Retroceder por la lista de coincidencias de Autocompletar. |

**Tabla A.11.** Teclas para los paneles de fuentes, historial y favoritos de Internet Explorer.

| Combinación | Descripción |
|---|---|
| Control-D | Agregar la página actual a la lista de favoritos. |
| Alt-Flecha arriba | Mover el elemento seleccionado hacia arriba en la lista de favoritos del cuadro de diálogo Organizar Favoritos. |
| Alt-Flecha abajo | Mover el elemento seleccionado hacia abajo en la lista de favoritos del cuadro de diálogo Organizar Favoritos. |
| Alt-C | Abrir el panel Favoritos y mostrar la lista de favoritos. |
| Control-H | Abrir el panel Favoritos con el historial. |
| Control-J | Abrir el panel Favoritos y mostrar las fuentes RSS. |
| Alt-Z | Abrir el menú Agregar a Favoritos. |

# A.7. Teclas para el sistema de ayuda

Con estas combinaciones de teclas podremos realizar la mayoría de las funciones de la herramienta de Ayuda y soporte técnico de Windows 7.

**Tabla A.12.** Teclas de la herramienta de Ayuda y soporte técnico.

| Combinación | Descripción |
|---|---|
| Alt-C | Abrir la tabla de contenido. |
| F10 | Abrir el menú Opciones. |
| Alt-Flecha izda. | Volver al tema consultado anteriormente. |

| Combinación | Descripción |
| --- | --- |
| Alt-Flecha dcha. | Avanzar hasta el tema siguiente (consultado anteriormente). |
| Alt-Inicio | Mostrar la página de inicio de Ayuda y soporte técnico. |
| Inicio | Ir al comienzo de un tema. |
| Fin | Ir al final de un tema. |
| Control-F | Buscar el tema actual. |
| Control-P | Imprimir un tema. |
| F3 | Ir al cuadro de búsqueda. |

# A.8. Teclas para accesibilidad

Estas combinaciones de teclas son aplicables a las operaciones básicas de manejo de Windows 7 con opciones de accesibilidad.

Tabla A.13. Teclas para accesibilidad.

| Combinación | Descripción |
| --- | --- |
| Mayús derecha durante ocho segundos | Activar y desactivar las teclas de filtro. |
| Alt izquierda-Mayús izquierda-ImprPant | Activar o desactivar el contraste alto. |
| Alt izquierda-Mayús izquierda-BloqNúm | Activar o desactivar las teclas del ratón. |
| Mayús cinco veces | Activar o desactivar las teclas especiales. |
| BloqNúm durante cinco segundos | Activar o desactivar las teclas de alternancia. |
| Windows-U | Abrir la ventana del Centro de accesibilidad. |

# Reconocimiento de voz

## B.1. Comandos frecuentes

La siguiente tabla muestra un listado de los comandos de reconocimiento de voz de uso más frecuente.

**Tabla B.1.** Comandos de reconocimiento de voz frecuentes.

| Función | Frase |
|---|---|
| Hacer clic en cualquier elemento por su nombre | Hacer clic en *Archivo, Inicio, Ver*. |
| Hacer clic en cualquier elemento | Hacer clic en *Papelera de reciclaje*, hacer clic en *Equipo*, hacer clic en nombre de archivo. |
| Hacer doble clic en cualquier elemento | Hacer doble clic en *Papelera de reciclaje*, hacer doble clic en *Equipo*, hacer doble clic en *nombre de archivo*. |
| Cambiar a un programa abierto | Cambiar a Paint, cambiar a WordPad, cambiar a nombre de programa, cambiar de aplicación. |
| Desplazarse en una dirección | Desplazar hacia arriba; Desplazar hacia abajo; Desplazar a la izquierda; Desplazar a la derecha. |
| Insertar un párrafo nuevo o un salto de línea en un documento | Nuevo párrafo; Nueva línea. |
| Seleccionar una palabra de un documento | Seleccionar *palabra*. |

| Función | Frase |
|---------|-------|
| Seleccionar una palabra y empezar a corregirla | Corregir *palabra*. |
| Seleccionar y eliminar palabras específicas | Eliminar *palabra*. |
| Mostrar una lista de comandos aplicables | ¿Qué puedo decir? |
| Actualizar la lista de comandos de voz disponibles actualmente | Actualizar comandos. |
| Hacer que el equipo empiece a escuchar | Empezar a escuchar. |
| Hacer que el equipo deje de escuchar | Dejar de escuchar. |
| Apartar la barra del micrófono de reconocimiento de voz | Mover reconocimiento de voz. |
| Minimizar la barra del micrófono | Minimizar reconocimiento de voz. |
| Ver el contenido de Ayuda y soporte técnico de Windows para tareas específicas | ¿Cómo se *hace algo*? Por ejemplo, "¿Cómo se instala una impresora?" |

# B.2. Comandos de reconocimiento de voz para dictado

Esta serie de comandos se utilizan cuando el usuario desea escribir texto en una aplicación tal como un tratamiento de textos. Son comandos de gran utilidad para la realización de dictados.

**Tabla B.2.** Comandos de reconocimiento de voz para dictado.

| Función | Frase |
|---------|-------|
| Insertar un salto de línea en el documento | Nueva línea. |
| Insertar un párrafo nuevo en el documento | Nuevo párrafo. |
| Insertar una tabulación | Tabulación. |

| Función | Frase |
|---|---|
| Insertar la palabra literal para el siguiente comando (por ejemplo, puede insertar la palabra "coma" en lugar del signo de puntuación) | Literal *palabra*. |
| Insertar la forma numeral de un número | Numeral *número*. |
| Colocar el cursor antes de una palabra específica | Ir a *palabra*. |
| Colocar el cursor después de una palabra específica | Ir a detrás de *palabra*. |
| No insertar un espacio antes de la siguiente palabra | Sin espacio. |
| Ir al inicio de la oración en la que se encuentra el cursor | Ir al inicio de la oración. |
| Ir al inicio del párrafo en el que se encuentra el cursor | Ir al inicio del párrafo. |
| Ir al inicio del documento | Ir al inicio del documento. |
| Ir al final de la oración en la que se encuentra el cursor | Ir al fin de la oración. |
| Ir al final del párrafo en el que se encuentra el cursor | Ir al fin del párrafo. |
| Ir al final del documento actual | Ir al fin del documento. |
| Seleccionar la palabra del documento actual | Seleccionar *palabra*. |
| Seleccionar el intervalo de palabras en el documento actual | Seleccionar *intervalo de palabras*; Seleccionar *palabra* hasta *palabra*. |
| Seleccionar todo el texto del documento actual | Seleccionar todo. |
| Seleccionar una cantidad de palabras anteriores a la ubicación del cursor | Seleccionar las *20* palabras anteriores, seleccionar las *10* palabras anteriores. |
| Seleccionar una cantidad de palabras posteriores a la ubicación del cursor | Seleccionar las *20* palabras siguientes, seleccionar las *10* palabras siguientes. |
| Seleccionar el texto que acabar de dictar | Seleccionar eso. |

| Función | Frase |
|---|---|
| Borrar la selección de la pantalla | Borrar selección. |
| Poner en mayúsculas la primera letra de la palabra | Mayúscula *palabra*. |
| Poner en mayúsculas todas las letras de la palabra | Todo mayúsculas *palabra*. |
| Poner en minúsculas todas las letras de la palabra | Sin mayúsculas *palabra*. |
| Cambiar el siguiente número de palabras a mayúsculas | Cambiar las siguientes *10* palabras a mayúsculas. |
| Cambiar el siguiente número de palabras a minúsculas | Cambiar las siguientes *10* palabras a minúsculas. |
| Eliminar la oración anterior | Eliminar la oración anterior. |
| Eliminar la oración siguiente | Eliminar la oración siguiente. |
| Eliminar el párrafo anterior | Eliminar el párrafo anterior. |
| Eliminar el párrafo siguiente | Eliminar el párrafo siguiente. |
| El texto seleccionado o el texto que acaba de dictar | Eliminar eso. |

# B.3. Comandos de reconocimiento de voz para teclas del teclado

Mediante el empleo de estos comandos de reconocimiento de voz, podrá simular la pulsación de cualquiera de las teclas del teclado.

**Tabla B.3.** Comandos para teclas del teclado.

| Función | Frase |
|---|---|
| Presionar cualquier tecla del teclado | Presionar tecla del *teclado*, presionar *a*, presionar b *mayúscula*, presionar *mayúsculas* + *a*, presionar *control* + *a*. |
| Presionar determinadas teclas del teclado sin tener que decir "presionar" primero | *Suprimir; Retroceso; Entrar; RePág; Av Pág; Inicio; Fin; Tabulador.* |

# B.4. Comandos de reconocimiento de voz para signos de puntuación y caracteres especiales

Estos comandos de reconocimiento de voz permiten insertar en la posición del cursor de edición cualquier signo de puntuación y distintos caracteres especiales tales como símbolos de moneda, copyright, marca registrada, etc.

**Tabla B.4.** Comandos de reconocimiento de voz para símbolos y caracteres especiales.

| Función | Frase |
|---------|-------|
| , | Coma |
| ; | Punto y coma |
| . | Punto; punto y seguido; punto decimal |
| : | Dos puntos |
| " | Abrir comillas dobles; abrir comillas |
| " | Cerrar comilla doble; cerrar comilla; Cerrar comillas |
| ' | Apóstrofo |
| ' | Abrir comilla simple |
| ' | Cerrar comilla simple |
| > | Signo mayor que |
| < | Signo menor que |
| / | Barra diagonal |
| \ | Barra diagonal inversa |
| ~ | Tilde |
| @ | Arroba |
| ! | Signo de admiración; signo de exclamación |
| ? | Signo de interrogación |
| # | Signo de número; signo de libra |
| $ | Signo de dólar |
| % | Signo de porcentaje |
| ^ | Símbolo de intercalación |
| ( | Abrir paréntesis |
| ) | Cerrar paréntesis |

| Función | Frase |
| --- | --- |
| _ | Guión bajo |
| - | Guión; signo menos |
| – | Guión corto |
| — | Guión largo |
| = | Signo igual |
| + | Signo más |
| { | Abrir llave |
| } | Cerrar llave |
| [ | Abrir corchete |
| ] | Cerrar corchete |
| \| | Barra vertical |
| :-) | Cara sonriente |
| :-( | Cara de enfado |
| ;-) | Cara que guiña un ojo |
| ™ | Signo de marca comercial |
| ¾ | Signo de tres cuartos |
| ¼ | Signo de un cuarto |
| ½ | Signo de un medio |
| £ | Signo de libra esterlina |
| & | Y comercial |
| • | Asterisco |
| // | Doble barra diagonal |
| ' | Comilla inversa |
| < | Abrir corchete angular |
| > | Cerrar corchete angular |
| ± | Signo más menos |
| " | Abrir comillas angulares |
| " | Cerrar comillas angulares |
| × | Signo de multiplicación |
| ÷ | Signo de división |
| ¢ | Signo de céntimo |
| ¥ | Signo de yen |
| § | Signo de sección |
| © | Signo de copyright |

| Función | Frase |
|---------|-------|
| ® | Signo de registrado, signo de marca registrada |
| ° | Signo de grado |
| ¶ | Signo de párrafo |
| ... | Puntos suspensivos; Punto punto punto |
| ƒ | Signo de función |

# B.5. Comandos de reconocimiento de voz para controles

Estos comandos de reconocimiento de voz sirven para manejar cualquier tipo de controles dentro del entorno del sistema operativo de Windows: menús, cuadros de diálogo, etc.

**Tabla B.5.** Comandos de reconocimiento de voz para controles.

| Función | Frase |
|---------|-------|
| Hacer clic en cualquier elemento diciendo el nombre del elemento | Archivo, Edición, Ver, Guardar, Negrita. |
| Hacer clic en cualquier elemento | Hacer clic en Archivo, hacer clic en Negrita, hacer clic en Guardar, hacer clic en Cerrar. |
| Hacer doble clic en cualquier elemento | Hacer doble clic en Equipo, hacer doble clic en Papelera de reciclaje, hacer doble clic en nombre *de* carpeta. |
| Clic derecho en cualquier elemento | Clic con botón secundario en Equipo, clic con botón secundario en Papelera de reciclaje, clic con botón secundario en nombre de carpeta. |
| Minimizar todas las ventanas para mostrar el escritorio | Mostrar escritorio. |
| Hacer clic en un objeto cuyo nombre no conoce | Mostrar números (aparecerán números para todos los elementos de la ventana; para hacer clic, diga el número). |

| Función | Frase |
|---|---|
| Hacer clic en un elemento numerado | 19 Aceptar, 5 Aceptar. |
| Hacer doble clic en un elemento numerado | Hacer doble clic en 19, hacer doble clic en 5. |
| Clic con botón secundario en un elemento numerado | Hacer clic con el botón secundario en 19, hacer clic con el botón secundario en 5. |

# B.6. Comandos de reconocimiento de voz para el manejo de ventanas

Mediante estos comandos de reconocimiento de voz, podrá realizar las operaciones rutinarias de manejo de ventanas en Windows Vista: abrir y cerrar programas, cambiar de ventana, modificar el tamaño de una ventana, etc.

**Tabla B.6.** Comandos de reconocimiento de voz para el manejo de ventanas.

| Función | Frase |
|---|---|
| Abrir un programa | Abrir *Paint*, abrir *WordPad*, abrir *nombre de programa*. |
| Cambiar a un programa abierto | Cambiar a *Paint*, cambiar a *WordPad*, cambiar a nombre de programa, cambiar de aplicación. |
| Cerrar un programa | Cerrar esto, cerrar *Paint*, cerrar *Documentos*. |
| Minimizar | Minimizar esto, minimizar *Paint*, minimizar *Documentos*. |
| Maximizar | Maximizar esto, *maximizar Paint*, maximizar *Documentos*. |
| Restauración | Restaurar esto, restaurar *Paint*, restaurar *Documentos*. |
| Cortar | Cortar eso; Cortar. |
| Copiar | Copiar eso; Copiar. |
| Pegar | Pegar. |

| Función | Frase |
|---------|-------|
| Eliminar | Eliminar eso; Eliminar. |
| Deshacer | Deshacer eso; Tachar eso; Deshacer. |
| Desplazarse en una dirección | Desplazar hacia arriba; Desplazar hacia abajo; Desplazar a la derecha; Desplazar a la izquierda. |
| Desplazarse una distancia exacta en número de páginas | Desplazarse hacia abajo 2 páginas, desplazarse hacia arriba 10 páginas. |
| Desplazarse una distancia exacta en otras unidades | Desplazarse hacia arriba 5, desplazarse hacia abajo 7. |
| Ir a un campo de un formulario o programa | Ir a *nombre de campo*; Ir a *Asunto*; Ir a *Dirección*; Ir a *CC*. |

# B.7. Comandos de reconocimiento de voz para hacer clic en la pantalla

Utilice las frases de la siguiente tabla para hacer clic sobre cualquier punto de la pantalla de Windows Vista.

**Tabla B.7.** Comandos de reconocimiento de voz para hacer clic en la pantalla.

| Función | Frase |
|---------|-------|
| Mostrar la cuadrícula de mouse | Cuadrícula de mouse. |
| Mover el puntero del mouse al centro de cualquier cuadrado de la cuadrícula de mouse | Número o números del cuadrado, 1; 7; 9, 1, 7, 9. |
| Hacer clic en cualquier cuadrado de la cuadrícula de mouse | Hacer clic en número del cuadrado. |
| Seleccionar un elemento para arrastrarlo con la cuadrícula de mouse | Número o números del cuadrado en el que aparece el elemento, 3, 7, 9 (y, luego) marcar. |
| Seleccionar un área a la que desea arrastrar el elemento con la cuadrícula de mouse | Número o números del cuadrado al que desea arrastrar, 4, 5, 6 (y, a continuación) hacer clic. |

# Índice alfabético

## A

Abrir carpetas, 184
Abrir el panel de control, 190
Accesibilidad, 155
  Facilitar el trabajo con
    tareas, 157
  Facilitar el uso del
    equipo, 156
  Facilitar el uso del
    mouse, 156
  Facilitar el uso del
    teclado, 156
  Reconocimiento de voz, 157
  Usar el equipo sin una
    pantalla, 156
  Usar el equipo sin un mouse
    o teclado, 156
  Usar texto o alternativas
    visuales para los
    sonidos, 157
Acceso directo, 45, 119
  crear, 46
Accesorios, 193
Acción del botón de
  encendido, 66
Activar o desactivar iconos del
  sistema, 120
Actualización, 30
Actualizaciones
  importantes, 123

Actualizaciones
  recomendadas, 124
Administración de conexiones
  de red, 299
Administración de discos, 134
  Actualizar, 135
  Cambiar la letra y rutas de
    acceso de unidad, 135
  Crear VHD, 135
  Exponer VHD/Ocultar
    VHD, 135
  Marcar partición como
    activa, 135
  Volver a examinar los
    discos, 135
Administrar bibliotecas, 266
Administrar otra cuenta, 101
Aero Shake, 84
Agrandar fuente, 250
Agregar a la Barra de
  favoritos, 307
Agregar a la Reproducción en
  curso, 280
Agregar gadgets, 71
  al escritorio, 122
Agregar grupo de contactos, 200
Agregar miembros al grupo de
  contactos, 200
Agregar o quitar cuentas de
  usuario, 99
Agregar una impresora, 191

Agregar una impresora de red, inalámbrica o Bluetooth, 149
Agregar un dispositivo inalámbrico, 191
Ajustar resolución de pantalla, 114
Ajuste de línea, 207
Alinear iconos a la cuadrícula, 50
Almacenamiento extraíble, 170
Almacenar y mostrar elementos abiertos recientemente en el menú Inicio y en la barra de tareas, 119
Almacenar y mostrar programas abiertos recientemente en el menú Inicio, 119
Ampliación, 220
Analizar disco, 133
Anclar al menú Inicio, 63
Anclar este programa a la barra de tareas, 53
Apagar, 65
Aplicación activa, 52
Aplicar cambios de información multimedia, 266
Aplicar máscara, 268
Área de dibujo, 216
Área de notificación, 43
   Activar o desactivar iconos del sistema, 120
   Mostrar icono y notificaciones, 58
   Mostrar siempre todos los iconos y notificaciones en la barra de tareas, 121
   Mostrar sólo notificaciones, 58
   Ocultar icono y notificaciones, 58
   Restaurar comportamientos de los iconos predeterminados, 121
Asistente de instalación, 30

Ayuda y soporte técnico, 64
   Adelante, 98
   Atrás, 98
   Explorar la ayuda, 98
   Inicio de Ayuda y soporte técnico, 98
   Opciones, 98
   Preguntar, 98

## B

Barra de estado, 80
Barra de herramientas de acceso rápido, 78
Barra de herramientas Idioma, 43
Barra de menús, 79
Barra de tareas, 36, 116
   Área de notificación, 117, 120
   Barras de herramientas, 119
   Botones de la barra de tareas, 117
   cambiar tamaño, 55
   Combinar si barra está llena, 117
   Combinar siempre y ocultar etiquetas, 117
   menú contextual, 59
   No combinar nunca, 117
   ocultar automáticamente, 117
   Propiedades de la barra de tareas, 51
   Ubicación de la barra de tareas en pantalla, 117
   Usar Aero Peek para obtener una vista previa del escritorio, 117
   Usar iconos pequeños, 117
Barra de título, 78
Barras de comandos, 80
Barras de desplazamiento, 80
Barras de herramientas, 56, 119

Barras deslizantes, 92
Biblioteca multimedia, 269
Bibliotecas, 163, 116
 Nueva biblioteca, 173
Bibliotecas personalizadas, 173
Bing, 307
Bloc de notas, 204
 Ajuste de línea, 207
 Buscar, 206
 Configurar página, 206
 Fuente, 207
Bloquear, 66
Bloquear la barra de
 tareas, 51
Bloquear o permitir juegos
 específicos, 145
Borrador, 220
Borrar área de escritura
 después de la inserción, 259
Botón de aplicación, 79
Botón del menú Inicio, 39
Botones con menús
 desplegables, 93
Botones de aplicación, 43
Botones de comando, 91
Botones de la barra de
 tareas, 117
Botones de opción, 91
Buscar actualizaciones, 139
Buscar actualizaciones,
 pero permitirme elegir
 si deseo descargarlas
 e instalarlas, 124
Buscar archivos, 185
Buscar contenidos en
 Internet, 276
Buscar en el contenido del
 archivo, 186
Buscar en la Ayuda, 96
Buscar programas y
 documentos, 64
Buscar soluciones para los
 problemas notificados, 138
Buscar texto, 247
Buscar y reemplazar, 249

# C

Cable Easy Transfer, 27
Calculadora, 207
 cálculo de fechas, 214
 Científica, 210
 conversión de unidades, 214
 Estadísticas, 212
 Estándar, 208
 Historial, 213
 hojas de cálculo, 214
 Programador, 211
 tipos, 208
Cálculo de fecha, 214
Cámara digital, 170
Cambiar a biblioteca, 268
Cambiar a modo completo, 268
Cambiar colores de
 transparencia en
 ventanas, 105
Cambiar configuración del
 adaptador, 299
Cambiar configuración del
 Centro de actividades, 139
Cambiar de tamaño
 y sesgar, 233
Cambiar de usuario, 66
Cambiar de ventana, 86
Cambiar el nombre de
 cuenta, 100
Cambiar el nombre de un
 archivo o carpeta, 183
Cambiar el tipo de cuenta, 101
Cambiar fondo de escritorio, 107
Cambiar la configuración de
 red, 297
Cambiar la contraseña, 101
Cambiar la imagen, 101
Cambiar la letra y rutas de
 acceso de unidad, 135
Cambiar protector de
 pantalla, 109
Cambiar zona horaria, 153
Cambie la vista, 167
Cancelar grabación, 275

Carpetas, 182
Casillas de verificación, 92
CD de música, 272
Centro de accesibilidad, 155
Centro de actividades, 135
Centro de movilidad, 146
Centro de redes y recursos
    compartidos, 190, 294
Centro de sincronización, 147
Cerrar, 79
Cerrar sesión, 66
Cerrar ventana, 53
Cinta de opciones, 79
Clave de producto, 32
Color de fondo, 217
Color de trazado, 217
Color y apariencia, 105
Combinar si barra está llena, 117
Combinar siempre y ocultar
    etiquetas, 117
Compartir con, 191
Comprobar disco después de
    grabar, 189
Comprobar la
    compatibilidad, 29
Comprobar las definiciones
    actualizadas antes de
    examinar, 143
Conectar a unidad de red, 171
Conectar o desconectar, 295
Conectarse a una red, 298
Conexiones de red, 299
Configuración de copia desde
    CD, 274
Configuración de gadgets, 121
Configuración de hora de
    Internet, 154
Configuración del protector de
    pantalla, 109
Configuración de pantalla, 114
    Ajustar resolución de
        pantalla, 114
    Detectar, 114
    Orientación, 115
    Resolución de pantalla, 115

Configuración de Windows, 95
Configuración regional y de
    idioma, 154
Configurar Contraste alto, 155
Configurar Control parental, 101
Configurar copias de
    seguridad, 125
Configurar el Control parental
    para todos los usuarios, 144
Configurar micrófono, 159
Configurar propiedades
    de red, 295
Configurar reconocimiento de
    voz, 158
Configurar una nueva conexión
    o red, 297
Confirmación para eliminar
    una carpeta, 181
Contactos, 196
    Agregar grupo de
        contactos, 200
    Agregar miembros al grupo
        de contactos, 200
    Correo electrónico, 201
    Detalles del grupo de
        contactos, 201
    Domicilio, 198
    Enviar correo
        electrónico, 204
    Exportar, 202
    Familia, 199
    Identificadores, 200
    Importar, 202
    Imprimir, 203
    Llamar a este contacto, 204
    modificar, 196
    Nombre y correo
        electrónico, 198
    Notas, 200
    Nuevo grupo de
        contactos, 200
    Quitar los contactos
        seleccionados, 201
    Resumen, 197
    Soy yo, 204

Trabajo, 199
Contorno de forma, 227
Contraseña actual de la cuenta
de usuario, 103
Contraseñas, 101
Control de cuentas de
usuario, 137
Control parental, 144
Bloquear o permitir juegos
específicos, 145
Establecer clasificación de
juego, 145
Juegos, 145
Límites de tiempo, 145
Permitir y bloquear
programas
específicos, 146
Conversión de unidades, 214
Copia de seguridad, 138
Copiar, 178
Copiar el contenido de un
CD, 273
Copiar iconos, 46
Copias de seguridad, 125
Buscar archivos, 128
Buscar carpetas, 129
configurar, 125
frecuencia, 127
Guardar configuración
y ejecutar copia de
seguridad, 127
Guardar en una red, 126
Incluir una imagen
de sistema de
las unidades, 126
Restaurar, 129
Correo electrónico, 201
Cortar, 180
Creación de un dibujo, 217
Crear acceso directo, 47
Crear carpetas, 182
Crear lista de reproducción, 266
Crear un acceso directo, 46
Crear una contraseña, 101
Crear una cuenta de usuario, 99

Crear un disco para restablecer
contraseña, 103
Crear VHD, 135
Crear y formatear particiones
del disco duro, 134
Cuadrícula, 234
Cuadro de dirección, 165
Cuadros de diálogo, 75
barras deslizantes, 92
botones, 91
botones de comando, 91
botones de opción, 91
casillas de verificación, 92
cuadros de lista, 90
cuadros de texto, 89
fichas, 89
Cuadros de lista, 90
Cuadros de texto, 89
Cuentas de usuario
Administrar otra cuenta, 100
Cambiar el nombre de
cuenta, 101
Cambiar el tipo de
cuenta, 101
Cambiar la contraseña, 101
Cambiar la imagen, 101
Configurar Control
parental, 101
contraseñas, 102
crear una contraseña, 101
Crear una contraseña, 101
Eliminar la cuenta, 102
indicio de contraseña, 100
modificar, 101
Quitar la contraseña, 99
Cuentas de usuario y
protección infantil, 226


**D**

Deformar, 231
Desanclar del menú Inicio, 63
Desanclar este programa de la
barra de tareas, 53

Descargar actualizaciones, pero permitirme elegir si deseo instalarlas, 123
Descargar gadgets en línea, 71
Descargar más gadgets en línea, 122
Desde escáner o cámara, 235
Desfragmentar el disco duro, 132
Analizar disco, 133
Desinstalar o cambiar este programa, 190
Desinstalar o cambiar un programa, 170
Desinstalar un gadget, 122
Desplazamiento de ventanas, 80
Desplazamiento rápido, 86
Detalles del grupo de contactos, 201
Detectar programas afectados, 130
Detener copia desde el CD, 274
Detener grabación, 264
Disco duro, 169
Dispositivos e impresoras, 64
Documentos, 44
DVD, 170

# E

Edición de recortes, 238
Ejecutar iconos, 46
Ejecutar programas, 184
Elegir grupo en el hogar y opciones de uso compartido, 298, 302
Elegir lo que desea compartir y ver la contraseña del grupo en el hogar, 302
Elementos de la interfaz, 35
Eliminar, 180
Eliminar la cuenta, 101
Eliminar tema, 114
Eliminar volumen, 135

Entrenar el equipo para que le entienda mejor, 159
Enviar recortes, 237
Equipo, 38
Equipos y dispositivos en red, 301
Escriba la ubicación del elemento, 48
Escriba un indicio de contraseña, 102
Escribir texto, 241
Escritorio, 33
Cambiar colores de transparencia en ventanas, 105
Color y apariencia, 105
fondo, 106
menú contextual, 48
personalización, 105
temas, 111
Espacio de trabajo, 80
Establecer clasificación de juego, 145
Establecer como fondo de escritorio, 235
Establecer como impresora predeterminada, 149
Estado de la batería, 147
Exploración, 163
Exploración InPrivate, 313
Explorador de juegos, 174
Explorar la ayuda, 98
Exportar a Contactos de Windows, 202
Extender volumen, 135

# F

Facilitar el trabajo con tareas, 157
Facilitar el uso del equipo, 156
Facilitar el uso del mouse, 156
Facilitar el uso del teclado, 156
Favoritos, 168, 309

Fax y Escáner de Windows, 148
Fecha y hora, 152
Fichas, 89
Filtros de búsqueda, 185
Firewall de red, 137
Firewall de Windows, 139
    Agregar un programa, 141
    Permitir otro programa, 141
    Permitir un programa
      o una característica
      a través de Firewall
      de Windows, 141
Flip 3D, 88
Fondo de escritorio, 106
    Cambiar la imagen cada, 108
    Cuando se use la
      batería, pausar la
      presentación para
      ahorrar energía, 108
    Orden aleatorio, 108
    Posición de la imagen, 108
Formas, 225
Fuente, 207
Fundamentos de Windows 7, 35

## G

Gadgets, 37, 44, 68, 121
    Agregar gadgets, 71
    Agregar gadgets al
      escritorio, 122
    Arrastrar gadget, 71
    Cerrar, 70
    Cerrar gadget, 71
    descargar gadgets en
      línea, 71
    Descargar más gadgets en
      línea, 122
    desinstalar, 73
    Desinstalar un gadget, 122
    Gadgets de escritorio, 121
    información adicional, 69
    Mover, 71
    Ocultar detalles, 69

Opacidad, 71
Opciones, 70
Restaurar gadgets de
    escritorio instalados con
    Windows, 122
Siempre visible, 71
Tamaño, 71
Tamaño más grande, 70
Tamaño más pequeño, 70
trabajar con gadgets, 70
Galería de gadgets, 41
Galería de gadgets de
    escritorio, 68
Gestión de archivos, 163
Gestión de usuarios, 98
Gestión de ventanas, 75
Grabación de un DVD, 290
Grabadora de sonidos, 263
    detener grabación, 264
    iniciar grabación, 263
    reanudar grabación, 264
Grabar, 189
Grabar un CD de audio, 275
Grabar un CD o DVD, 187, 280
Grupo de ventanas, 52
Grupo en el hogar, 168
Grupo Hogar, 294, 302
    abandonar el grupo en el
      hogar, 305
    cambiar contraseña, 305
    cambiar la configuración
      de uso compartido
      avanzado, 305
    iniciar el Solucionador de
      problemas, 305
    ver o imprimir la
      contraseña del grupo
      en el hogar, 305
Grupos de opciones, 79
Guardar búsqueda, 186
Guardar configuración y
    ejecutar copia de
    seguridad, 127
Guardar lista de
    reproducción, 271

# H

Habilitar la revisión de
documentos, 158
Habilitar transparencia, 106
Herramientas
administrativas, 134
Herramientas multimedia, 261
Hibernar, 67
Hogar, 168, 294, 302
Home Premium Edition, 21

# I

Icono del menú de control, 78
Iconos, 42, 28
Alinear iconos a la
cuadrícula, 50
copiar, 46
ejecutar iconos, 46
Mostrar iconos del
escritorio, 50
mover, 46
organizar, 48
Organizar iconos
automáticamente, 49
trabajar con iconos, 45
Iconos anclados, 37
Iconos del área de
notificación, 59
Idioma, 31, 64
Imágenes, 44, 163, 168, 172
Imágenes ISO, 188
Imágenes y vídeos, 279
Impresoras y faxes, 150
Incluir una imagen de sistema
de las unidades, 126
Indicador de cuadros de
diálogo, 94
Indicio de contraseña, 102
Información del área de
notificación, 57
Iniciar el Administrador de
tareas, 60

Iniciar grabación, 263
Iniciar Narrador, 155
Iniciar reconocimiento de
voz, 157
Iniciar Teclado en pantalla, 155
Inicio, 40
Inicio de Ayuda y soporte
técnico, 98
InPrivate, 313
Insertar objeto, 246
Instalación, 21
Instalar actualizaciones
automáticamente, 123
Interfaz, 35
Internet, 306
privacidad, 312
seguridad, 312
Internet Explorer, 306
agregar a la Barra de
favoritos, 307
agregar Web Slices, 308
barra de comandos, 309
barra de estado, 309
barra de favoritos, 309
barra de menús, 309
Bing, 307
bloquear las barras de
herramientas, 309
exploración InPrivate, 313
favoritos, 309
herramientas, 308
imprimir, 308
InPrivate, 313
leer correo, 308
página principal, 308
páginas recientes, 307
seguridad, 308
ISO, 188

# J

Juegos, 64, 145, 174
Clasificación, 175
Control parental, 176

Estadísticas, 176
Noticias, 176
Rendimiento, 176
Jump list, 53, 63
    Frecuente, 54
    Tareas, 54

# L

Lápiz, 222
Lápiz personalizado, 238
Liberar espacio en disco, 131
    Ver archivos, 132
Límites de tiempo, 145
Línea, 226
Listas de reproducción, 270
Listas desplegables
    ilustradas, 93
Localización de ventanas, 87
Lupa, 221

# M

Marcador de resaltado, 238
Marcar partición como
    activa, 135
Más juegos de Microsoft, 175
Maximizar, 78
Menú contextual, 47
Menú Inicio, 40, 82
    Acción del botón de
        encendido, 119
    Almacenar y mostrar
        elementos abiertos
        recientemente en el
        menú Inicio y en la barra
        de tareas, 119
    Almacenar y mostrar
        programas abiertos
        recientemente en el
        menú Inicio, 119
    Personalizar, 118
    Privacidad, 119
Mezclador de volumen, 261

silenciar, 263
Miniaturas, 39
Minimizar, 78
Modificar una cuenta de
    usuario, 100
Mostrar el escritorio, 60
Mostrar el mezclador de
    colores, 106
Mostrar escritorio, 84
Mostrar gadgets de escritorio, 50
Mostrar iconos del escritorio, 50
Mostrar icono y
    notificaciones, 58
Mostrar la pantalla de inicio de
    sesión al reanudar, 111
Mostrar siempre todos los
    iconos y notificaciones en la
    barra de tareas, 121
Mostrar sólo
    notificaciones, 58
Mostrar ventanas abiertas, 82
Mostrar ventanas apiladas,
    60, 163
Mostrar ventanas en
    paralelo, 60
Mover bloques de texto, 243
Mover iconos, 46
Multimedia, 261
Música, 64

# N

No buscar actualizaciones, 124
No combinar nunca, 117
Notas rápidas, 193
    Nueva nota, 195
Nueva biblioteca, 173
Nueva carpeta, 167
Nueva contraseña, 102
Nueva nota, 195
Nuevo grupo de contactos, 200
Nuevo recorte, 236
Número de dígitos en
    grupo, 207

# O

Obtener más temas en línea, 113
Ocultar automáticamente la
    barra de tareas, 117
Ocultar icono y notificaciones,
    58, 120
Opciones de carpeta y
    búsqueda, 166
Opciones de Internet, 312
Opciones de vista, 266
OpenDocument, 254
Ordenar por, 48
Organización de ventanas, 82
Organizar iconos, 48
Organizar iconos
    automáticamente, 49

# P

Páginas recientes, 307
Paint, 215
    ampliación, 220
    área de dibujo, 216
    barra de estado, 216
    Borrador, 220
    Cambiar de tamaño y
        sesgar, 233
    cinta de opciones, 216
    color de fondo, 217
    color de trazado, 217
    configurar página, 235
    Contorno de forma, 227
    creación de un dibujo, 217
    cuadrícula, 234
    Curva, 226
    Desde escáner o cámara, 235
    Deshacer, 232
    edición gráfica, 228
    Enviar en correo
        electrónico, 235
    Establecer como fondo de
        escritorio, 235
    Formas, 225
    herramientas, 218
    imprimir, 235
    Invertir selección, 231
    Lápiz, 222
    Línea, 226
    Lupa, 221
    Pinceles, 225
    Polígono, 227
    Relleno con color, 217
    Relleno de forma, 227
    selección, 229
    Seleccionar todo, 231
    Selección de forma libre, 230
    Selección rectangular, 230
    Selección transparente, 231
    Selector de color, 221
    Tamaño de pincel, 218
    Texto, 223
    trazados, 219
    vista previa de
        impresión, 235
    zoom, 217
Panel de control, 64
Panel de entrada
    matemática, 255
    Borrar área de escritura
        después de la
        inserción, 259
    historial, 258
    Mostrar botones del teclado
        en pantalla, 259
    Mostrar cuadrícula, 259
    opciones, 259
    seleccionar y corregir, 257
Pan European Game
    Information, 145
Pantalla externa, 147
Papelera de reciclaje, 36
Párrafo, 252
Pegar, 180
PEGI, 145
Películas, 281
Permitir que todos los usuarios
    instalen actualizaciones en
    este equipo, 125

Permitir un programa o una
característica a través de
Firewall de Windows, 141
Permitir y bloquear programas
específicos, 146
Personalización, 44
Personalizar el menú Inicio, 118
Pinceles, 225
Polígono, 227
Preguntar, 98
Privacidad, 119, 312
Professional Edition, 22
Programas predeterminados, 64
Programas y características, 151
Propiedades de la barra de
tareas, 51
Propiedades de la barra de
tareas y del menú Inicio, 60
Propiedades del sistema, 190
Protección antivirus, 137
Protección contra spyware y
software no deseado, 137
Protección de acceso a redes, 137
Protector de pantalla, 109
    Configuración, 110
    Fotografías, 110
    Vista previa, 110

**Q**

Quitar de esta lista, 63
Quitar la contraseña, 101
Quitar los contactos
    seleccionados, 201

**R**

Reanudar grabación, 264
Reconocimiento de voz, 157
    configurar, 158
        Configurar micrófono, 159
        Entrenar el equipo para que
        le entienda mejor, 159

Habilitar la revisión de
    documentos, 158
Iniciar tutorial, 159
Omitir tutorial, 159
Ver hoja de referencia, 158
Recorte de forma libre, 237
Recorte de pantalla
    completa, 237
Recorte de ventana, 237
Recorte rectangular, 237
Recortes, 235
    Borrador, 238
    edición, 238
    enviar, 237
    Lápiz personalizado, 238
    Marcador de resaltado, 238
    nuevo recorte, 236
    Recorte de forma libre, 237
    Recorte de pantalla
        completa, 237
    Recorte de ventana, 237
    Recorte rectangular, 237
    tipos, 236
Red, 33
Redes, 293
    adaptadores, 300
    administración de
        conexiones de red, 299
    cambiar configuración del
        adaptador, 299
    clientes, 300
    conectar o desconectar, 295
    conectarse a una red, 298
    configurar propiedades de
        red, 295
    configurar una nueva
        conexión o red, 297
    de trabajo, 296
    domésticas, 296
    equipos y dispositivos, 301
    protocolos, 300
    públicas, 296
    servicios, 300
    solucionar problemas, 298
Redes e Internet, 294

Reducir fuente, 250
Reducir volumen, 135
Reglas, 234
Reiniciar, 65
Relleno con color, 217
Relleno de forma, 227
Rendimiento, 176
Reproducción automática, 150
Reproducir álbum, 280
Reproducir un DVD, 281
Reproductor de Windows
    Media, 264
    Administrar bibliotecas, 266
    Aplicar cambios de
        información
        multimedia, 266
    Aplicar máscara, 268
    Biblioteca multimedia, 269
    buscar contenidos en
        Internet, 276
    cancelar grabación, 275
    CD de música, 272
    Configuración de copia
        desde CD, 274
    copiar el contenido de un
        CD, 273
    Crear lista de
        reproducción, 266
    Detener copia desde el
        CD, 274
    Diseño, 266
    grabar un CD de audio, 275
    Guardar lista de
        reproducción, 271
    listas de reproducción, 270
    opciones de grabación, 275
    opciones de
        presentación, 267
    Opciones de vista, 266
    Ordenar por, 266
    Personalizar panel de
        navegación, 266
    reproducir archivos, 271
    Selector de máscara, 268
    sincronización, 276

volumen, 273
Requisitos, 22
Resolución, 115
Restaurar, 79
Restaurar comportamientos
    de los iconos
    predeterminados, 121
Restaurar el equipo a un punto
    anterior, 129
Restaurar este elemento, 191
Restaurar gadgets de escritorio
    instalados con Windows, 122
Restaurar sistema, 130
    Detectar programas
        afectados, 130
Restaurar todos los
    elementos, 191
RSS, 311
RTF, 254

## S

Sangrado, 253
Seguridad, 122
Seleccionar un grupo de objetos
    contiguos, 178
Seleccionar varios objetos
    independientes, 178
Selección de forma libre, 230
Selección rectangular, 230
Selector de color, 221
Selector de máscara, 268
Silenciar, 263
Sincronización, 276
Sincronizar con un servidor
    horario de Internet, 154
Sistema y seguridad, 122
Solución de problemas:
    mantenimiento del
    sistema, 139
Sonidos, 112
Soy yo, 204
Starter Edition, 21
Suspender, 65

# T

Tabulaciones, 252
Tamaño de pincel, 218
Tamaño de ventanas, 81
Teclados e idiomas, 154
Temas, 111
    Eliminar tema, 114
    Mis temas, 112
    Obtener más temas en
        línea, 113
    Temas Básico y de
        Contraste alto, 112
    Tema sin guardar, 112
Temas Básico y de Contraste
    alto, 112
Texto, 223
Tipos de calculadoras, 208
Tipos de recortes, 236
Título de la ventana, 78
Todos los programas, 40
Trabajar con iconos, 45
Transferir archivos y
    configuraciones, 23
Transmitir por secuencias
    imágenes, música y vídeos a
    todos los dispositivos de la
    red doméstica, 304
TV, 282

# U

Ubicación de la barra de tareas
    en pantalla, 117
Ultimate Edition, 22
Unicode, 254
Unidad de disco duro, 169
Unidad de red, 170
URL, 307
Usar Aero Peek para obtener
    una vista previa del
    escritorio, 117
Usar el equipo sin una
    pantalla, 156

Usar el equipo sin un mouse o
    teclado, 156
Usar iconos pequeños, 117
Usar texto o alternativas
    visuales para los
    sonidos, 157
Usuarios, 98
    agregar o quitar, 99
    crear una cuenta, 99

# V

Vaciar la Papelera de reciclaje,
    182, 191
Ventanas, 75
    barra de estado, 80
    barra de herramientas de
        acceso rápido, 78
    barra de menús, 79
    barra de título, 78
    barras de comandos, 80
    barras de
        desplazamiento, 80
    barras de herramientas, 80
    borde, 78
    botón de aplicación, 79
    cambiar de ventana, 86
    Cerrar, 79
    cinta de opciones, 79
    desplazamiento, 80
    desplazamiento rápido, 86
    espacio de trabajo, 80
    fichas de la cinta de
        opciones, 79
    gestión de ventanas, 75
    grupos de opciones, 79
    icono del menú de
        control, 78
    localización, 87
    Maximizar, 78
    Minimizar, 78
    Mostrar el escritorio, 82
    Mostrar ventanas
        abiertas, 82

Mostrar ventanas
apiladas, 82
Mostrar ventanas en
paralelo, 82
organización, 82
Restaurar, 79
saltos, 86
tamaño, 81
título, 78
Ventanas en cascada, 82
vértice, 78
Ventanas de aplicación, 44
Ventanas de navegación,
38, 163
área de trabajo, 166
barra de comandos, 165
Buscar, 165
buscar archivos, 185
cambiar el nombre de un
archivo o carpeta, 183
Cambie la vista, 167
Copiar y mover, 178
crear carpetas, 182
Cuadro de dirección, 165
diseño, 166
Ejecutar programas y abrir
carpetas, 184
eliminar, 180
funciones avanzadas, 184
Grabar, 189
iconos, 167
mosaicos, 168
Nueva carpeta, 167
Opciones de carpeta y
búsqueda, 166
operaciones básicas, 176
Organizar, botón, 166
panel de detalles, 166
panel de navegación, 166
Presentación, 190
Reproducir, 190
seleccionar un grupo de
objetos contiguos, 178
seleccionar varios objetos
independientes, 178

Ventanas en cascada, 60
Ver hoja de referencia, 158
Ver o imprimir la contraseña
del grupo en el hogar, 305
Ver qué se transfirió, 28
Vídeo, 172
Vídeos, 168
Vincular, 246

# W

Windows Defender, 142
Comprobar las definiciones
actualizadas antes de
examinar, 143
Examen automático, 143
Windows DVD Maker, 285
agregar elementos, 286
elegir imágenes y
vídeos, 286
grabación de un DVD, 290
menús, 287
texto del menú, 288
vista previa, 290
Windows Easy Transfer, 24
Windows Media Center, 276
Agregar a la Reproducción
en curso, 280
biblioteca de películas, 281
biblioteca imágenes, 279
biblioteca música, 280
biblioteca vídeo, 279
configuración, 284
controles de
reproducción, 278
Eliminar álbum, 280
Extras, 284
Imágenes y vídeos, 279
Inicio, 277
Música, 279
Películas, 281
radio, 280
Reproducir álbum, 280
reproducir DVD, 281

reproducir favoritos,
    279, 280
Tareas, 283
TV, 282
Windows Update, 123
    Actualizaciones
        importantes, 123
    Actualizaciones
        recomendadas, 124
    Buscar actualizaciones,
        pero permitirme elegir
        si deseo descargarlas e
        instalarlas, 124
    Cambiar configuración, 123
    Descargar actualizaciones,
        pero permitirme elegir si
        deseo instalarlas, 123
    Instalar actualizaciones
        automáticamente, 123
    No buscar
        actualizaciones, 124
    Permitir que todos los
        usuarios instalen
        actualizaciones en este
        equipo, 125
WordPad, 239
    Agrandar fuente, 250
    buscar texto, 247
    buscar y reemplazar, 249
    copiar figuras, 244
    descripción, 240
    escribir texto, 241
    figuras, 244
    gestión de archivos, 253
    impresión, 254
    Insertar objeto, 246
    mover bloques de texto, 243
    Párrafo, 252
    Reducir fuente, 250
    reglas, 251
    sangrado, 253
    selección, 241
    Tabulaciones, 252
    tipos de letra, 250
    Vincular, 246
    vincular figuras, 244

## Z

Zona horaria, 153
Zoom, 217